항일무장투쟁과 여성독립운동가

항일무장투쟁과 여성독립운동가

윤희순 박차정 이화림 한국광복군 여성대원들

독립기념관 한국독립운동사연구소
한국역사연구회·역사공장 공동기획

책머리에

 이 책은 항일무장투쟁의 현장에서 싸웠던 여성들에 대한 이야기를 담고 있다. 독립운동의 방법에는 정치 외교적 교섭의 길도 있었고, 대중이 결집한 시위운동도 있었다. 그러나 직접 전투가 벌어지는 전시상황에서 필요한 가장 효과적인 방법은 무장투쟁이었다. 일본과의 전투에서 승리는 곧 독립에 다가가는 결정적인 기회였다. 전투를 하기 위해서는 무기를 다루는 훈련을 받아야 했고, 포탄이 날아다니는 전장에서 목숨을 건 일상을 살아야했다. 그것은 위태롭고 힘든 고난의 길이었다.

 이 책에서는 4곳의 전투 현장에서 무장투쟁에 나섰던 여성독립운동가들을 만나고 있다. 춘천에서 '안사람 의병투쟁'을 처음 시작했던 윤희순은 항일 여성무장투쟁의 선구자였다. 윤희순은 국망의 위기에 의병전쟁의 한복판에서 군자금 모금, 무기 제조, 식량·의복 조달 등의 활동을 하다가 직접 여성의병부대를 조직하고 의병장이 되었다. 1907년 의병전쟁 이후 상당수 의병들이 만주·연해주 일대로 이동하여 항일무장투쟁을 이어갈 때 윤희순도 만주에서 적극적으로 활동을 하다 노년의 생을 마감하였다.

 부산 동래 출신의 박차정은 경제적으로 어려우나 항일의식이 강한 집안에서 성장하여 지역사회운동, 근우회 중앙집행위원으로 활동하다가, 중국으로 가서 의열단과 조선의용대 부녀복무단장을 했다. 그는 1930년대 일제의 침략전쟁이 확대되는 상황에서 무장투쟁의 군사활동을 하면서, 여성해방·계급해방·민족해방의 통일적 결합에 입각한 여성운동의 이론을 다지고 선전 활동을 지속했다. 박차정은 쿤룬관전투에서 입은 부상으로 후유증을 앓다 충칭에서 35세의 젊은 나이로 세상을 떠났다.

평양 출신의 이화림은 만세 시위를 경험한 3·1운동 세대로 성장해 유치원과 보통학교의 교사를 지내다 중국으로 망명하여 항일독립운동에 투신하였다. 그는 3·1운동 이후 사회주의를 학습하고 조선공산당에 가입했으나, 중국에서는 김구의 한인애국단원으로 활동하였다. 중국에서 일본의 침략전쟁이 확대되자 조선민족혁명당에 가입하고 조선의용군 부녀국대장으로 활동했다. 해방 이후 중국에서 의사로 살다가 문화대혁명의 시련을 겪으며 95세를 일기로 타계하였다.

마지막으로 중국 전역에서 한국광복군으로 활동했던 여성들이 있다. 현재까지 대한민국 정부에서 광복군으로 업적을 인정해서 훈장을 수여한 여성 광복군은 31명이지만, 각종 자료를 보면 100여명의 여성들이 한국광복군 대원으로 있었다고 한다. 광복군에 참여한 여성들 또한 다양했다. 독립운동을 하는 집안의 딸로 태어나고 성장하며 불안정한 생활환경에서 여성으로서의 인간적 자각과 민족에 대한 책임감을 갖게 되면서 광복군에 참여한 경우도 있다. 폭력의 시대에 좌절하지 않고 여성으로의 삶을 개척하고 광복의 염원을 실천하고자 했던 여성 광복군도 있다. 다양한 여성들이 광복군으로 참여했지만, 그들은 해방된 조국에서 잊혀졌다.

독립운동에서 여성독립운동가에 대한 관심과 인정이 미흡했듯이, 무장투쟁에서 여성독립운동가에 대한 관심도 부족한 실정이다. 독립운동이 남성들의 전유물이 아니듯이, 무장투쟁 역시 남성들만이 한 것은 아니었다. 2000년대 이후 여성독립운동가에 대한 관심이 늘어나고 있지만, 무장투쟁에서 여성들의 활동은 영화의 주인공처럼 이례적인 흥미에 머무는 감이 있다. 그러나 그들은 여성이 사회의 동등한 주체가 되는 역사의 현장에서, 여성들도 남성들과 동등하게 활동을 해야 한다는 젠더평등의 구국의지를 가지고 있었고, 여성 자신의 권리와 임무를 위해 무장활동에 용감히 참가할 것을 선언하고 실천했다. 나라를 되찾는 구국의 주인이자, 자유를 갈망하는 인간으로서의 용기와 투쟁을 보여주었다. 이 위대한 여성들의 역사를 통해 시대의 고난을 헤쳐나가는 인간에 대한 기억과 공감이 커지기를 소망한다.

2020. 11

저자를 대표하여 이지원 씀

차례

책머리에   4

여성 무장투쟁의 선구자
윤희순 | 심철기 |

화서학파의 학문을 받아들이다   12

을미의병에 참여하여 의병장이 되다   17

의병전쟁의 한복판에서 무기를 만들다   45

만주에서 새로운 항일독립투쟁을 전개하다   74

조선의용대원
박차정 | 이지원 |

박차정에게 가는 길   92

항일 분위기의 집안에서 성장하다   99

여학교 교육을 받으며 사회의식을 키우다   105

사회운동에 참여하고 근우회 지도부로 활약하다   112

중국으로 망명하여 의열단원이 되고,
조선혁명간부학교 교관이 되다   132

남경조선부녀회를 조직하고,
조선의용대 부녀복무단장으로 활약하다   147

대륙의 전사
이화림
| 김정인 |

3·1운동 세대로 성장하다 180
중국으로 건너가 민족운동에 뛰어들다 196
전사로서 무장투쟁에 뛰어들다 210
정든 타국, 중국에서 생을 마치다 236

독립을 쟁취하기 위한 여정
한국광복군 여성대원들
| 한승훈 |

90살을 넘긴 여성 독립운동가의 마지막 꿈 250
여성 광복군으로 거듭나기 위한 여정 256
여성 광복군으로 항일 투쟁을 수행하다 300
광복, 후일담 327

찾아보기 333

여성 무장투쟁의 선구자

윤희순

심철기

화서학파의 학문을
받아들이다

 윤희순尹熙順은 해주윤씨海州尹氏로 인조반정 때 공신으로 공조판서工曹判書를 지낸 해양군海陽君 윤희평尹熙平의 13대 손으로 아버지 윤익상尹翼商과 어머니 덕수장씨德水張氏의 장녀로 태어났다. 어린 시절 어려움 속에서도 활달하고 씩씩하였다. 특히, 태어난 지 일주일 만에 어머니가 사망하고, 9살에 계모繼母마저 사망하면서 장녀로 가족을 보살펴야 하는 상황이 되었지만 항상 긍정적인 사고로 효성스럽고 우애 있게 생활하였다. 이러한 윤희순의 성품은 가풍을 이어 받은 것이었다.

 13대조인 해평군 윤희평은 자헌대부資憲大夫 중추원부사中樞院副使 윤길생尹吉生의 아들로 천성이 청렴하고 검소하며 기개와 도량이 크고 활달하였다. 그는 1495년 무과武科에 급제하여 선전관宣傳官이 되었으며, 1510년 삼포왜란三浦倭亂이 일어나자 종사관從事官으로 참전하여 크게 활약하였다. 1512년 함경북도병마절도사에 임명된 것을 시작으로 경상우도·평안도·경상좌도·함경남도 병마절도사를 역임하였다. 윤희평은 신장이 9척尺이나 되는 무관 출신이었지만 독서讀書와 시작詩作을 즐겼던 해주윤씨의 대표적인 인

윤희순

물로 문무文武의 조화를 중시하였다. 따라서 물질적 풍요보다는 의義를 추구하는 선비정신을 중요시하는 가풍이 생겨났고 학문의 중요성과 덕행의 실천을 강조하였다.

윤희순의 조부인 윤기성尹基成도 타고난 성품이 온후하고 재주가 남보다 뛰어나고 총명하였으며, 학문연찬學問硏鑽을 좋아하여 선산밑에 은거하면서 경서를 읽고 대의를 숭상하였다. 부친인 윤익상도 어려서부터 효성스럽고 동기간에 우애가 돈독하였으며, 일찍부터 교육을 받아 학문에 조예造詣가 있었다. 또한 화서華西 이항로李恒老의 제자인 김평묵金平默의 문인으로 입문하여 제자가 되었으며, 성재省齋 유중교柳重敎와 깊이 교유하였다. 윤익상은 화서학파의 학문을 공부하면서 여성의 역할이 매우 중요하고 인식하였고 그런 인식 속에서 여성교육에 관심을 가졌다. 즉, 윤희순은 선비정신을 중요시하는 가풍과 여성교육에 관심이 있었던 부친의 영향을 받아 자연스럽게 옳고 그름을 실천할 수 있는 선비정신을 배울 수 있었다. 윤희순의 사상은 이항로 - 김평묵 - 윤익상 - 윤희순으로 이어지고 있었던 것이다.

윤희순의 의義를 더 크게 성장시킨 것은 화서학파 문인으로 지역에서 존경받던 고흥유씨高興柳氏 가문과의 혼인이었다. 윤희순은 16세가 되던 1875년 강원도 춘천에 거주하는 고흥유씨 유제원柳濟遠과 혼인하였다. 시아버지는 의병장으로 활동한 외당畏堂 유홍석柳弘錫이었다. 남편인 항재恒齋 유제원은 어려서부터 총명하고 민첩하여 7세 때에는 글과 시문을 지어 당시의 선비들을 놀라

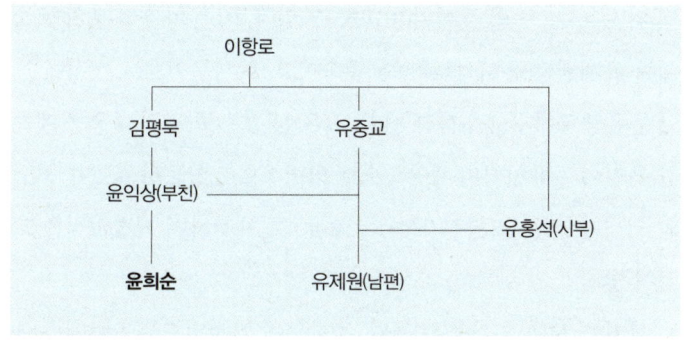

윤희순 화서학맥도

게 할 정도로 학문이 높은 큰 선비였다. 또한 시댁의 세거지인 춘천지역은 시아버지인 유홍석을 비롯하여 중암重菴 김평묵·성재省齋 유중교·유중락柳重洛·유중악柳重岳·유봉석柳鳳錫(유인석의 養家從兄弟)·이진응李晉應·이소응李昭應·이만응李晩應·이경응李景應·홍재구洪在龜·홍재학洪在鶴 등 화서학파 문인들이 대거 거주하고 있었다. 이들은 일찍부터 위정척사운동을 전개하였다. 1876년에는 개항에 반대한 병자연명유소丙子聯名儒疏 운동에 참여하였으며, 1881년에는 관동연명유소關東聯名儒疏 운동을 전개하였다. 춘천의 화서학파 유림들은 관동연명유소 운동을 통해 당시 개화를 몰고 온 황쭌셴黃遵憲의 『사의조선책략私擬朝鮮策略』에 대한 반대, 구미열강과 외교관계 수립 등 개화정책에 대한 반대 등을 주장하였다. 따라서 춘천은 화서학파의 중요한 근거지 중 하나로 춘천-원주-제천을 잇는 선상의 출발점이 되는 곳이었으며, 강원도지역 위정척사운동의 중심지라고 할 수 있다. 이런 학문적 분위기 속에서 유제원은 유인석柳麟錫의 종숙이고, 화서문인으로 명성이 높았던 유중교에게서 수학하였다. 유홍석은 화서학파의 학통을 계승한 문인이자 유인석의 재당숙으로 의병장으로 활동하였으며, 최초의 의병가사인 〈고병정가사古兵丁歌辭〉를 제작하여 의병의식을 고취시켰다.

이러한 시댁의 가풍은 훗날 윤희순이 직접적으로 의병운동에 참여하는 계기가 되었다. 윤희순은 시아버지와 남편의 의병활동을 뒷바라지하다가 군자금 모금, 안사람 의병활동 등을 주도하게 되었다. 윤희순의 의병운동 참여는 사대부 집안 며느리의 역할을 넘어 국가위기 상황에서 운동 주체로 나가는 모습을 보여준 것이다.

을미의병에 참여하여
의병장이 되다

명성황후 시해사건과 의병운동의 태동

1894년 7월 23일 일본이 무력으로 경복궁을 점령하고 이어 갑오개혁의 일환으로 복제服制개혁이 시행되자 유생들을 중심으로 의병봉기의 분위기가 형성되었다. 특히, 화서학파는 경복궁 점령과 복제개혁을 국초 이래 초유의 사건으로 파악하였다. 그중에서도 중화中華와 오랑캐夷狄를 가름하는 기준이 되는 넓은 소매를 둥근 깃에 좁은 소매로 흑색의 서양식 복제로 개정하는 것은 조선을 오랑캐와 동일시하는 것이기에 절대 받아들일 수 없었다. 그러므로 이에 대한 대응이 논의되었고, 그 중심에는 유인석이 있었다.

유인석은 1895년 음력 윤5월 2일 제천 장담長潭에서 향음례鄕飮禮를 개최하여 화서학파 동문들과 구체적인 대응방안을 만들고자 하였다. 그런데 이 자리에 박영효朴泳孝의 측근으로 복제개혁을 따를 것을 강요하던 제천군수 김익진金益鎭이 새로 제정한 문패門牌와 명령장을 가지고 찾아왔다. 그의 방문을 개화의 강요로 인식한 화서학파 동문들은 동요하였고 서상열徐相烈이 꾸짖으며 명령장을 찢고 문패를 불태우는 등 강력하게 대응하였다. 장담에 모인 화서학파 동문들은 박영효 규탄과 복제개혁 반대운동을 전개하기로 결의하였다. 이런 장담의 결의는 지평, 원주 등지에 있는 화서학파 동문들에게 전달되어 반개화의 분위기가 크게 형성되었다. 그러나 삼국간섭을 계기로 친러내각이 들어서면서 박영효는 실각하였고, 박영효 규탄과 복제개혁 반대운동도 자연스럽게 누그러졌다.

한편, 삼국간섭으로 조선에서 정치적 입지가 약해진 일본은 이를 만회하고자 친러정책의 핵심 인물인 명성황후를 제거할 계획을 추진하였다. 그 첫 조치로 예비역 육군중장인 미우라 고로우三浦梧樓를 일본공사로 임명하였다. 미우라는 일본공사관 서기관 스기무라 후카시杉村濬와 궁내부 고문관 오카모토 류노스케岡本柳之助 등을 참모로 하여 구체적인 계획을 모의하였다.

1895년 음력 8월 20일 새벽 미우라 일본공사의 지시에 따라 일본군 제18대대 제1중대는 새벽 2시 용산 방면으로 행군하여 대원군 일행을 이끌고 입궐하였다. 이어 시라키白木 중위와 다케나가武永 소위가 이끄는 제2중대는 경복궁 북문으로, 제3중대는 광화문을 넘어 경복궁으로 침입하였다. 또한 서울에 들어와 있던 일본 낭인들도 동원되었다. 이들의 침입에 경복궁을 지키던 시위대가 저항하였으나 결국 경복궁은 점령당하고 명성황후는 무참히 시해당하고 말았다.

일본군에 의해 자행된 명성황후 시해사건을 접한 백성들은 분노하였으나 새롭게 정권을 잡은 친일내각은 음력 8월 23일 폐비조

1894년 7월 일본군의 경복궁 점령 모습을 상상하여 그린 보도판화(남주현 개인 소장)

치를 내려 사건을 은폐하려고 하였다. 하지만 진실을 가릴 수는 없었다. 폐비조치에도 불구하고 각지에서 명성황후 시해사건에 대한 반발이 나타나기 시작하였다. 강원도 원주의 경우 재지사족들이 국모시해 복수를 위해 거의擧義하고자 하였으며, 구월산에서는 국모시해의 죄상을 성토하는 모임이 개최되었다. 명성황후 시해사건 이후 전국적으로 의병운동이 태동하기 시작한 것이다.

이런 상황에서 친일내각이 을미개혁의 일환으로 1895년 음력 11월 15일 단발령을 반포하자 전국적으로 반일감정이 폭발하였다. 단발의 명분은 '위생에 이롭고 작업에 편리하기 때문'이라고 하였지만 일반 백성들에게는 그렇게 받아들여지지 않았다. 유교 윤리가 뿌리 깊은 조선사회에서 상투는 곧 효의 상징으로 인식되었다. 그러므로 단발은 직접적으로 신체에 가해지는 박해였으며, 인간을 금수로 만드는 인류의 파멸로 받아들여졌다. 일본이 경복궁을 공격하여 국왕을 위협한 것에 그치지 않고 국모를 시해하고 이어 친일정부에 의해 유교적 가치관을 훼손하는 단발령이 실시된 것은 단계적이면서 매우 심각한 도발로 인식되었다. 결국 전국적으로 의병운동이 일어나기 시작하였다. 을미의병은 경복궁점령, 명성황후 시해사건 등 노골화되는 일본의 침략과 복제개혁, 단발령 등 유교적 가치질서를 훼손하는 상황에서 일본의 침략을 물리치고 조선의 전통질서를 수호하기 위해 일어난 의병운동이었다.

강원도지역은 원주, 춘천 등지에서 가장 먼저 의병운동이 일어났다.

춘천에서 의병이 일어나다

명성황후 시해사건과 단발령으로 의병봉기의 분위기가 전국으로 확산되는 상황에서 춘천지역은 화서학파를 중심으로 의병 모의가 진행되었다. 특히, 이소응이 중심이 되어 의병봉기를 추진하였다. 그러나 이소응이 처음부터 의병봉기를 계획한 것은 아니었다. 그는 유인석이 제시한 '처변삼사處變三事' 중에서 '자정수의自靖守義'를 결심하고 유중악·유봉석과 함께 양평 용문산사龍門山寺에 들어가려 하였다.

당시 유인석은 제천 장담마을에 거주하였지만 춘천, 원주, 지평,

제천 등지의 화서학파를 이끌고 있었다. 또한 가장 적극적으로 개화정책을 반대한 인물 중 한 사람이었다. 그는 강화도조약에 체결될 때 반대상소를 올린 것을 시작으로 복제개혁 등 조선적 가치를 훼손하는 개화정책이 추진될 때마다 반대투쟁을 전개하였다. 그랬기에 명성황후 시해사건과 단발령이 공포되었을 때 바로 의병봉기를 계획하였다. 그러나 당시 양모 덕수이

이소응(李昭應, 1852~1930)

씨의 상중이었기에 거의를 할 수 없었다. 이에 위기상황에 직면한 유생들이 처신하는 대응방비책으로 다음과 같이 처변삼사를 제시하였다.

'大禍가 오늘에 이르렀으니 선비로서 처신할 방책 세 가지를 제시하였는데, 첫째는 '擧義掃淸'으로 의병을 일으켜 왜적을 소탕하는 것이요, 둘째는 '去而守之'로 고국을 떠나 해외에 가서 대의를 지키는 것이요, 셋째는 '自靖'으로 세상을 등지고 자정하여 스스로 해결하는 것이니 각자가 자기의 뜻대로 쫓아서 할 것이다.' 이정규,「從義錄」

그러면서 이 세 가지 행동 방법은 모두 정당한 것이니 각자 스스로 결정하여 따르라고 하였다. 이 과정에서 이소응은 '자정수의'를 선택하였다.

춘천지역은 이소응과 같이 '자정수의'하고자 하는 분위기가 높았다. 이런 분위기가 바뀐 것은 원주 안창에서 일어난 원주의병 소식이 전해진 후였다. 원주의병은 강원도 원주, 경기도 지평 등지에 거주하는 인사들이 주도하였다. 그들은 원주와 지평을 오가면서 구체적으로 의병봉기 계획을 세웠는데, 그 중심에는 이춘영이 있었다. 이춘영은 지평사람이었지만, 처가가 원주였다. 또한 외가가 여흥민씨로 중앙정계와 연결되어 있다. 그는 중앙정계에서부터 지역의 인사까지 폭넓게 교류하고 있었다. 즉, 의병 추진 세력을 하나로 통합할 수 있는 배경을 가지고 있었다.

이춘영은 단발령 직후 처가인 연안김씨가와 원주 안창, 경기 지평을 오가면서 의병봉기에 대해 구체적인 논의를 진행하였다. 이춘영이 연안김씨가와 의병봉기에 대해 논의한 것은 원주에서 이 가문이 가지고 있던 위상 때문이었다. 연안김씨가는 지역 내 여론을 이끌 수 있는 지도력이 있는 가문으로 의병모집, 의병부대에 대한 재정지원 등이 가능하였다. 이는 이춘영과 김백선의 대화에서도 확인된다.

김백선 본 군(지평군 – 필자주)의 포군으로 쓸 만한 착실한 자는 내가 지휘하고 있으니 족히 먼저 봉기할 만한 밑천이 되며, …… 그러나 군사를 거느리자면 불가불 재물을 써야 할 것인데 장차 어찌하여 재물을 얻을 수 있을지 모르겠습니다.

이춘영　그대가 이미 군사가 있다 하니 내 어찌 재물이 없겠는가. 내가 마땅히 원주 안창의 만수암에 가서 군사들을 먹일 음식과 사용할 물건을 준비할 도리가 있다.

이 대화를 통해 지평에는 우수한 포군이 있지만 의병봉기를 추진할 만한 재원을 확보하기 힘들다는 것을 알 수 있다. 의병봉기에는 전투 병력의 확보도 중요하지만 의병부대를 지탱할 수 있는 재정적 지원도 매우 중요하였다. 이춘영은 이를 연안김씨가를 통해 마련하고자 하였다. 우선 이춘영의 장인인 김헌수가 의병부대에 돈과 곡식 등 군수물자를 지원하기로 약속하였다. 또 당시 반일적 중앙정치세력의 일원으로 원주에 내려와 있던 김세기의 후원도 기대할 수 있었다. 그렇기 때문에 원주 안창에 모여 의병을 일으켰던 것이다.

여기에 김사정의 강력한 권고도 의병이 원주 안창에서 봉기하는데 주요한 원인이 되었다. 김사정은 의병부대의 전투력 증강 측면에서 원주의 중요성을 강조하였다. 원주는 강원감영의 폐지와 군제개혁 등으로 해산된 지방군들이 상당수 존재하였기 때문에 포군을 의병으로 모집하기 유리하였다. 의병은 신식무기로 무장한 일본군과 관군을 상대로 전투를 전개하였기에 비록 화승총이라고 할지라도 총기류를 다룰 줄 아는 포군의 확보가 절대적으로 필요하였다.

이 점은 이춘영도 잘 알고 있었기 때문에 의병모의 초기 단계부터 지평포군의 확보를 위해 노력하였다. 지평포군은 지평현감 맹영재 휘하로 지방 비적匪敵을 방어하기 위해 양성되었다. 1894년 동학농민운동 당시에는 동학농민군 토벌에 큰 공을 세우기도 하였다. 이들을 의병운동에 참여시키기 위해 이춘영은 지방제도개혁, 복제개혁, 단발령 등 일련의 개혁에 대한 부당성과 명성황후 시해사건에서 나타난 일본의 침략성을 강조하여 의병에 동참할 것을 권유하였다. 그 결과 지평 포군이 대거 의병운동에 참여하였다. 특히, 맹영재에게 거의를 청하였다가 거절당한 지평 포군의 영수 김백선의 참여는 지평 포군이 조직적으로 의병에 가담하는 계기가 되었다.

한편, 이춘영은 안창의 연안김씨가와 의병모의를 진행하는 동시에 지평의 순흥안씨 안종응安鍾應과도 접촉하였다. 순흥안씨가는 이춘영의 집안인 여주, 지평, 양근 일대의 덕수이씨 택당공파澤堂公派와 통혼권을 형성할 정도로 밀접한 관계였다. 안종응은 이춘영을 도와 지평 인사들의 의병운동 참여를 독려할 수 있었다. 또 안종응의 아들 안승우는 유인석의 제자로 제천 장담에 거주하고 있었다. 이춘영은 안승우를 통해 제천의 화서학파에 의병봉기 사실을 알리고 그들과 연계하여 의병운동을 전개하고자 하였다. 그리하여 안승우, 이범직, 원철상, 신지수 등은 의병봉기지인 원주 안창으로 이동하였다.

이처럼 원주 일대에서 의병운동이 전개되자 유인석은 원주의병의 거의 사실을 춘천에 알리고 춘천의 사우士友들도 궐기할 것을 촉구하였다. 그러자 유중악이 이소응을 찾아가 의병봉기를 권고하자 이소응은 마음을 돌려 유중악, 유봉석 등과 비밀리에 거의를 확정하였다. 이에 따라 여론을 조성하고 춘천지역 유림을 규합하였다.

마침내 감역監役 홍시승洪時承이 산내山內(시내)에 유중악이 지은 방문榜文을 내걸고 사과司果 이면수李勉洙(이소응의 종조)가 산외山外(시외)에 통문을 돌렸으며, 선비 이수춘李守春과 민영문閔泳文이 고을 사람을 격동시키자 사민士民들이 모여들었다.

1896년 1월 18일 춘천부민春川府民들은 우선 춘천관찰부를 공격하여 점령한 후 임시 본영으로 삼고 삭발한 초관哨官 박진희朴晋熙를 개화초관이라고 하여 즉시 잡아 참수하여 그의 머리를 홍문紅門 위에 매달아 개화자들에게 경고하였다. 또 전임 춘천유수로서 악명 높은 탐관오리 민두호閔斗鎬의 생사당生祠堂을 파괴하였다. 이어 민두호의 아들로 궁내부특진관이었던 민영준閔泳駿의 집에 난입하여 집기를 때려 부수었다. 그런 다음에 춘천의 진산鎭山인 봉의산鳳儀山에서 기의제起義祭를 올리고 의병진영을 설치하여 대대적인 의병모집에 나섰다. 이때 유생을 비롯하여 보부상들도 있었고, 노랑수건에 노랑망태를 갖춘 포수와 뽕나무활에 목창木槍을 지닌 농민 등 다양한 집단의 인물 1,000여 명이 모여들었다.

그러나 이들을 통솔할만한 인물을 세우지 못한 상황에서 조직적이고 장기적인 의병운동을 기대할 수 없어 해산하려 하자 이소응의 사촌동생인 이만응李晚應과 이경응李景應이 해산할 수 없다고 주장하였다. 그들은 의병을 이끌 인물로 당시 명망이 높고 춘천 창촌倉村 출신으로 황실의 후예였던 이소응을 찾아가 의병대장직을 맡아주기를 간청하였다. 이소응은 처음에는 사양하다가 중의衆意를 따라 수락하였다. 함으로써 1896년 1월 20일 춘천의병장에 등단하였다.

이소응은 1896년 1월 20일 춘천의병대장소에서 군례를 올리고 춘천의병장으로 취임하였다. 이와 동시에 의병부대를 새롭게 정비하여 아장亞將 이만응, 군사장 이면수, 선봉장 이재풍, 돌격장 겸감군사 박현성, 전군장 이면응, 전군부장겸운량사 신재희, 전군모사장 이명기, 모사장 황진, 소모장, 홍윤령, 순무장 이회응, 솔병집사·도총대장 성익현, 교련집사 이용준, 군기집사 전치홍, 군량사 황영진, 참모 이수춘 등을 임명하였다. 윤희순의 시아버지인 유홍석도 참모총무로 활동하였다.

춘천지역 의병운동의 전개

의병부대를 정비한 이소응은 각 면의 부호들에게 군량을 징발하고 무기고를 열어 일반 민병에게도 무기를 주어 밤낮으로 훈련을 시키도록 하였다. 또 춘천의병부대의 이름으로 1896년 1월 26일 각 고을에 글을 보내 "의병義兵의 군수경용軍需經用이 시급하니 각 고을에서 납입納入해야할 호포전戶布錢 및 조세租稅를 밤을 새워서 납입하라"고 독촉하였다. 이와 함께 1월 31일 '격고팔도檄告八道'라는 격문을 각지에 보내어 다 함께 기병起兵할 것을 촉구하였다. 이 '격고팔도'에는 의병을 일으킨 목적이 나타나 있었는데, 그 내용은 다음과 같다.

> 지금 왜노倭奴가 창궐하고 국내에 적신賊臣이 그들에게 붙어 국모를 시해하고 임금의 모발을 강제로 자르기까지하며, 만백성을 모아서 개나 양의 무리 속에 빠트리게 하며, 요순과 공자, 주자의 도를 쓸어 없애려 하려하니 황천상제는 위에서 진노하시고 온 군대와 백성들이 불공대천不共戴天의 원수로 생각한다. 무릇 우리 곳곳에서 봉기하는 충의의 장수들은 중화를 높이고 이적夷狄을 물리치며 국가를 위해 원수를 갚고 치욕을 씻는 것으로 제일의 대의를 삼아야 한다. 의병이 이르는 각 영 각 읍의 장관으로서 만일 자기 일신의 편리할 것을 생각하여 관망하며 곧 호응하지 않는 자나 적의 편에 붙어서 군정을 방해하는 자가 있다면 이들은 모두 이적금수夷狄禽獸의 앞잡이요 난신적자의 종당이니 단연 군율을 시행하여 먼저 베고 차후에 보고할 것이다.

이소응은 격문에서 일본을 왜노라고 극단적인 지칭을 하면서 왜와 왜노에 붙어서 국모를 시해하고 국왕의 머리를 강제로 깎는 무리들을 불공대천의 원수로 규정하였다. 따라서 나라의 원수를 갚고 치욕을 씻는 것이 의병이 실천해야 할 큰 의무임을 강조하였다. 또한 의병활동을 방해하는 지방관들에 대해서는 강력히 응징할 것을 천명하였다. 이러한 격문의 영향력은 대단하였다. 격문이 도착한 아산牙山, 평택平澤, 천안天安, 공주公州 등지에서 크게 동요가 일어났으며, 멀리 함경도지방에서도 동요가 있었다.

한편, 1월 13일자로 정부에서는 조인승曺寅承을 춘천부관찰사 겸선유사春川府觀察使兼宣諭使로 임명하였으나 그는 춘천부에 부임하지 못하고 가평관아의 향리 신정만申正萬의 집에 수행원과 머물러 있었다. 그럼에도 불구하고 정부에서는 또 18일자로 겸임춘천재판소판사兼任春川裁判所判事로 발령을 내렸다. 정부에서는 조인승에게 또 관직을 내려 춘천으로 부임시켜 정부의 통제권을 복원하고자 하였으나 이루어지지 않고 있었다. 오히려 조인승이 머물고 있던 곳이 춘천의병에게 발각되었다. 춘천의병은 가평으로 가서 조인승 일행을 체포하여 춘천읍 앞 개못개 처형장에서 처형하였다. 이는 의병이 친일 현직고관을 처단한 최초의 사건으로서 춘천의병의 과격성과 반개화성을 대변하는 사건이었다. 춘천의병이 조인승을 처형하였다는 소식을 접한 내각 대신들은 물론, 지방관들은 큰 충격을 받았다.

2월 1일 기세가 더욱 높아진 춘천의병은 왜적토벌을 위한 본래의 목적을 달성하기 위해 서울로 출병하였다. 그러나 정부는 신임 군부대신 조희연曺義淵으로 하여금 1월 31일 1개 중대의 경군京軍을 파견하고 이어 경군과 포군을 증파하여 진압에 나서도록하였다. 이에 따라 친위대 제1대대장 참령 이남희李南熙와 중대장 신우군申羽均과 친위대 제2대대 중대장 이겸제李謙濟, 김구현金龜鉉 등이 지휘하는 병력은 가평읍을 점거하고 가평읍의 앞산인 벌업산寶納山에 주둔하고 있었다.

춘천의병은 가평에 선발대로 박현성朴賢成 의병부대를 파견하여 가평의 지리에 밝은 가평의병장 이충응李忠應이 이끄는 가평의병과 합세하여 친위대를 공격하도록 하였다. 한나절 동안이나 계속된 벌업산 전투에서 수적 우세와 지리적 이점을 최대한 살린 의병부대가 대등하게 맞서 버틸 수 있었다. 그러나 우수한 화력을 보유하고 있던 경군은 비가 오는 틈을 타 춘천의병과 가평의병의 연합의병을 총공격하여 벌업산을 점령하였다.

벌업산전투에서 서울에서 파견한 친위대에 패한 이후 이소응은 의병부대를 재정비하고 포군을 보충하기 위해 춘천의병부대를 종형인 이진응과 종제 이만응, 이경응에게 맡기고 자신은 동학농민군 진압에 공이 있던 지평감역砥平監役 맹영재孟英在를 찾아가 원병을 요청하였다. 그러나 맹영재는 병력 지원을 거부하고 이소응을 구금하였다. 이소응은 마침 유인석이 보낸 정익鄭瀷과 이찬익李贊益(粲永)의 도움을 받아 풀려났다. 풀려난 이소응은 춘천의병으로 돌아가지 못하고 2월 17일 유인석의 호좌의진에 합유하였다. 이제 이소응은 호좌의진의 군무도유사軍務都有司 직책을 맡아 '군중사무대강軍中事務大綱'을 작성하여 의병부대의 기강을 확립하고 의병운동방략을 개진하여 호좌의진의 세를 북돋는 등 의병활동을 계속하였다.

한편 이소응이 지평으로 포군을 확보하러 춘천을 떠난 사이에 가평에 주둔해 있던 친위대는 춘천의병의 본진을 공격해 들어왔다. 이에 이진응이 지휘하는 춘천의병은 약사원藥司院(지금의 춘천시 약사동) 후록에서 친위대와 격전을 벌이었으나, 2월 8일 이진응이 전사하는 등 많은 사상자를 내고 패하였다. 이어 이경응이 춘천의병대장이 되어 소양강변의 봉의산을 거점으로 의병세력을 만회하려고 하였으나 의병부대를 재정비하기에는 미흡하였다.

그러는 사이 서울에서는 고종이 아관파천俄館播遷을 단행하여 친일내각이 붕괴되고 친러내각이 들어섰으며, 의병봉기의 직접적 원인 중에 하나였던 단발령도 취소되었다. 따라서 정부는 아관파천 당일인 2월 11일 조칙을 내려 의병을 선유하였다. 조칙이 춘천의병을 주요 대상으로 삼은 것은 춘천의병이 차지하는 비중이 컸기 때문이었다. 이는 이소응이 "제천은 먼저 거의하여 뒤에 떨치었고, 춘천은 뒤에 호응해서 앞에 떨치었다"고 한 것에서도 알 수 있다.

춘천의병은 정부의 해산 권유에도 불구하고 의병운동을 계속해서 전개하였다. 춘천의병은 경군이 서울로 돌아가자 이경응은 의병을 모아 군세를 갖추었지만 그 위세가 이전만 못하였다. 이에 대해 김윤식金允植은 "춘천의병春川義兵이 흩어졌다가 다시 모이니 전에 비하여 배나 성하여 군사 3천 명을 나누어 양근楊根을 거쳐 장차 남한산성南漢山城으로 들어가 합세한다고 한다" 하였다. 또 "춘천의병이 더욱 횡행橫行한다"고 하여 춘천의병이 재건되고 있음을 말하고 있다. 그러나 춘천의병에 가담했거나 춘천의병이 호좌의진 등에 가담해서 활동하는 것을 표현한 것으로 보여진다.

이경응은 잔여 의병 200명을 이끌고 3월 하순 민용호의 강릉의병부대에 합류하였다가 6월 23일 서행길에 오른 유인석의 호좌의진에 잠시 머물렀다. 그 후 7월 초 강릉의병부대가 북행을 시작할 때 동참하였는데, 서화瑞和(인제군)의 용산龍山에서 관군과 치열한 교전 끝에 패한 후 거의 전투력을 상실하다시피 되었다. 또한 유중락·유홍석·김경달金敬達 등은 북한강 유역의 청평천淸平川 하구 가평지역에서 항전하였으나 춘천이 친위대에게 장악되자 더 이상 의병운동을 이어가지 못하였다. 이에 춘천을 떠나 유인석의 호좌의진에 들어가 유인석의 막료로서 총재서무를 맡아 의병의 살림을 맡아 보았다.

여성의병장 윤희순과 춘천지역 의병운동

윤희순은 춘천지역에서 의병운동이 치열하게 전개되고 있을 때 여성의병부대를 조직하여 적극적으로 의병운동을 지원하였다. 그의 의병운동의 출발은 유홍석의 의병출정에서 시작되었다. 윤희순은 유홍석이 의병에 참가할 때 따라 출정하고자 하였다. 당시 윤희순은 결혼 20년 만에 큰아들 돈상을 낳아 돌 지난 지 서너 달밖에 안된 36세의 아기 엄마였다. 그럼에도 귀한 아들보다 나라를 더 걱정하였기에 '충효로 규중부인네 몸으로 몽두난발'로 시아버지를 따라 나서겠다고 한 것이다. 이에 유홍석이 '너는 집안 가사에 힘쓰도록 하라. 전장에 나가 소식이 없더라도 조상을 잘 모시도록 하라. 자손을 잘 길러 후대에 충성된 자손으로 길러 훌륭한 자손이 되도록 하며 너희들에게는 이런 일이 없도록 해주길 바란다. 네가 불쌍하구나'라고 하면서 만류하였다. 유언 같은 시아버지의 당부를 듣고 가슴은 찢어지고 눈물이 앞을 가려서 시아버지를 바로 볼 수가 없었다.

시아버지의 당부는 유가儒家의 여성이면 누구나 지키고 실천해야 하는 부녀의 임무인 것이었다. 그렇다고 부녀의 의무만을 지키고 가만히 있을 수는 없었다. 시아버지의 당부를 받아들이고 현실적으로 자신이 할 수 있는 최선의 일을 찾았다. 그리하여 시아버지가 출정하자마자 곧바로 뒷산으로 올라가 단壇을 세워놓고 시아버지의 당부에 따라 집안을 돌보면서도 의병운동의 승리와 시아버지의 무사귀환을 기원하는 축원을 드렸다. 단을 쌓고 치성기도를 올리는 것은 최대의 종교적이며 정신적인 성스러운 의식이었다. 유교가 지향하는 궁극적인 이상은 곧 성인聖人이 되는 것이고, 이는 수기修己를 통해 이뤄질 수 있다고 하였다. 단을 쌓고 치성을 드리는 것은 수기를 행하는 하나의 방법이었다. 의암 유인석도 남만주 통화현 오도구에 정착했을 때 제일 먼저 동족으로 망배단望拜壇을 쌓고 선현을 모시는 사당祠堂을 지어 배례하면서 나라의 안위를 기원하고 이주민들의 애국의식을 고취하였다. 즉, 유가에서 설단의

식은 매우 중요한 의미를 지닌 것이었다.

　윤희순이 매일 밤 삼경三更(23~01시)이 되면 목욕재계하고 정안수를 떠 놓고 정성을 들여 기도 드린지 300일 되던 날 유홍석이 돌아왔다. 유홍석은 호좌의진에서 유인석과 함께 활동하다가 유인석을 따라 청나라의 통화로 들어갔다가 의병 재기를 위한 계획을 실행하고자 비밀리에 근거지인 춘천으로 돌아왔던 것이다.

　유홍석은 윤희순의 지극정성에 대해 "네가 지극한 정성으로 빌었다하니 내가 살아 돌아 온 것은 모두 자부 며느리 덕인가 하오"라고 하였다. 윤희순 또한 시아버지로부터 대단했던 의병전투 등 의병운동에 대해 듣고 '열 달이 되던 날 무사히 돌아오셨으니 반가운 마음 이루다하리요 고생하시던 말씀이 성공도 하였고, 실패도 많았노라 하시며 하시나 …… 대담하신 아버님이 더 불쌍하시더라 겨우 하룻밤을 주무시고 얼마나 애통하오리오'라고 하여 의병운동의 고단함과 의병들의 헌신에 대해 생각하였다. 이후 유홍석은 다시 의병 모집 임무를 수행하고자 길을 나섰다.

　윤희순이 거주하던 춘천 일대는 의병활동이 활발한 곳이었다. 당시 의병들은 군수물자의 대부분을 민가에서 협조받아 충당하였지만 여의치 않을 경우에는 무력으로 그들을 위협하는 경우도 있었다. 자연스럽게 윤희순의 동네에도 의병들의 군수물자 지원 요청이 있었으며, 식사를 강요하는 경우도 있었다. 이러한 의병들의 요구에 동네 부녀들이 응하기를 꺼려하였지만 윤희순은 시아버지의 출정을 지켜보고, 시아버지의 의병봉기 격문을 옮겨 적거나 의병가사를 지으며 의병들의 우국충정과 희생정신을 알고 있기에 식구들이 먹어야 할 쌀로 밥을 지어주었다. 더 나아가 춘천 숯장수들이 숯을 사기 위해 갖다 놓은 곡식까지 몽당 털어 군량미로 마련하여 보내는 등 의병뒷바라지에 나섰다. 당시 상황에 대해 '황골대소내 족손모부인族孫母夫人'이 성재댁에 보낸 편지에 잘 나타나 있다.

> 그 많은 사람을 어떻게 밥을 해주나 하였는데 마침 춘천 숯 장사치들이 숯사기 위해 갖다논 걸로 밥은 지어 주었는데 보리쌀 한 가마, 좁쌀 한 가마 외당댁 잡수라는 쌀 몽땅 밥해 먹고 가져갔으니 무얼 먹고 살며 하던 중, 장사치가 와서 쌀 내놓으라고 야단이니 행패도 심하고 하던 중 턱골댁, 벌골댁, 정문댁, 최골댁, 의암댁, 용문댁, 소리댁 모든 집안이 모여서 장사치 쌀을 해 주었으나 윤집 살 길이 막연하와 걱정이로소이다.

의병부대에 곡식을 지원한 문제로 나중에 숯장수가 와서 심한 행패를 부리자 턱골댁, 벌골댁, 정문댁, 최골댁, 의암댁, 용문댁, 소리댁 등 집안사람들이 공동으로 대처하면서 의병지원에 대한 인식의 전환이 시작되었다. 더욱이 숯장수에게 곡식을 변상하고 살길이 막막하게 되었음에도 의병에 대한 지원을 호소한 윤희순의 모습은 마을 여성들이 의병지원에 뛰어들게 하였다.

윤희순이 의병을 도운 직후 마을 안사람들을 모아 놓고 의병 돕기에 나서자고 주장하였을 때 반대하는 사람들도 상당수 있었다.

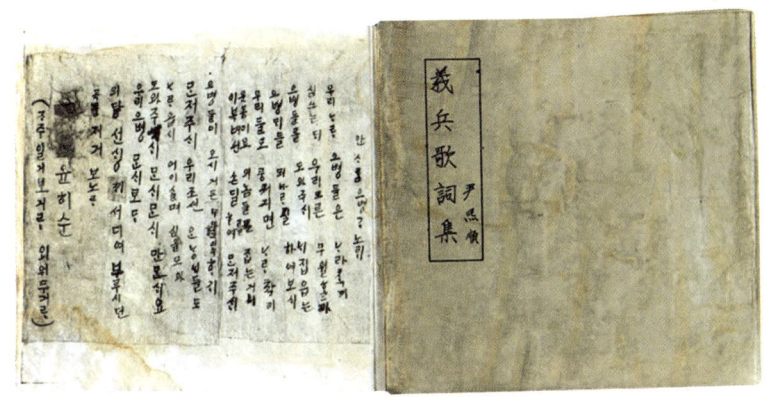

윤희순, 의병가사집(국가등록문화재 제750호, 강원대학교 중앙박물관 소장)

여전히 유교적 전통윤리 속에서 자란 여성들에게 의병운동의 참여는 '바깥 활동'이라는 인식이 있어 좀처럼 나서지 않았다. 의병운동은 남성들이 할 일이고 여성들은 집에서 살림하고 자녀 기르고 제사를 받들며 집을 지키는 것이 본분이라고는 인식이 뿌리 깊게 자리 잡고 있었다. 경우에 따라 의병에 참여하고 싶어도 여성의 바깥 활동을 꺼려하는 남편의 눈치 때문에 나서지 못하였다. 이에 윤희순은 의병뒷바라지에 고흥유씨네 친척들이 앞서야 한다고 제의하였다. 숯장수 사건을 공동으로 대응했던 의암댁 전주이씨, 최골댁 원주원씨, 턱골댁 진천송씨, 벌골댁 광주이씨, 정문댁 전주이씨, 소리댁 연일정씨, 용문댁 등 고흥유씨 친척 부인들이 합심하자 반대하던 안사람들도 모두 동의하였다. 이렇게 하여 의병을 지원하기 위한 부인들의 모임이 결성되었고, 안사람으로서 할 수 있는 역할을 파악하고 실천을 구체화하였다. 이 모임은 일제침략에 저항하여 자발적으로 결성된 최초의 부녀항일운동단체였다.

이후 윤희순은 여성들의 잠재되어 있던 민족의식을 깨우쳐 의병운동에 동참하게 하기 위해서 〈안사람 의병가〉를 지어 모든 여성들이 함께 부르게 하였다.

안사람 의병가
아무리 왜놈들이 강성한들 우리들도 뭉쳐지면 왜놈잡기 쉬울세라
아무리 여자인들 나라사랑 모를쏘냐 아무라 남녀가 분별한들 나라없이 소용있나
우리도 나가 의병하러 나가보세 의병대를 도와주세
금수에게 붙잡히면 왜놈 시정 받들 쏘냐
우리 의병 도와주세 우리나라 성공하면 우리나라 만세로다
우리 안사람 만세 만만세로다

또 〈안사람 의병가 노래〉를 지어 의병이 찾아오면 적극적으로 도와주자고 하였다.

안사람 의병가 노래
우리나라 의병들은 나라찾기 힘쓰는데
우리들은 무얼할까 의병들을 도와주세
내집없는 의병대들 뒷바라지 하여보세

우리들도 뭉쳐지면 나라찾기 운동이요
왜놈들을 잡는 것이니 의복버선 손질하여 만져주세
의병들이 오시거든 따뜻하고 아늑하게 만져주세
우리조선 아낙네들도 나라없이 어이살며 힘을 모아 도와주세
만세만세 만만세요 우리의병 만세로다

그러자 의병을 돕는 것에 주저하던 여성들도 모두 감동되어 자발적으로 함께 나서서 의병들의 용기를 북돋아 주었다. 윤희순은 ① 의병부대에 식량, 의복 등을 지원하고, ② 의병가사의 제작 및 배포 등을 통해 의병부대에 직접 참여하여 활동할 수 없는 상황에서 최선을 다하였다.

윤희순이 의병에 대한 지원을 노래한 가사만을 지은 것은 아니었다. 조선을 침략하고 있던 일본군에게도 직접적으로 경고하는 글을 지어 보내는 대담함을 보이기도 하였다. 대표적인 것으로 명성황후 시해 이후 조선의 백성이 분노한 심정을 그대로 밝히고 있는 〈왜놈대장 보거라〉라는 격문이 있다.

너희 놈들 우리나라 욕심나면 그냥 와서 구경이나 하고 가지 우리가 너희 놈들한테 무슨 잘못이 있느냐. 우리나라 사람 이용하여 우리 임금 괴롭히며 우리나라를 통치한단 말이냐 아무리 유순한 백성인들 가만히 보고 있을 줄 알았느냐 절대로 우리 임금 괴롭히지마라 만약 너희 놈들이 우리 임금과 우리 아낙네를 괴롭히면 우리 조선

안사람도 가만히 보고만 있을 줄 아느냐. 우리 안사람도 의병한다. 더군다나 우리 민비를 살해하고도 너희 놈들이 살아가길 바랄쏘냐. 이 마적대 오랑캐야 좋은 말로 할 적에 용서를 빌고 가거라. 이 오랑캐야. 우리나라 사람 술 취한 인간들 이용하여 우리나라 괴롭히니 술 취한 인간 깨어나면 그 사람이 가만히 둘 줄 아느냐. 이용도 잘못이니 빨리 너희 나라로 가거라. 욕심이 지나치면 너 죽을 줄 모르느냐. 명심하여 너희 나라로 가거라. 너희 놈들 그렇지 않아도 잔나비(원숭이) 꾀여우같은 놈인 줄은 내 진작부터 알지만은 우리 조선 화가 나면 황소, 호랑이니라. 우리 대가 못잡으면 후대에도 못잡을쏘냐. 우리 후대에서라도 너희 놈들을 잡고 너희 정치 안볼것이니 생각하고 또 생각하고 하여 너희 나라로 가길 바란다. 이용도 그만하고 재주도 그만 부려라. 좋은 말로 달랠 적에 너희 나라로 가거라. 우리 조선 사람 안사람이 경고한다. 왜놈대장 보거라

윤희순이 항일의병운동을 전개하면서 가장 가슴 아프게 생각한 것이 왜놈의 앞잡이가 되어 의병을 밀고하거나 그 가족을 살해하는 등 같은 동족을 괴롭히던 밀정들의 횡포였다. 의병들은 밀정들을 사살하거나 효유하기도 하였으나 그들의 횡포는 그치지 않았다. 이들에 대한 감정을 윤희순은 〈금수들아 받아보거라〉, 〈애달픈 노래〉 등을 지어 경계하고 있었다. 〈금수들아 받아보거라〉는 일본군 앞잡이 노릇을 하고 있는 밀정 등을 훈계하고 이들에 대한 분노를 표출하는 한편, 안타까운 마음을 그대로 나타내었다.

금수들아 받아보거라

금수보다 못한 인간들아, 너희 부모 살을 베어 남을 주고, 너희 부모 살 수 있느냐?

네 부모를 버리고서 남의 부모 섬길쏘냐. 짐승들도 (그런 일이) 없거늘 하물며 사람으로 태어나서 이렇듯이 할 수 있느냐? 말 못하는 짐승들도 한번 제집을 정해주면 그 집을 찾아오건마는 너희 놈들은 조선 땅에서 태어나서 남의 나라 왜놈에게 가서 짐승노릇을 한단 말인가. 한심하고 애닯도다 애닯도다 불쌍하고 애닯도다. 왜놈의 앞잡이 놈들 참으로 불쌍하고 애닯도다. 제살을 베어 남을 주고 그 살이 헌데가 될 줄 모르는가? 이렇듯이 어두운가? 술이 많이 취하였거든 안사람들이 깨도록 방에다 잠재워주세. 한심한 인간들아 조상에게 더 이상 죄를 범하지 말고 우리나라 살려 우리 임금 모셔가며 살아보세. 우리나라 안사람들도 뭉쳐서 의병을 도와주세

〈애달픈 노래〉에서는 관군이 일본군과 합동으로 의병을 토벌하는 상황을 한탄한 것이었다. 이제 조선을 구할 사람들은 오직 의병밖에 없으며 나라의 장래를 위해 젊은 청년들이 애국심으로 의병에 참여해야 한다고 생각하였다.

애달픈 노래

애닯도다 애닯도다 형제간에 싸움이요 부자간에 싸움이라. 이런 일이 어디있나

우리 조선 백성들이 이렇듯이 어두운가 제임금을 버리고서 남의임금 섬길쏘냐

우리 조선 버리고서 남의나라 섬길쏘냐. 애닯도다 애닯도다 우리조선 애닯도다

자기 처를 버리고서 남의 처를 사랑하니, 분한마음 볼 수 없어 내가슴을 두드리니

내 가슴만 아프세라. 귀한목숨 아무데나 버릴쏘냐. 나도 나가 의병하세

의병대를 도와주세

윤희순은 의병부대에 대한 직접적인 지원은 의병에 투신할 청년들을 깨우치는 것이라고 생각하였다. 안사람들이 하는 의병지원, 앞잡이들에 대한 훈계 못지않게 젊은 청년들이 의병에 투신하여 싸우는 것이 중요하다고 생각하였다. 그런 마음을 담아서 〈방어장〉을 지어 의병에 참여할 것을 독려하였다.

방어장

우리 조선 청년들아 의병하러 나가보세

의병하여 나라 찾자 왜놈들은 강승한데

우리나라 없이 어이 살며

어느 곳에서 산단 말인가

원수같은 왜놈들을 몰아내어 우리집을 지켜가세

우리인군 세도없어 왜놈들이 강승한데
빨리나와 의병하고 의병하여 애국하고 충신되자
우리 조선 사람 농락하며
안사람 농락하고 민비를 살해하니
우리인들 살 수 있나 빨리 나와 의병하세
우리도 뭉쳐지면 무슨일인들 못할소냐
짐승같은 왜놈정사 받들고서 살 수 있나
짐승같은 왜놈들이 우리를 농락하니
우리인들 살수 있나 이왕 죽는 목숨이니
의병하다 죽는 것은 떳떳한 죽음이런만은
눈치보고 있다가 죽는 것은 개죽음이라
빨리나와 의병하세
각도에서 천지가 무너지듯
의병을 하는데 가만히 보고만 있을소냐
나도나가 의병을 하여 나라찾고 분을 푸세
한번 죽더라도 떳떳하게 죽어보세
조선의기 청년들아 빨리나와 의병하여보세
안낙네도 나와 의병을 도우는데
하물며 우리 청년들이 나라를 잃고 가만히 있을소냐
니도나가고 나도나가 나라없이 살수있나
죽더라도 나가보세 왜놈들을 잡아다가
살을 갈고 뼈를 갈아도 한이 안풀리는데

우리청년들이 가만히 있을소냐
나가보세 의병하러 나가보세

 윤희순은 의병가사를 짓는 것에 만족하지 못하고 드디어 부인 의병대원들과 상의한 끝에 집안 살림과 어린 것들까지 집안 및 친인척 집에 맡겨 놓고 유인석의 부인 전주이씨(의암댁), 유영석柳寧錫의 부인 원주원씨(최골댁) 등과 같이 남장을 하고 제천 장담의 성재 유중교 댁으로 떠났다. 윤희순과 부인들이 집을 비우고 떠난 지 수일이 되도록 돌아오지 않아 걱정하였던 것을 볼 때 화서학파의 고장인 제천 장담 일대에서 더 많은 부녀의병을 규합하기 위해 힘쓰고 있었던 것으로 보여진다. 윤희순의 활동은 너무도 뜻밖이고 엄청난 것이었으므로 세상에 알려져 "윤희순이가 누구냐"고 묻는 사람들이 많아졌다.
 윤희순이 제천 장담까지 진출하여 의병운동을 지원했던 것은 시아버지 유홍석 등 춘천의병에서 활동했던 인물들이 호좌의진에 참여하였으며, 호좌의진을 이끄는 유인석이 고흥유씨가문 사람이었기에 의병운동에 대한 지원을 춘천을 넘어 제천 장담까지 확대하였다.
 호좌의진은 춘천의병에서 활동했던 세력들이 합류하면서 새로운 활력을 띠었다. 특히, 윤희순의 시아버지인 유홍석은 호좌의진에서 군무를 주재하면서, 〈國朝의 世德을 밝힘〉과 〈倭酋의 心跡을 밝힘〉 등의 고병정가사告兵丁歌辭 210여 구를 지어 군심을 진작시키는데 힘썼다. 그러나 이미 제천 일대에서 크게 세력을 상실하였던 호좌의진은 새로운 활로를 찾아야 했었다. 마침 제천의 장기렴 군대가 내창을 거쳐 강천과 안창으로 병력을 나누어 공격해 온다는 보고를 받은 유인석은 평안도 일대로 북상하기로 결정하였다. 이에 유홍석 등은 유인석을 따라 서북행을 선택하였다. 유인석의 서북행 결정은 평안도 일대의 화서학파와 연계하거나 어려우면 요동으로 넘어가기 위한 것이었다. 유홍석은 유인석을 따라 금대琴臺(지금의 원주시 판부면 금대리), 정선을 거쳐 북상하였다. 그 과정에서 서상렬, 이범직 등이 전사하였다. 주요 의병장들이 전사하면서 유인석의 호좌의진은 더욱 위축되었다. 이러한 어려움을 뚫고 1896년 8월 29일 중국 환인현桓仁縣에 도착하였지만 청나라에 의해 무장해제되면서 호좌의진은 해산되었다. 해산할 때까지 남아있던 의병은 원용정, 박정수, 정운경, 오인영, 김영록 등 21명이었다. 호좌의진이 해산되었지만 만주 일대에서 의병운동을 이어갈 생각으로 유인석은 원용정 등을 이끌고 심양瀋陽으로 들어가 의병에 대한 원조를 위해 청과 교섭하였지만 별다른 도움을 받지 못하였다. 이후 유인석 등은 중국에서 망명생활을 하다가 1897년 10월 고종의 소명을 받고 귀국하였다. 이처럼 호좌의진이 제천을 떠나 서북행을 진행하고 있을 때 윤희순 일행이 제천 장담으로 이동하여 의병운동을 지원하였던 것으로 생각된다. 호좌의진이 떠나고 남아 있을 장담마을에 대한 지원과 호좌의진의 서북행을 지원하기 위한 것이었다.

윤희순이 직접적으로 의병활동에 참여하는 방법은 의병가사의 제작과 배포였다. 윤희순은 의병가사를 제작하여 의병들의 사기를 진작시키고 의병가사의 제작을 통해 의병들의 용기를 북돋아주고 여성들의 적극적인 참여를 고취시켰다. 그녀는 집안에서나 우물가에서나 아낙네들을 만나기만 하면 나라가 위급한데 우리가 어떻게 가만히 있을 수만 있겠느냐 우리 여자들도 분연히 일어나 의병을 돕자고 외치면서 부녀의병운동을 전개하였다. 이러한 윤희순의 활동은 이전의 유교적 사고 아래 살던 여성들과 전혀 다른 적극적이고 저돌적인 행동이었다. 나라를 구하기 위하여 여자들도 남자들과 동등하게 의병활동을 해야 한다는 새로운 양성평등적 구국의지를 가지고 있었던 것이다. 윤희순은 조선시대 여성관을 극복하고 새 시대를 열어간 여성지도자였다.

의병전쟁의 한복판에서
무기를 만들다

대한제국 군대해산과 의병봉기

1907년 의병전쟁의 직접적인 도화선은 대한제국 군대해산에 반발한 군인들의 봉기였지만, 그 시작은 헤이그특사사건의 처리에서 비롯되었다. 일제는 헤이그특사사건을 계기로 대한제국 외교권 박탈을 넘어 내정에 대한 전권을 장악하여 대한제국을 식민지로 만들고자 하였다. 이는 이토 히로부미伊藤博文 통감이 1907년 7월 3일 하야시林董 외무대신에게 보낸 문서에서 확인된다. 이를 보면 외교권을 강탈해 간 이후 남아있던 조세권, 군권, 재판권마저 빼앗아 대한제국의 주권을 침탈하는데 헤이그특사사건을 이용하겠다는 의도를 보여준다. 또 일본내각도 내각회의에서 결정한 「헤이그밀사사건처리방침」을 1907년 7월 12일 이토 통감에게 타전하였다. 그 내용은 '일본정부는 이번 헤이그밀사사건을 기회로 한국 내정에 관한 전권全權을 장악하는 것을 목적으로 하고 이의 실천방법으로서 첫째 한국황제로 하여금 황태자에게 양위하게 할 것, 둘째 한국정부의 행정은 통감의 동의를 얻어 실행하게 할 것, 셋째 대

LES TROUBLES DE CORÉE
La garde japonaise aux prises avec les émeutiers à Séoul

한국통감부의 군대해산 조치에 맞선
대한제국 시위대(르 프티 주르날, 1907. 8. 4)

신·차관이하 중요관리를 일본인으로 임명하거나 또는 통감의 동의를 얻어 임명하게 할 것 등'이었다. 이는 대한제국의 전권을 장악하겠다는 의도가 일본 내각에서도 강력하게 제기되고 있었음을 보여준다.

이토 통감은 이 방침에 기초하여 황제의 양위를 강력하게 추진하였다. 그러나 일본정부가 전면에 나서서 양위문제를 다룰 경우 발생할 수 있는 비판 여론을 피하고, 대한제국 내각에서 스스로 결정한 것처럼 보이기 위해 대한제국 내각에 이 문제를 논의하게 하였다. 이에 총리대신 이완용李完用, 내부대신 임선준, 농공상부대신 송병준, 법부대신 조중응, 학부대신 이재곤, 탁지부대신 고영희, 군부대신 이병무李秉武 등이 참석하여 비상 내각회의를 개최하였다. 이 자리에서 송병준은 "폐하께옵서 두 가지 방침이 있으니 하나는 친히 일본에 건너가서 일황에게 사죄하고 황태자 교육시켜 주기를 요구하며, 둘은 하세가와長谷川(한국주차군사령관)에게 사죄하옵소서 만일 그렇지 않으면 반드시 전쟁을 일으킬 듯 하오니"라고 황제를 협박하였다. 이를 시작으로 내각에서는 거듭 황제의 책임을 추궁하면서 양위할 것을 요구하였다. 또한 이완용 등은 이 상황을 수습할 방책으로 '첫째, 광무9년 11월 17일에 체결한 한일신조약에 어새御璽를 눌러 이를 추인할 것. 둘째, 섭정攝政을 둘 것. 셋째, 황제가 친히 일본으로 가서 일본황제에게 사과할 것'을 고종에게 요구하였다. 이들은 이번 기회를 통해 을사늑약을 합법화시키고, 일제에 사죄하게 만들어 그 권위를 떨어트려 황제를 퇴위시키고자 하였다. 하지만 광무황제는 이를 거부하였다. 그러나 계속된 협박에 결국 '군국軍國의 대사를 황태자로 하여금 대리하게 한다'는 조칙을 내렸다. 황제의 즉위에 있으면서 정사만 황태자에게 대리한다는 것이었다. 하지만 일제는 이를 의도적으로 양위한다는 것으로 해석하고 7월 20일 황태자대리식을 거행하게 하였다. 더욱이 같은 날 일본에서 황태자의 황제 즉위를 축하하는 전보가 오자 양위의 조칙을 내릴 것을 압박하였다. 결국 7월 21일 광무황제는 태황제太皇帝의 칭호로 올리는 것을 재가裁可하고 이를 황태자皇太子가 조칙으로 발포하였다. 또 양위讓位를 명확히 하기 위해 연호도 고칠 것을 재가하였다. 이어 8월 27일 융희隆熙황제의 즉위식이 거행되면서 광무황제의 강제퇴위는 마무리되었다.

한편, 일제는 광무황제 강제퇴위 과정에서 정미7조약을 체결하였다. 7월 23일에 시작된 교섭은 착수 하루만인 24일 밤에 약간의 문언文言수정을 거쳐 기명 조인을 끝냈다. 다음날에는 임시 내각회의, 추밀원회의가 개최되어 정미7조약 체결이 결정되고 곧바로 관보에 공시되었다. 정미7조약은 교섭에서 공시까지 3일밖에 걸리지 않을 만큼 단시일 내에 체결된 것으로 일제가 만들어 놓은 기본 방침을 대한제국 정부가 인정하는 형태로 진행된 것이라고 할 수 있다. 이러한 점은 정미7조약의 주요 내용인 '첫째, 한국정부는 시정개선을 위해 통감統監의 지도를 받아야 할 것, 둘째, 한국정부의 법령과 제정과 중요한 행정상의 처분은 통감의 승인을 받을 것, 셋째, 한국고등관리의 임면은 통감의 동의로써 행할 것, 넷째, 한국정부는 통감이 추천한 일본인을 한국관리에 임명할 것' 등과 이토 통감이 일본 내각에 보낸 문서의 내용 및 일본 내각에서 결정한 「헤이그밀사사건처리방침」과 거의 유사하다는 점에서도 알 수 있다. 더욱이 부속 각서로 군대해산에 관한 비밀협정이 있었다는 것은 일제의 침략의도를 잘 보여주는 것이다.

광무황제 강제퇴위가 진행되고 있던 그 시점에 서울에서는 황제 양위와 관련하여 무성한 소문이 퍼지고 있었다. 그 내용은 '황제의 양위는 일본의 박해에서 비롯된 것이라고 말하고 있고, 혹은 황제는 머지않아 일본으로 유치誘致될 것이라고 말하고 있으며, 혹은 황제의 소재는 이미 알 수가 없다고 하고 또 일본이 앞으로 어떤 강경한 요구를 해올지 알 수가 없다는 등'이었다. 이러한 소문에 더해 일본의 외무대신이 국내로 들어온다는 소식이 전해지자 일본의 외무대신이 황제를 강제로 퇴위시키기 위해 입국하는 것으로 판단하고 광무황제 강제퇴위 반대운동이 전개되었다. 이 반대운동에는 동우회를 주축으로 대한자강회, 황성기독교청년회, 문우회文友會, 개진교육회開進敎育會 등 정치세력과 서울의 일반 백성들이 참여하였다.

1907년 7월 17일 밤 동우회는 특별회의를 개최하여 광무황제를 일본에 행행하라고 강요한 대신은 국적國賊이라고 분개하면서 황제 강제퇴위 반대투쟁을 펼칠 것을 결의하였다. 그러면서 청년회 회원 등과 함께 국가가 위급한 지경에 처해 있을 때 평상시와 같이 상업활동을 영위하는 등의 행위는 선량한 국민이 해야 할 일이 아니라고 주창하면서 인근 상인들에게 시위에 참여할 것을 독려하였다.

시위는 다음날인 18일에도 계속되었다. 특히, 내각대신들이 황제에게 을사늑약에 어보를 날인할 것, 황태자에게 양위할 것, 일본에 가서 일왕에게 사죄할 것 등을 상주하였는데, 황제가 이를 윤허하지 않았다는 내용의 『대한매일신보』 호외가 발행되면서 시위는 더욱 확대되었다. 동우회의 새 회장으로 추대된 윤이병은 통감 및 일본외무대신에게 대한제국 인민의 뜻을 전하고, 폐하께 정부대신을 주살할 것과 일본 행행을 중지할 것을 간청하며, 종로에서 연설회를 개최하여 공중公衆의 인심을 격동케 하자는 안을 결의하였다. 그 결과 국민결사회國民決死會를 조직하고 국민결사회 이름 아래 상주문을 올리기로 하였다. 이어 밤 9시경 종로로 모여든 군중들과 함께 대한문 앞으로 이동하여 시위를 전개하였으나 일본순사대의 제지에 밀려 포덕문布德門 앞까지 밀려났다. 그러다가 19일 새벽 3시경 광무황제가 양위한다는 비보가 전해지면서 시위는 더욱 격렬해지기 시작하였다.

19일 아침부터 표훈원表勳院에 모여 돌을 던지며 시위를 전개하던 시위대는 오후에 종로에 모여 노상 연설 등을 통해 시위를 독려하였다. 당시 연설에서 "이전에 국모國母를 잃고 지금 또 머지않아 국부國父를 잃을 지경에 있다. 국민이 이러한 경우에 처하여 어찌 편안함을 얻을 것인가. 특히 일본순사에 의해 우리들의 행동이 방해받는 것과 같은 일은 도저히 묵시할 수 없는 일이다. 마땅히 국가의 적인 대신을 죽여야만 한다. 그리하여 그 집을 불태워야 한다. 우리 동포는 이러한 결심으로 왕성王城 앞에 집합해야 한다"라고 하여 황제가 시해 당할지도 모른다는 인식을 가지고 있었다. 그러므로 황제를 핍박하고 양위를 주청하는 친일대신들을 처단하여야 하고 그들의 가산을 불태워버려야 한다고 하였다.

종로에서 시민들이 주축이 되어 전개되던 시위에 19일 오후 4시를 지나면서 대한제국 군인들도 참여하기 시작하였다. 오후 4시 50분경 시위대侍衛隊 제3대대 병사 약 40명이 부대를 둘로 나눠서 한 부대는 종로 순사파출소를 공격하여 파괴하고, 다른 한 부대는 도로에서 경계근무를 서고 있던 경찰관을 공격하여 사살하였다. 또 시위대 제2대대의 병사가 병영을 나와 경무청을 공격하였으며, 혼성여단사령 소속의 대한제국 군인들도 함께 경무청을 공격하였으나 장교의 제지로 영내로 돌아왔다. 이렇게 19일에 대한제국 군인 100여 명이 참여하여 일본 경부 2명, 순사 1명, 한국 순검 2명 사살, 경부 1명, 순사 9명(이 중 1명은 입원 후 사망) 부상, 일본인 1명 사살, 2명 부상의 전과를 거두었다.

광무황제 강제퇴위 반대운동에 시위대 등 대한제국 군인들까지 참여하면서 무장봉기 형태로 확대되자 하세가와長谷川 한국주차군사령관은 급히 평양에 주둔하고 있던 제13사단 소속의 보병 1개 대대를 서울로 이동할 것을 명령하였다. 이와 함께 보병 2개 중대에 기관총을 부여하여 덕수궁 포덕문 내에 집합하여 덕수궁으로 모여드는 시위대에 대비하도록 하였다. 이러한 조치는 대한제국

군대의 시위참여를 경계하면서 이들이 본격적으로 행동에 나설 경우 강경하게 진압하겠다는 뜻을 내포한 것이었다.

일부 시위대 군인들의 참여로 한층 고양된 시위는 밤 11시경 미동에 있는 일진회의 기관지인 국민신보사國民新報社를 파괴하고 사원을 구타하였으며, 일본인 가옥을 부수고 일본군과 투석전을 감행하였다. 시위가 일본인에 대한 공격 등으로 확대되자 긴급하게 서울에 있는 일본군을 추가로 배치하여 19일 밤 11시 50분부터 새벽 2시 사이에 보병 1개 대대에 기관총 4문을 부여하여 덕수궁 부근을 점령하도록 하였다. 그리하여 각 병영에 1개 소대만 남기고 보병과 기병은 한국주차군사령부에 집합하고, 포병은 남산 동북 기슭의 화성대和城臺에 배치하여 덕수궁 주변을 위협하였다.

20일에는 오전 8시부터 동우회 사무소 앞에 약 300명의 회원이 결집하여 황제를 핍박하고 있는 총리대신 이완용 등 친일대신들의 저택을 소각하기로 하였다. 원래는 적신敵臣들이라고 하여 처형하고자 하였으나 입궐해 있는 관계로 이들의 집을 소각하기로 한 것이다. 이에 회원들과 일반 시민들은 서소문 밖의 이완용 집을 비롯하여 농상공부대신 송병준, 전 내부대신 이지용, 전 군부대신 이근택·이근호, 일진회장 등의 집과 별장을 소각하고 일진회 사무소를 공격하였다. 또 황제의 행행을 막기 위해 남대문 및 서대문 두 정거장을 소각해 철도를 파괴하자고 결의하였다.

시위가 한층 더 격렬해지자 일본군은 용산에 있는 한국 군기고, 군부 내에 있는 탄약고 등을 점령하고, 위병근무를 서는 대한제국

군인의 탄약 휴대를 금지시켰다. 또 함흥에 있던 13사단 소속 공병 제13대대 제1중대를 서울로 파견하고, 용산, 임진강, 청천강 등의 철도교에 감시병을 파견하여 경계근무를 강화하였다.

이와 함께 통감부는 일본정부에 지원부대 파견을 요청하였다. 그리하여 일본 육군은 규슈九州 고쿠라小倉에 사령부를 둔 제12사단에서 1개 여단을 편성하여 파견하도록 결정하였다. 이렇게 해서 파견된 여단은 제12여단으로 여단사령부, 보병 제14연대, 보병 제47연대로 편성되어 있었다. 제12여단의 파견 목적은 제14연대 연대장의 훈시에서 나오듯이 '한국소요 때문에 파견하니 명예를 걸고'라고 하여 광무황제 강제퇴위 반대운동에 대응하고 나아가 의병전쟁에 대비하고자 하였다.

7월 23일 제12사단장으로부터 파견 명령을 하달받은 12여단은 출발 준비를 개시해 선발대로 여단사령부와 보병 제14연대의 2개 대대가 25일 출발한 것을 시작으로 27일 마지막 부대가 부산에 도착하였다. 이들은 부산에 도착한 직후 하달된 지역으로 이동하여 광무황제 강제퇴위 반대운동 진압과 대한제국 군대해산 작전에 투입되었다.

강원도에서 황제 강제퇴위 반대운동이 일어나다

광무황제 강제퇴위 반대운동은 지방에서도 일어났다. 가장 먼저 일어난 곳은 평양, 개성, 원산, 개항장 등 대도시나 상업중심도시였다. 특히, 평양은 평양에 주둔하고 있던 제13사단 소속의 보병 1개 대대가 19일 밤 서울로 출동하라는 명령을 받는 상황에서 시위 분위기가 고양되었다. 이에 20일 주요 상점들이 모두 문을 닫고 평양성 안에 있는 종로에 모여 시국에 관해서 분개하는 연설을 하였다. 또 종로에 500여 명과 대동문 밖 100여 명이 일본 경찰을 상대로 투석전을 전개하였다.

지방의 중소도시에서도 황태자 대리조칙이 전해지면서 광무황제 강제퇴위 반대운동이 전개되기 시작하였다. 22일 공주에서는 상점이 전부 철시하고 민인들이 각처에 모여들었으며, 양주에서는 기독교 목사 홍태순이 울분을 참지 못하고 음독하였다. 24일에는 을미의병 당시 안승우 의병부대에 군량미를 제공하며 의병활동을 한 안성청년회장 강태영姜泰榮이 결사대를 조직하여 일진회 안성사무소를 파괴하였다. 이어 평택에서 열차를 저지시킬 계획을 진행하던 중 일본군에 체포되어 수원 서문 밖에서 총살당하였다. 25일에는 통영에서 민인들과 진위대가 연합하여 경무서를 공격하고 일본인 가옥을 파괴하였다. 또한 청주에서 청주진위대 참령 류기원이 자결을 시도하였으며, 민인들은 결사회를 조직하였다. 동래에서도 민인들이 결의하고 마을 무기창에 들어가 소총을 탈취하였다. 대구에서는 상민들이 저자문을 닫고 반대운동에 대해 협의하였으며, 진주에서는 유생 2천여 명이 집회를 열었다. 26일에는 경기 이천군에서 사민士民 수백 명이 집회를 열어 결사대를 조직하였다. 경남 진남군에서는 진위대와 일본군의 충돌이 있었으며, 진남군민이 진위대와 연합하여 일본인 시설을 공격하기도 하였다. 통영에서도 진위대와 일본군과의 충돌이 있었다. 이처럼 각지에서 결사대를 조직하거나 민인들과 진위대가 연합하여 일본군을 공격하는 등 광무황제 강제퇴위 반대운동이 확산되고 있었다.

강원도에서는 7월 말쯤 원주에서 광무황제 강제퇴위 반대운동이 일어났다. 당시 원주의 상황에 대해 춘천에 있던 강원도관찰사는 내부에 보낸 전보에서 "원주군의 민정이 매우 소요騷擾하니 군부에 조회하여 금지케 하라"고 하였다. 일본군은 첩보를 통해 원주에 황제 강제퇴위 소식이 전해진 이후 인심이 흉흉하다고 하여 경계를 강화할 것을 주문하였다. 이는 을미의병, 을사의병이 연달아 일어났던 강원도 원주에서 의병세력을 비롯한 저항세력이 광무황제 강제퇴위 반대운동을 계기로 다시 결집하여 의병봉기로 이어질 것을 경계한 것이다.

이처럼 원주를 중심으로 강원도에 광무황제 강제퇴위 반대운동이 일어나게 되었던 것은 중앙정치세력과 연계되어 있었기 때문이다. 당시 서울에서 황제 강제퇴위 반대운동을 주도하고 있던 세력은 앞서 살펴보았듯이 동우회, 문우회, 개진교육회, 황성청년회皇城靑年會 등이었다. 이들은 광무황제의 측근인 엄비嚴妃, 엄준원嚴

俊源, 민영식閔元植, 심상훈沈相薰, 김영진金永振 등의 지원을 받고 있었다. 특히, 엄비는 막대한 자금을 지원하였으며, 김영진과 심상훈도 자금을 지원하고 있었다. 이들 단체는 지원 받은 자금을 바탕으로 각지에 유설원遊說員을 파견하였고, 각 지방에서는 보부상 조직이 중심이 되어 호응하여 강제퇴위 반대운동의 분위기를 고조시켰다. 보부상 조직이 호응할 수 있었던 것은 위 단체를 이끌고 있던 윤이병, 원세식元世植, 한성규韓成圭, 임덕호任德鎬, 유병철劉秉轍, 이범교李範喬, 김교각金敎珏, 이시우李時雨 등 중에 보부상단의 임원을 역임하였던 자들이 있었기 때문이었다. 보부상 조직은 1906년에 해산되었지만 지방에서는 아직 유지되고 있었으며, 그 조직을 통해 조직적으로 움직일 수 있었다.

강원도는 보부상의 조직이 유지되고 있었는데, 원주의 경우에는 신림면을 중심으로 보부상 조직이 형성되어 있었다. 1890년대 들어서는 성황계를 조직할 정도로 활발한 활동을 전개하였다. 이 성황계는 '백운치악성황계白雲雉岳城隍契'로 강원도, 충청도, 서울을 포함한 경기도, 경상도, 황해도, 평안도, 제주도, 청국 상인들이 가입되어 있었다. 활동 무대는 원주 전역을 포함하여 강원도, 충청도, 경기도, 경상도 등지였다. 또한 신림면의 보부상단은 1905년 10월에 창설된 동아개진교육회東亞開進敎育會의 지방지회로 등록되어 있었다. 동아개진교육회는 공진회를 전신으로 하는 단체로 광무황제 강제퇴위 반대운동을 지원하거나 주도하고 있던 심상훈, 김교각 등이 중앙임원으로 임명되어 있었다. 따라서 보부상 조직을 통해 강원도지역에 광무황제 강제퇴위 반대운동이 빠르게 확산될 수 있었다.

황제의 측근세력은 황제 강제퇴위 반대운동이 전국적으로 확산되어 의병전쟁으로 확대되도록 지원하고 있었다. 이들은 을미의병 때와 마찬가지로 지방의 의병들과 연합하여 강제퇴위 반대운동을 의병전쟁으로 확대시킴으로써 서울의 정치상황을 변화시켜보고자 하였다. 그리하여 황제의 밀지를 전하여 의병봉기의 정당성을 부여해주었다. 의병들도 의병봉기의 근거 중 하나로 광무황제 강제퇴위를 들고 있었다. 이강년 의병장의 경우 동지들에게 보내는 글에서 "조정에 가득한 역적들이 모두 왜적에게 붙어, 지존至尊을 협박하여 국권을 위임하게 하여 종사宗社를 뒤엎고 인륜을 없애는 지경에까지 이르렀다"고 하였다. 단양 출신의 이명상李明相 의병장은 일제의 죄상으로 '국모시해', '군부폐위君父廢位', '군대해산' 등을 들었으며, 채응언 의병장은 '국모시해', '국부위협國父威脅'을 일제의 죄상으로 지적하였다. 이처럼 전국에서 봉기하고 있던 의병들은 광무황제 강제퇴위가 의병봉기의 중요한 근거임을 밝히고 있었다.

강원도 원주, 춘천은 을미의병부터 중앙정치세력과 연계하여 의병운동을 전개한 곳이었다. 그러므로 광무황제 강제퇴위 반대운동이 지방으로 확산될 때 호응할 수 있는 분위기가 형성되어 있었다. 그런 측면에서 심상훈은 주목된다. 그는 제천, 충주, 단양 등지에 재지 기반을 둔 청송심씨靑松沈氏 안효공파安孝公派 온양공손溫

陽公孫이었다. 그러나 큰며느리 우봉이씨牛峰李氏의 분묘가 원주 신림에 조성된 것이나 부인인 안동김씨安東金氏의 분묘가 원주 경계인 충주 엄정면 목계리에, 장남인 심이섭沈理燮의 분묘가 충주 가흥에 조성된 것에서 알 수 있듯이 원주지역과 인연을 맺고 있었다. 그러므로 재야세력과 연계를 맺고자 할 때 우선적으로 연고지인 제천, 원주 일대 인사들과 접촉하였으며, 이 지역의 의병운동에도 관여하고 있었다. 특히, 을미의병 당시 의병운동이 위축되었을 때 전판서 김세기와 함께 원주창의소 통문을 돌려 의병운동을 독려하기도 하였다. 을사의병 때에도 일진회로부터 원용팔 연합의병을 지원하고 있다는 의심을 받았으며, 충주에 근무하고 있던 일본군 장교들은 '폭도수령' 심상훈이 "요로要路의 내명內命을 받고 의병에 투신했다는 풍설이 돌고 있다"고 상부에 보고하고 있을 정도였다. 심상훈은 자신의 연고지를 중심으로 낙향해 있던 반일적 중앙정치세력, 재지사족들과 연계하여 은밀히 황제의 밀지를 전하여 의병전쟁의 정당성을 부여해 주는 동시에 적극적인 항쟁으로 이어지도록 독려하였다.

또한 원주, 춘천 일대의 화서학파 유생들은 광무황제 강제퇴위라는 주권침탈 상황에서 다시 의병을 일으키기에 충분하였다. 더욱이 고문정치, 산림천택山林川澤의 침탈 등 러일전쟁 이후 본격화된 일제의 침략에 저항하여 일어났던 화서학파 문인 원용팔 의병의 저항의식이 남아있는 상황에서 광무황제의 강제퇴위는 의병운동세력의 분노를 폭발시키기에 충분하였다.

원주진위대의 봉기와 의병전쟁 서곡

정미7조약을 체결한 일제는 그 부속 각서로 대한제국 군대해산을 추진하였다. 일제는 대한제국 군대를 해산함으로써 대한제국의 전권을 안정적으로 장악하고 점차 식민지로 만들고자 하였다. 군대해산은 비밀리에 진행되었으며, 군대해산 과정에서 일어날지 모르는 대한제국군의 반발에 대비해 일본군을 재배치하였다. 서울은 용산 주둔 보병 3개 중대를 서울로 이동 배치하였고, 제13사단에서 파견하였던 부산·대구수비대도 제12여단 제3대대 제10중대, 제11중대, 제12중대 병력과 교대하여 서울로 이동 배치하였다. 지방에서 일본군의 배치는 제12여단 제2대대 8중대가 7월 31일 오전 1시 광주에 도착함으로써 완료되었다.

일본군의 부대 배치와 함께 지휘관할권에 대한 조정이 있었다. 대한제국 전체를 관할하던 제13사단장에게 서울·영등포에 주둔한 부대를 지휘하도록 하여 서울 부근 경비에 집중하도록 하고, 제12여단장을 남부수비관구 사령관으로 임명하여 해당 관구 내에 있는 제12여단 병력 이외에 김화·포천·춘천·충주·전주에 주둔해 있는 제13사단 병력도 함께 지휘하도록 하였다. 즉, 제13사단이 서울의 시위대 해산에 관여하고 해산 시 반발에 대비토록 하고, 제12여단은 지방의 진위대 해산에 관여하고 해산 시 반발에 대비토록 한 것이었다.

일본군의 부대 배치가 완료된 7월 31일 하세가와 한국주차군사령관은 이완용, 이병무 등과 함께 융희황제를 협박하여 그날 밤 대한제국군의 해산을 명하는 칙령을 재가받았다. 그리하여 8월 1일 은금恩金의 명목으로 80원을 하사하고, 1년 이상 된 병졸은 50원, 1년 미만의 병졸은 25원을 받고 해산토록 하는 군대해산 조칙을 공포하였다. 이에 따라 원수부, 시위대, 헌병사령부, 육군감옥, 유년학교, 장관회의소, 육군법원, 연성학교, 군기창, 위생원, 시위혼성여단, 군악대, 홍릉수호대, 헌병대, 치중대, 지방의 진위보병 8개 대대가 해산되었다. 군부, 시종무관부, 배종무관부, 영친왕부무관, 무관학교, 근위보병대대만 유지되었다.

실질적인 군대해산은 8월 1일 오전 7시 군부대신 이병무가 대한제국군 각 대대장을 한국주차군사령관 관저에 소집하여 해산조칙을 낭독하는 것으로 시작되었다. 조칙 낭독 후 도수체조를 한다는 명목으로 오전 10시까지 시위대 병력을 무장한 일본군이 경계하고 있던 훈련원으로 집결하도록 하였다. 그런데 시위 제1연대 제1대대장 박승환朴昇煥 참령이 병을 핑계로 참석하지 않고 군대해산에 분개하여 "군인으로서 나라를 지키지 못하고 신하로서 충성을 다하지 못하면 만 번 죽어도 아까울 것이 없다"라는 유서를 남기고 자결하였다. 뿐만 아니라 중대장 보병 정위 오의선도 칼로 자결하였다. 대대장의 자결 소식을 접한 시위 제1연대 제1대대 병사들은 일제히 봉기하였고, 인근 병영의 시위 제2연대 제1대대 병력도 박승환 참령의 자결 소식을 듣고 함께 봉기하였다.

시위 제1연대 제1대대와 시위 제2연대 제1대대가 봉기하였다는 보고를 받은 한국주차군사령부는 제13사단 소속 제51연대 제3대대와 2개 소대에 공병장교 이하 10명 및 기관총 3문을 주어 이들을 진압하도록 명령하였다. 진압작전에 투입된 일본군은 어렵지 않게 진압할 수 있을 것이라고 생각했지만 전투는 오전 내내 전개되다가 12시쯤 제1연대 제1대대 병영이 점령되면서 점차 줄어드는 등 예상외로 시위대의 저항은 매우 강하였다. 이는 일본군이 소비한 탄약의 양을 보더라도 알 수 있다. 일본군은 소총탄 7,773발, 기관총탄 1,138발, 황색탄약(메리나이트, 투척용 폭약에 사용한 것) 1,600그램을 소비하였다. 또한 시위대의 피해를 통해서도 파악할 수 있는데, 시위대는 준사관 이상 12명, 하사 이하 병사 56명 총 68명의 사망자와 장교 이하 58명, 외국인 선교사가 수용한 32명 총 90명의 부상자가 발생하였다. 그리고 장교 이하 560명이 포로가 되었다. 이처럼 시위대가 일본군을 상대로 치열한 전투를 전개할 수 있었던 것은 그들은 전투 능력이 일본군에 비해 떨어지지 않았기 때문이었다. 일본군에 압수된 시위대의 무기를 보면 무라다村田 30년식 소총 1,512정, 동 총검 1,377개, 동 탄약 18,991발, 단발총 139정, 동 총검 127개, 단도 18자루였다. 압수된 무기에서 알 수 있듯이 시위대는 러일전쟁 당시 일본군의 주력 소총이었던 무라다 30년식 소총을 중심으로 무장하고 있어 개인 무장 능력 면에서 일본군과 비등하였다. 그러나 보병 소총수 중심이었기 때문에 장기간 전투에서 한계를 보였다.

한국주차군사령부는 시위대 해산과 함께 지방의 진위대 해산도 추진하였다. 진위대 해산을 위해 각 진위대장 및 일본인 교관을 서울로 소집하는 것과 함께 진위대에 보관중인 무기와 탄약을 일본군수비대로 이관하도록 하였다. 이에 따라 진위대는 순차적으로 해산될 예정이었는데, 원주진위대는 8월 10일, 원주진위대 소속 강릉분견대와 여주분견대는 8월 13일에 해산될 예정이었다. 또 청주, 대구, 해주, 개성, 황주, 평양, 안주, 의주, 북청, 통영, 강계의 진위대 보관 무기와 탄약 등도 일본군수비대로 이관되기 시작하였다. 그런데 원주진위대 보관 무기와 탄약은 일본군수비대로 이관되지 않았다. 그랬기에 원주진위대가 봉기했을 때 원주에 모여든 의병부대에 무기를 공급할 수 있었다. 해산군인의 의병참여와 무기공급은 의병부대의 전투력을 크게 증강시켰다.

8월 10일 예정이었던 원주진위대의 해산은 순조롭게 이뤄지지 않았다. 8월 1일 서울의 시위대가 군대해산에 반발하여 봉기하였다는 소식이 그날 오후 원주진위대 병사들에게 전해지면서 동요하기 시작하였다. 이에 대대장 참령 홍유형洪裕馨은 부하들을 훈육하며 진정시키려고 하였으나, 도리어 병사들의 반항심만 높이는 결과를 낳았다. 이런 상황에서 홍유형은 군부의 소집령을 이유로 8월 2일 부관 2명을 데리고 원주를 떠나 서울로 출발하였다. 상경하던 홍유형을 지평 흑천黑川(지금의 양평군 용문면)에서 100여 명의 사람들로부터 원주진위대를 이끌고 서울로 진군할 것을 요구받았다. 하지만 홍유형은 여주에 있던 자신의 집으로 피신한 후 그곳에서 의병들의 동태를 살피다가 다시 서울로 올라가 버렸다.

대대장이 떠난 이후 대대장 대리 정위正尉 김덕제, 특무정교特務正校 민긍호가 중심이 되어 원주의 장날인 8월 5일 오후 2시 비상나팔을 불어 장교와 병사들을 집결시켜 "시위대의 병사들이 모두 죽었다고 하는데, 그러한 화가 우리에게도 미칠 것이니 어찌 앉아서 죽을 것이냐?"라고 하면서 의병봉기를 선언하였다. 당시 의병봉기에 반대하다 체포된 정위 권태희權泰熙, 부위副尉 권태영權泰榮·장세진張世鎭·백남숙白南肅·이현규李玄珪, 참위參尉 이현용李顯用과 은사금恩賜金을 받고 의병에 불참한 참교 함영순과 병졸 김동욱·이만손 등을 제외한 거의 모든 병력이 의병봉기에 참여하였다. 원주진위대 정원은 1906년 12월 당시 참령 1명, 정위 2명, 부위 7명(군사 1명), 참위 3명(군의 1명), 특무정교 2명, 정교 5명(조호장 1명, 계수 1명), 부교 15명, 참교 14명, 상등병 66명(조호수 2명), 일등병졸 102명, 이등병졸 204명으로 총 421명이었다. 이 정원은 원주 주둔 대대본부 인원뿐만 아니라 고성, 여주 등 예하 분견대 정원도 포함된 것이었다. 이 중 원주 주둔 인원으로 의병에 참여한 진위대 병사는 일본측 기록에 의하면 258명이었다. 또 귀순자명부를 통해 확인되는 인원은 최소 참교 이상의 간부 26명, 병사 163명 총 189명이었고, 고성분견대 파견 38명, 원주 이외의 사졸 43명을 포함하면 270명 정도였다. 여기에는 8월 6일 여주분견대장 백남숙의 만류에도 "본대 사졸이 군대해산의 일에 연유하여 의병을 일으켰는데, 우리도 사생死生을 같이 해야 한다"고 원주로 직행한 여주분견대원들도 포함되었다. 이러한 기록으로 의병봉기에 참여한 진위대 병사들은 250명 이상이었다.

이들은 '이곳의 한국병 258명은 폭민暴民과 함께 일본인을 덮쳐 약탈을 했다'는 기록에서 보이듯이 원주 장날에 모인 의병세력들과 연합하고 있었다. 이렇게 해서 출범한 의병부대의 규모는 정확히 알 수는 없지만, 충주수비대 니노미야二宮 소위의 일본군 정찰대와 교전을 한 의병부대의 규모가 300여 명이었던 것으로 보아 최소 300명 이상이었던 것으로 보인다. 이후 격문을 발하여 의병을 모집하고, 원주를 비롯한 주변 지역에서 계속해서 가담하는 자가 늘어나면서 의병부대의 규모는 크게 증가하였다. 이를 통해 볼 때 의병봉기는 군대해산을 계기로 일어났지만, 궁극적으로는 일제의 침략정책에 반발한 원주진위대 해산군인과 지역민들이 연합하여 일어난 것이었다.

의병봉기 직후 민긍호를 비롯한 의병지휘부는 원주진위대의 무기고를 열어 소총 1,200정과 탄환 4만 여 발을 꺼내어 부대원들을 무장시켰다. 그리고 부대를 4개로 편성하여 각 부대의 지휘관에 민긍호, 김덕제, 손재규, 한갑복을 임명하였다. 이처럼 원주진위대는 대대 전체가 의병봉기에 참여하고, 원주진위대 보관 무기를 공급하면서 의병부대의 전투력을 높이는데 큰 영향을 미쳤다. 당시 원주진위대가 의병부대에 공급한 무기가 어떤 것인지 정확히 알 수 없지만, 1901년 초산분주대楚山分駐隊 보관 무기로 기라총鎭羅銃 48정, 반모실총半毛實銃 2정, 탄환 1,821발 등이 있었던 것으로 보아 원주진위대에 보관 무기도 이와 유사했을 것으로 보인다. 또 일

프레데릭 멕켄지가 제천에서 원주로 가며 만난 의병들(Frederick Arthur Mckenzie,The Tragedy of Korea, New York, E.P.Dutton & Co.,1908)

본군이 노획한 의병 무기들에 대해 보면, 일반 병기로는 창, 장창, 도검, 곤봉 등이 있었고, 화기로는 주로 화승총이었는데, 서구식 소총인 모제르, 스나이더, 무라다(13년식, 18년식, 30년식 등) 등도 있었다. 그리고 정확한 종류는 알 수 없는 미국식, 독일식, 러시아식 소총도 언급되었다. 이러한 서구식 소총은 의병들이 청국을 통해 밀수입한 것도 있겠지만 대부분 해산된 진위대 무기고에서 나온 것이었다. 조선정부는 1882년 청나라 북양대신 이홍장의 주선으로 영국제 선조총旋條銃 1,000정을 수입한 것을 시작으로 1900년대 초반까지 일본의 무라다 소총 20,000정, 미국제 후장식 소총 4,000정, 개틀링포 6문, 레밍턴 롤링블럭 소총 3,000정, 피바디 마르티니 소총 1,000정, 모르제 소총 1,000정, 러시아제 베르단 소총 3,000정, 일본제 소총 1만정, 프랑스제 소총 12,000정, 게베르,

독일제 마우저 M1871 소총, 영국제 엔필드 등을 수입하였다. 이렇게 수입된 무기로 중앙군과 지방군을 무장시키고 있었다. 즉, 원주지역 의병들은 원주진위대에 보관되었던 서구식 무기를 공급받아 의병전쟁에 임하고 있었다.

원주진위대와 지역주민들의 연합인 '원주의병'의 봉기 소식은 횡성, 여주, 제천, 춘천 등 원주지역 주변으로 퍼져나갔다. 이에 호응하듯 각 지방에서는 포군들을 중심으로 의병봉기가 일어났다. 원주지역과 인적교류가 빈번하고 군사·지리적으로 밀접한 관계에 있던 횡성지역은 수순교 및 포군계장이었던 오정묵吳正默, 퇴리退吏 한상렬 등이 중심이 되어 포군 수십 명을 이끌고 의병을 일으켰다. 원주와 횡성의 관계는 의병봉기 직후 원주진위대 해산군인 주축의 원주의병이 횡성군수를 체포한 사건에서 알 수 있다. 원주의병은 봉기 직후인 8월 7일 군량미, 짚신 등 군수물자를 요구하며 횡성군수 심흥택沈興澤을 체포하였다. 이들이 횡성군수에 이런 요구를 한 것은 횡성의 군사적 위상 때문이었다. 조선후기 이후 원주에 설치되었던 중영이 횡성으로 이전되면서 원주와 횡성은 군사적으로 밀접한 관계에 있었다. 또한 원주진위대 설치 이후 원주진위대 운영경비를 담당하던 둔전이 원주, 횡성 일대에 설치되어 있는 등 밀접한 관계에 있었다. 그러므로 의병전쟁에 필요한 물적 자원을 자연스럽게 횡성에 요구하게 되었던 것이다. 그러나 횡성군수는 원주의병의 요구를 받아들이지 않았던 것으로 보인다. 이와 관련하여 다음의 기사가 주목된다.

> 원주포병들이 횡성군으로 와서 군수를 대하여 군량·군기를 곧 내라 하매 그 군수의 대답이 관장이 되어 곡식 한 말이라도 지금 사태에 거둘 수 없고 군기도 없다하였더니 곧 원주읍으로 잡아가매 그 고을 유생들이 듣고 일제히 발통하고 포군 모인 곳에 가서 관장을 잡아오는 것이 온당치 못한 이유를 설명하여 방송하였다더라
>
> 『대한매일신보』, 1907. 8. 16., 「군수방송」

이 기사에 의하면 횡성군수는 군량군기 요구를 거부하였고 이에 원주포병이 군수를 체포하였다. 여기서 원주포병이라고 한 것에서 알 수 있듯이 원주의병이 군수지원을 거부한 횡성군수를 체포하였다. 그리고 군령에 따라 처단하고자 하였으나 원주 유생들의 적극적인 개입으로 횡성군수는 석방되었다. 이는 원주와 횡성은 인적교류가 빈번하고 군사·지리적으로 밀접한 관계였음을 알 수 있다. 따라서 원주의병이 횡성으로 진출하게 되었고 그 곳에서 봉기한 의병부대와 연합의병을 형성하게 되었다.

그런데 횡성군수가 석방되어 횡성으로 돌아오는 사이 포병 10여 명이 횡성군의 관속官屬을 위협하여 군도 16자루 등 군수물자를 가지고 가는 일이 발생하였다. 이는 원주의병에서 행한 것으로 보이지는 않는다. 원주의병은 이미 원주진위대 무기고에서 신식소총 등을 충분히 획득하였다. 오히려 횡성에서 봉기하여 원주의병과 연합하였던 한상렬, 오정묵 의병부대로 보인다.

원주지역에서 주둔하여 활동하던 원주의병은 민긍호와 김덕제

를 중심으로 두 부대로 재편되었다. 김덕제는 횡성방면으로 나아가 이후 평창을 거쳐 강릉 방면으로 이동하였다. 민긍호는 평창방면으로 나아가다 주천, 제천으로 이동하였다. 이러한 부대이동은 서울에서 원주로 파견된 특별편성부대인 시모바야시下林지대에 대비하기 위한 것이었다. 민긍호는 평창으로 이동 중 8월 8일 횡성으로 들어가 그곳에서 봉기한 수순교 및 포군계장이었던 오정묵의 산포수 부대와 합류하였다. 또 퇴리 한상렬이 이끄는 의병부대와도 연합의병을 형성하였다. 그런데 이 연합의병의 형태는 민긍호가 이끌고 있던 원주의병에 흡수된 것이 아니었다. 함께 연합작전을 수행하다가도 독자적인 활동을 전개하는 연대적 성격을 가지고 있었다. 한상렬의 경우에는 약 250명의 부대원을 이끌고 횡성, 홍천, 지평 등지에서 독자적으로 활동하기도 하였다.

춘천지역 의병전쟁과 무기제조

1907년 8월 1일 서울 시위대의 해산을 계기로 일어난 의병운동은 해산군인을 중심으로 경기도, 강원도, 충청도, 경상도 등지로 확대되었다. 그 중에서도 강원도 지역은 원주진위대 해산군인들을 중심으로 의병운동이 가장 치열하게 전개되었다. 특히, 원주지역을 중심으로 전개되었던 민긍호, 이인영 등의 활동은 의병운동을 의병전쟁으로 발전하게 하는 발판이 되었다. 또한 강원도 의병을 나아가 전국 의병을 하나로 통합할 수 있는 모체가 되었다. 이러한 의병전쟁의 시작은 원주의 장날인 8월 5일 원주진위대 해산군인과 이들에 동조하는 지역민들의 연합으로 일어난 원주봉기였다.

원주진위대의 봉기는 횡성뿐만 아니라 춘천 등지에서도 의병봉기가 일어나는데 큰 영향을 미쳤다. 특히, 유홍석은 1907년 8월 유중악 등과 상의해서 유영석, 유제곤, 박선명, 박화지 등 600여 명의 의병을 모아 춘천 남면 항골에서 창의倡義하였다. 이후 춘천 진병산과 의암소, 가평 주길리 등지에서 일본군과 치열한 전투를 전개하였다. 이때 군수물자 등을 지원하기 위해 춘천 남면 가정리 여의내골 주산에 인근 마을 사람들이 모여들었다. 이들이 여의내골 주산으로 모일 수 있었던 것은 윤희순의 역할이 컸다. 윤희순은 마을 사람들에게 의병을 도울 것을 호소하였다. 또한 의병장 아내들과 고흥유씨 집안의 아내, 향촌민의 아내들로부터 군자금을 모금하였다. 모아진 군자금을 바탕으로 여성의병대를 이끌고 춘천 가정리 여의내골 주산에서 놋쇠와 구리를 구입하고 소피적을 얻어 무기와 화약을 제조, 공급하는 화약제조소 운영에 직접 참여하였다. 여기서 생산된 무기와 탄약으로 600여 명의 의병을 지원하는 등 물자조달과 탄약, 무기, 식량 등 군수품을 보급하였다. 화약제조소를 운영한 것은 강원도 의병의 특징 중 하나였다. 강원도내 화약제조소가 운영된 사례는 춘천 남면 가정리와 양구 방산면 등매리의 두 곳이 확인되었다. 양구 화약제조소의 규모는 컸는데, 1907년 11월 20일 야간 일본군에 발견되어 기습공격을 받아 초토

화되었다. 북한강 유역에 있었던 무기 및 화약제조소는 여성의병들이 활발하게 참여하였고, 의병전쟁을 지속적으로 전개할 수 있게 한 배경이 되었다.

화약제조소가 설치되었다는 것은 그곳이 의병기지였다는 것이다. 주산에 들어선 의병기지는 주산으로 들어가는 동북쪽 산 계곡 골짜기에 입지하고 있는데 산으로 둘러싸여 있어서 외부에 노출되지 않는 요새였다. 즉, 외부접촉이 어려운 지리적 환경이라서 무기 제조, 식량 조달 등을 자체적으로 해결해야 하는 상황이었기에 여성들의 역할 분담은 효율적인 의병전쟁 수행에 있어 필수적인 요소였다. 여성의병들은 군자금 모금, 무기 제조, 식량·의복 조달 등에 참여하고 있었다.

윤희순은 여기에 머물지 않고 더 나아가 춘천 남면 가정리에 거주하던 여성 30여 명을 중심으로 의병부대를 조직하여 의병장으로 활동하였다. 그들은 대부분 화서학파 유생들의 부인들이었다. 이들이 의병부대를 결성할 수 있었던 것은 화서 이항로의 "여성도 배우면 선비가 되고 선비가 되면 국가와 민족을 위해 헌신해야 한다"는 열린 여성관의 영향 때문이었다. 특히, 중점을 두었던 것은 군자금 모집이었다. 윤희순을 중심으로 참판댁, 남종댁, 항곡댁(황골댁), 가정댁, 우계댁, 반호댁, 난곡댁, 왕동댁, 한포댁, 팔봉댁 등 여성 76명을 규합하여 군자금 355량 8전 5복을 모금하여 춘천의병의 의병활동을 적극적으로 지원하였다.

이외에도 여성의병대는 춘천 일대에서 활동하던 의병들이 전투에서 패하고 돌아오면 모금한 군량미로 밥을 지어 의병들을 먹이고 의복 등을 정비해 주는 등 의병들의 뒷바라지에도 힘을 기울여 후방에서 양식, 의류, 군자금 등 의병들을 위한 급양給養지원 활동을 활발하게 전개하였다.

윤희순이 중심이 된 여성의병대는 유홍석의 의병부대와 운명을 함께하였다. 유홍석 의병부대는 춘천 진병산, 가평 주길리에서 일본군과 치열한 전투를 전개하였지만 패한 이후 쇠퇴의 길을 걸었다. 더욱이 지리적 한계로 인해 다른 의병부대와 연합하지 못하고 독자적으로 활동할 수밖에 없어 일본군의 공격을 이겨내지 못하였다. 그러나 9월 한 달 동안 춘천관찰부를 포위 공격함으로써 13도창의군의 후방을 보호하는 역할을 충실히 수행하였다.

이후 유홍석 의병부대는 지속적인 일본군의 공격으로 결국 해산되었다. 유홍석 의병부대가 해산되면서 여성의병대도 해산되었다. 여성의병대가 해산된 이후에도 일본군의 보복공격은 계속되었다. 일본군은 1907년 11월 남면 가정리, 발산리 일원을 급습하여 의암댁 전주이씨, 항와댁 순천박씨, 정문댁 전주이씨, 약암댁 영양천씨 집에 불을 질러 삶의 터전을 완전히 파괴하였다.

이렇게 춘천지역에서 의병전쟁이 전개되고 있는 상황에서 윤희순은 의병들의 사기를 높이고 일본군에게 경고하기 위해 계속해서 의병가사를 지었다. 우선 의병전쟁의 정당성을 피력하고 일제의 침략의 부당함을 강조하기 위해 〈의병군가 1〉을 지어 불렀다.

의병군가 1

각도열읍各道列邑 병정兵丁들아 내집 없이 서러워라

나라 없이 서러워라 임금 섬겨 나라 찾아 행복하게 살아보세

왜놈잡아 임금 앞에 꿇어앉혀 우리 임금 분을 푸세 우리조선 의병 만세

만세 만만세여 의기청년義氣靑年 의병 만세 만세

또한 존왕의식을 담은 〈의병군가 2〉를 지어 의병이 국가의 군대임을 강조하여 나라를 되찾는 것이 바로 행복임을 강조하여 의병들이 사기를 북돋아 주고자 하였다.

의병군가 2

나라 없이 살 수 없네 나라 살려 살아보세 임금 없이 살 수 없네 임금 살려 살아보세

조상 없이 살 수 없네 조상 살려 살아보세 살 수 없다 한탄 말고 나라 찾아 살아보세

전진하여 왜놈잡자 만세만세 왜놈잡기 의병만세

윤희순은 의병전쟁의 중요 전술로 대두된 격문을 통한 외국세력의 의병지원과 의병전쟁의 정당성을 알리는 일에도 적극적으로 활동하였다. 이는 을미의병 당시에도 전개했던 것으로 새로운 것은 아니었지만 다른 의병부대의 활동과 맞물려 의병전쟁의 정당성

을 알리고 일본군의 침략을 결사항전을 알리는 것으로 매우 중요한 활동이었다. 이러한 가사로 '원수같은 왜놈들아'라는 표현에서 일본침략에 대한 저항이 극에 달한 상황임을 알 수 있고, 결코 물러서지 않겠다는 경고와 후대에까지 항전하겠다는 의지를 표현을 담은 〈병정가〉, 일본의 침략에 대해 조선 안사람의 대표로 경고한다는 〈오랑캐들아 경고한다〉를 지었다.

병정가

우리조선 사람들은 너희들을 살려보내 주지 않고 분을 풀어 보내리라
너희놈들 오랑캐야 너 죽을걸 모르고서 왜왔느냐
너희들을 우리대(代)에 못잡으면 후대에도 못잡으랴
원수같은 왜놈들아 너희 놈들 잡아다가 살을 갈고 뼈를 갈아 조상님께 분을 푸세
우리의병 물러서랴, 만세 만세 의병만세 만세 만세요

윤희순이 중심이 된 '안사람 의병활동'은 '안사람'의 역할에 대한 기존 사고의 변화에 영향을 주었다. 안사람이 집안에서 역할을 하는 사람이라는 인식에서 국가를 생각하는 구국의식을 가진 안사람의 역할로 변화되었다.

만주에서 새로운 항일독립투쟁을 전개하다

간도로 이주와 노학당 경영

1907년 의병전쟁 이후 상당수 의병들은 만주·연해주 일대로 이동하여 항일무장투쟁을 이어가고 있었다. 당시 만주·연해주 일대는 새로운 독립운동의 기지로 발돋움하고 있는 곳이었다. 의병운동의 상징적인 인물인 유인석 의병장이 1908년 연해주로 망명하여 각지의 제자들과 연계하여 의병운동의 재기를 시도하였으며, 간도관리사를 역임한 이범윤도 의병부대를 조직하고 있었다. 유인석 의병장은 망명 이후 항일독립운동세력의 통합군단으로 13도의군十三道義軍을 편성하여 이끌고 있었다. 그러므로 강원도, 충청도 일대의 의병들은 민긍호 의병장 사망 이후 위축된 의병항쟁을 타개할 방안으로 유인석이 있는 연해주, 만주 지역으로 이동하였다. 이는 1910년 초 작성된 것으로 보이는 13도의군과 밀접한 관련을 가진 의병 명부인 『의원안議員案』을 통해서도 확인된다. 이 명부에는 유인석을 비롯하여 한상렬韓相說(횡성), 방명덕方明德·심용수沈龍洙(강릉), 신창규申昌奎(회양), 이종익李鍾翊(양양), 이봉화李奉和(간성) 등이

간도 지역의 한인들(독립기념관 소장본)

기재되어 있었다. 따라서 한상렬 의병장을 통해 의병의 만주이동과 항일무장투쟁에 대해 알아보고자 한다.

이 무렵 유홍석은 일제에 의한 강제병합에 저항하여 자결할 것을 결심하였지만, 일가친척을 중심으로 간도로 망명하여 후일을 도모할 것을 주장하였다. 이에 만주로 이주할 것을 결정하고 윤희순을 비롯한 고흥유씨 대소가족과 친인척 등 40~50가구가 중국으로 망명하였다. 윤희순은 일가와 함께 가산을 정리한 뒤 압록강을 건너 중국으로 들어갔다. 그리고 압록강과 혼강의 합수머리인 관전현 진강진 녹강촌에서 국경수비대의 감시 속에 혼강渾江을 건넜다. 그리고 1911년 4월 홍경현 평정산 난천자 고려구에 정착하였다. 이때 이주해온 사람은 유인석의 아들인 유제암, 유제춘을 비롯하여 유의석, 정응규, 박화남, 이소응, 박양섭, 백삼규, 박치익, 송상규, 이치수, 신혁희, 송헌장, 민정식, 어취선, 김경진 등과 윤희순의 시동생 유제열댁과 장남 유돈상, 차남 유민상, 삼남 유교상 등이었다.

윤희순이 정착한 난천자 고려구는 흥경현에서 서남쪽으로 73킬로미터 되는 평정산 자락에 위치하고 있었다. 흥경현 평정산의 난천자 고려구를 개척하여 국내의병운동의 재기 항전을 위한 근거지 구축에 주력하였다. 그러나 1912년 초 환인현(당시 회인현) 읍내에서 75킬로미터 떨어진 팔리전자 취리두 남산마을로 이사하여 황무지를 개척하였다.

남산마을에 이주한 후 윤희순은 본격적으로 항일독립운동을 전개하면서 항일독립운동을 지속적으로 전개하기 위해서는 항일독립운동에 투신할 인재를 양성해야 한다고 생각하였다. 그리하여 주변 마을인 팔리전자, 쥬차이웬즈, 보락보, 오리전자, 협피구, 삼가와붕, 호로두, 포자연, 관전현의 청산구 등지로 다니면서 중국인 조선 이주민들에게 반일사상을 고취시켰으며 군수물자 모금운동을 하였다. 그러던 중 1912년 환인현 환인읍 읍내에 민족의식을 고취시키기 위해 민족계 학교인 동창학교東昌學校가 건립되자 바로 환인현 보락보진 남괴마자에 노학당老學堂을 창립하였다. 동창학교의 분교 성격을 가진 노학당은 이회영李會榮, 우병렬禹炳烈, 도원훈都元勳(한족, 환인현 팔리전자려사 주인), 손홍령孫鴻齡(한족, 환인현 사첨자 덕태홍양주장 경영책임자), 채인산蔡仁山(우병렬의 둘째 며느리), 우씨부인(이진룡의 처) 등의 지지와 협조로 설립되었다. 노학당은 윤희순이 교장으로 취임하여 직접 운영하였는데, 교사는 동창학교의 이극로, 이영포, 이동하가 겸직했고 교재는 동창학교 본교에서 가져왔다. 운영자금은 윤희순이 보락보진과 집이 있는 팔리전자 사이를 부지런히 오가면 조선인 500여 호가 살고 있는 중간 마을인 오리전자 일대 작은 골마다 다니며 직접 모금운동을 전개하였다. 그리하여 그 일대 마을에서 조선인 청년들을 모집하여 항일인재를 양성하였는데, 1915년 폐교될 때까지 김경도金敬燾, 박종수朴鐘秀, 이상관李相官(본명 이정헌, 별명 흑뿔영감), 마덕창 등 50여 명의 항일독립운동 인재를 양성하였다.

윤희순이 취리두 남산마을 일대에서 활동할 수 있었던 것은 시아버지 유홍석과 남편 유제원이 이미 관전현과 환인현의 경계지대에서 항일독립운동을 전개하고 있었기 때문에 이 일대 독립운동세력의 지지와 협조를 받을 수 있었던 것이다. 그러나 시아버지인 유홍석이 1913년 12월 21일 취리두 남산마을 사저에서 73세를 일기로 사망하고, 시동생 유제열과 동서 원주김씨가 1914년 취리두 남산마을에서 사망했으며, 남편 유제원도 1915년 10월 2일 화병으로 56세의 일기로 남산마을 사저에서 사망하였다. 더욱이 의병운동을 이끌던 의암 유인석이 1915년 정월 29일 관전현 고령지 고려구에서 순국하였다. 유인석의 빈소는 취리두 남산마을 윤희순의 사저에 차려졌다.

윤희순은 사랑하는 가족과 의병독립운동의 상징인 유인석이 연

노학당 터 기념비, 중국 랴오닝성 환인(桓因)현 보락보진(普樂堡鎭) 소재
(독립기념관 국외독립운동사적지 홈페이지)

노학당 터 기념비가 세워진 보락보 표지판(2007)
(독립기념관 국외독립운동사적지 홈페이지)

달아 사망하고, 노학당이 일제의 탄압으로 더 이상 운영할 수 없게 되자 애통한 마음을 추스르고 새롭게 항일독립운동을 전개할 마음으로 아들 교상을 데리고 친척들과 함께 취리두를 떠나 요녕성의 무순 포가둔으로 이사하였다. 무순은 요녕성 동부, 혼하 남안에 자리 잡고 있는 탄광도시였다. 윤희순의 새로운 항일독립운동기지인 포가둔은 무순시에서 동쪽으로 8킬로미터 가량 떨어진 교외지구로 마을 동쪽에는 일찍부터 음씨, 김씨, 박씨 등 항일독립운동가들이 많이 거주하였다.

조선독립단의 출범과 한중연합

윤희순은 포가둔에 정착한 후 농민들과 함께 벼농사, 밭농사를 지으면서 주변 마을을 찾아다니면서 중국인, 조선인들을 모아놓고 항일독립운동에 대해 선전활동을 전개하였다. 윤희순이 중국인에 대해서도 선전활동을 전개한 이유는 한국인들이 중국 땅에서 항일독립운동을 하려면 중국인들의 도움이 필요하다는 것을 잘 알고 있었기 때문이었다. 윤희순은 선전활동을 통해 중국인들을 각성시켜 중국인들과의 연합항일무장투쟁을 구상하였다. 그렇기 때문에 중국인들 속에 들어가 "우리 한국인들이 중국으로 온 것은 일제에게 빼앗긴 나라를 되찾기 위한 것이다. 우리는 목숨을 걸고 일제와 싸워 나라를 찾으려 한다. 이렇게 하기 위해서는 우리에게 식량이 필요하고, 한·중 두 민족의 연합투쟁이 필요하다. 그러므로 당신들은 우리 한국인들에게 식량을 좀 지원해주고 우리 한국인들과 함께 손을 잡고 일제와 싸우자"고 하였다.

윤희순의 강한 의지와 결심을 확인한 중국인들은 감화되어 옥수수, 수수, 콩 등을 지원해 주었다. 윤희순은 여기에 머물지 않고 〈안사람의병노래〉를 다시 지어 보급시키며 한·중 연합조직인 조선독립단朝輔獨立團을 조직하기 위한 사상적·조직적 토대를 닦았다. 또한 아들 유돈상과 유민상 형제로 하여금 수년 동안 요동의 여러 지역과 내몽골, 중원, 봉황산성 등지에서 유인석과 유홍석의 문인·친지·사우들을 하나 하나 찾아다니면서 흩어져 있는 항일독립운동가들을 모아 조선독립단을 조직하기 위한 준비를 진행하였다. 그리고 무순지역에서 항일무장투쟁을 전개하고 있던 음성진陰聖進, 음성국陰聖國 형제와 손을 잡고 수년간 무순, 홍경, 관전, 봉성, 심양 등지를 누비며 적극적으로 항일독립운동을 고취시켜 항일독립운동가들을 규합하여 조선독립단을 조직하기 위한 토대를 닦았다. 드디어 1920년 무순에서 윤희순을 중심으로 음성진, 음성국, 유돈상, 이호영, 장인도, 이동만, 김병렬, 장경호漢族, 윤병국, 최기미, 김인수, 유석현, 신덕형 등 한·중 항일독립운동가 180여 명을 모아 조선독립단을 출범하였다.

조선독립단은 본거지를 무순 포가둔에 두고 창설 당일부터 무순, 환인, 홍경, 심양, 관전, 봉성, 해성, 법고, 강평, 창무 등지에서 활발하게 활동하였다. 특히, 조선독립단원이었던 김인수, 유석현,

윤병국, 신덕영, 이혁인 등은 각지로 다니면서 군자금을 모금하여 무기를 구입하였다. 그러나 1920년 일제에 의한 경신참변庚申慘變을 당하고 만주에서 일본군과 밀정들의 활동이 강화되면서 위기에 직면하였다. 이에 윤희순은 큰 아들 돈상에게 "우리나라 사람들의 마음이 흐트러진 것은 진정한 나라를 위한 교육이 없는 까닭이니 참으로 인재양성이 급하다"고 말하고 교육기관의 설립을 지시하였다. 그리하여 유돈상은 음성국, 음성진, 정경호 등과 함께 1926년경 무순에 조선독립단 학교를 세웠으며, 홍경현 영릉에는 분교를 설립하였다. 윤희순과 음성국은 학생들에게 국권회복과 민족의식에 대해 강의하였고, 유돈상 등은 사격훈련을 지도하였다. 조선독립단 학생들은 낮에는 농사일을 하고 밤에는 무순 포가둔 북산(지금의 신북촌 뒷산)에 올라가 사격연습을 하였다.

윤희순은 나라를 구하는데 남녀의 구별이 없으며, 뭉치면 무슨 일이든 다 할 수 있다고 생각하였다. 특히, "남을 가르치려면 내가 먼저 실력이 있어야 하고, 내 집안부터 실행해야한다"고 하여 항일독립운동을 지도하는 지도자는 군사지휘 능력이 있어야 하고 지도자의 가정이 먼저 군사훈련을 철저히 받아야 한다고 생각하였다. 그리하여 유돈상, 음성국, 음성진 등에게 지시하여 무순 포가둔에서 유씨와 음씨 가족, 그리고 친척들로 구성된 가족부대를 조직하였다. 가족부대에는 윤희순을 비롯하여 유돈상 삼형제, 유휘상 부부, 유효상 부부, 음성국, 그의 처 손정숙, 장녀 음채봉, 장남 음동화, 음성진 부부와 그의 장남 음동욱, 장녀 음봉래, 차녀 음옥순 등

남녀노소 20여 명이 참여하였다.

가족부대는 다양한 활동을 하였는데, 우선 조선독립단을 위하여 통신연락임무, 군수물자 모집활동, 정보수집, 군사훈련 등을 적극적으로 전개하였다. 그들은 호미와 창을 들고 포가둔 뒷산으로 올라가 농사를 지으면서 사격연습을 하였는데, 윤희순이 가장 열심히 사격연습을 하여 모범을 보이기도 하였다. 또한 유돈상의 종제 유휘상은 지팡이에 비밀쪽지를 넣고 꼬부랑 할아버지로 변장하여 흥경, 심양, 관전, 해성 등지를 오가며 통신연락을 하였다. 유휘상의 부인인 원주한씨는 백발백중의 뛰어난 사격 솜씨를 보여 가족부대의 사기를 높이기도 하였다.

한편, 조선독립단은 1930년대 들어서면 새로운 항일독립운동을 전개하게 되었다. 1931년 일제가 만주사변을 일으켜 만주 일대를 점령하자 만주 일대에서는 한중연합부대를 조직하여 항일무장투쟁을 전개하기 시작하였다. 조선독립단도 이에 호응하여 활동하였는데, 1932년 3월 11일 한중연합부대가 흥경현 영릉가永陵街에 입성하자, 조선독립단의 책임자 중 한 사람이며 흥경현 보민회 영릉분회장인 음성국은 전시가지의 조선주민들을 동원하여 거리로 나와 한중연합부대의 입성을 환영하였고 여성들은 음식을 마련하여 연합부대를 초대하여 그날 밤에 학교 운동장에서 음성국, 엄승옥(한족) 사회의 군민환영회를 개최하였다. 연환만회를 열었다. 1932년 8월에는 유돈상과 유민상이 조선독립단원들을 이끌고 무순 영반營盤으로 이동하여 항일무장투쟁에 참전하였고, 무순 교외에서 항일독립운동을 전개하고 있던 윤희순은 조선독립단 가족부대원들을 동원하여 전선을 지원하는 뒷바라지를 하여 군대의 사기를 높였다.

윤희순은 만주에서 항일독립운동을 적극적으로 전개하면서 망국의 신세를 한탄하며 1923년 정월 보름에〈신세타령〉을 지었다. 만주에서 외로운 망명생활을 하면서 항일투쟁의 의지와 선영이 있는 고향을 다시 찾아야 한다는 염원이 제대로 이뤄지지 못하는 현실을 한탄하여 작성한 것이었다.〈신세타령〉에서 "우리조선 어디가고 왜놈들이 득세하나 / 우리인군 어디가고 왜놈대장 활개치나 / 우리의병 어디가고 왜놈 군대 득세하나"라고 하여 나라 망한 조국에서 왜놈들이 득세하고 있음을 한탄하였다. 또한 춥고 배고픈 의병들 어느 나라에서 반겨주겠는가 하면서 의병들의 애달프고 불쌍한 처지와 고결한 정신을 아래와 같이 표현하였다.

신세타령

이역만리 찬바람에 발짝마다 어름이오
발끝마다 백서리라 눈썹마다 어름이라
수염마다 고드름이 눈동자는 불빛이라
부모처자 불쌍하다 물을 잃은 기러기가
물을보고 찾아가니 맑은 물이 흙탕이요
까마귀가 앉았구나 슬프고도 슬프도다

둘도없는 목숨하나 나라찾자 하는의병
장하기도 장하도다 이역만리 타국땅에
남겨둔건 눈물이라 슬프고도 슬프도다
우리의병 슬프도다 이내몸도 슬프도다

또한 자신의 신세에 대하여는 만리타국에서 원혼이 될 수 없다. 어서 살아서 고향에 돌아가 옛말 하면서 살고 싶은데 현실이 그렇지 못함을 심히 슬퍼하여, "슬프고도 슬프도다 이내신세 슬프도다 / 방울방울 눈물이라 맺하나니 한이로다"로 가사를 끝맺고 있다. 이러한 슬픔과 한탄의 마음을 품으면서도 조국독립이라는 길을 위해 조선독립단을 결성해서 항일독립운동을 추진하였던 것이다.

여성의병장 윤희순, 별이 되다

윤희순이 이끌던 조선독립단의 활동도 1934년에 들어서면서 크게 위축되기 시작하였다. 윤희순은 1934년 봉황성 석두성 동고촌 고가보 북산마을에서 화전을 일구며 생활하던 중 일제경찰과 밀정의 밀고로 급습당하여 방화 피해를 입었다. 일제는 일가를 몰살하기 위하여 집에 불을 질렀다. 구사일생으로 죽음의 고비를 넘긴 윤희순과 일가친척은 살길을 찾아 사돈 집 등으로 뿔뿔이 흩어지는 비참한 상황을 맞이하였다. 당시 상황에 대해 윤희순은 다음과 같이 기록하였다.

그런데 하루는 남재구와 허영도가 와서 "일본놈이 안 모양이니 이사를 합시다"하여 이사할 준비를 할 작정으로 한군데에다 여러 집 살림살이를 모아놓고 한 무리는 저녁 준비를 하고, 남정네들은 이사해서 살 준비를 하러 시장에 가고, 또 저녁 준비 중에 우리가 오늘 저녁에 (이사)갈 줄을 알았는지 일본놈 앞잡이하고 왜놈이 와서 집에다 불을 질러놓고 안사람들을 구달하던 중 살림살이는 없지만 외당선생께서 쓰시던 서적과 필적 기록, 자손에게 하신 말씀을 적은 기록이 없어지고 신주를 모셔둔 사당도 다 타버리고 하여 사당 타는 것만 생각하였더니, 불길 속에서 애 우는 소리가 들려서 생각하니 방 안에 어린애가 둘이 있는데 울다가 우는 소리가 안나기에 죽은 줄 알았더니 또 우는 소리가 들리자 정신없이 들어가 포대기채 안고 나와 보니 포대기도 아이도 모두 뜨겁더라 교상의 딸년은 화상을 입었는데 봉준이는 조상님이 도우시어 아무 탈 없이 살아난 것을 볼 때에 조상이 아니시면 살 수 있겠는가? 허나 사당을 불에 태운 것을 생각하니 가슴이 아프니라. 남정네는 모두 산속에서 숨어있고 아낙네는 그놈들이 데려다가 하룻밤을 재우면서 남자들 붙잡을 때까지 너희들을 가두어 두겠다고 하더니 얼마 후 놓아주더라. 그래서 걱정중 남정네는 어디로 갔나 하던 중에 중국인 안사람이 오더니 아무 말하지 말고 오라하기에 따라가서, 십 여 명의 여자가 조그마한 집에 살며 얻어먹자니 고생이 말이 아니더라

1994년 랴오닝성 해성(海城)시 묘관둔(苗官屯)에 있는 윤희순의 유해를 발굴하여 한국으로 이장. 당시 해성시 묘관둔에서 거행된 추모식 사진(1994.10)
(김양·하동 저, 『불굴의 항일투사 윤희순』, 료녕민족출판사, 2003)

  70대 중반의 윤희순은 "기구하게 살자니 죽어지면 좋겠는데 죽자하니 광복이 빨리 와서 자손들이 조선에 가서 잘사는 것을 보고 싶어 차마 죽을 수도 없고 죽어지지도 않고 하여 원수로다"라고 토로할 정도로 타국에서 떠도는 망국민이자 독립운동에 헌신한 여성으로서 겪었던 비참한 일상과 심적 고통을 호소하였다. 그런 상황에서 큰아들 유돈상이 일제에 체포되면서 큰 충격을 받게 되었다. 1935년 6월 13일 유돈상은 조선독립단 청년들에게 강의를 끝마치고 무순 용봉 신둔에 있는 처갓집(음성국의 집)으로 이동하였다. 유돈상의 동선을 파악한 밀정의 보고를 받은 일제는 수십 명의 경찰을 동원하여 음성국의 집을 습격하여 유돈상을 체포하였다. 무순감옥으로 끌려간 유돈상은 갖은 고문을 한 달 넘게 버티고 1935년 7월 19일 출옥하였지만 귀가 도중에 어린 외아들 유연익柳然益만 남기고 순국하였다.

만주로 이주한 후 항일독립투쟁에 투신했던 윤희순은 시아버지, 남편과 사별하고 아들 돈상마저 순국하자 이국 땅 요동에서 「자손에게 훈계하는 글」과 『해주윤씨 일생록』을 남긴 채 1935년 음력 8월 1일 76세로 일생을 마쳤다.

대한민국정부는 1986년 대통령 표창을 추서하였으며, 1991년에는 훈격을 건국훈장 애족장으로 승격하여 추서하였다. 윤희순의 유해는 1994년 그의 손자 유연익 광복회 강원지부장에 의해 발굴되어 대한민국 정부 주관으로 중국 요녕성 해성시 묘관둔 북산에서 고국으로 봉환되었으며, 1994년 10월 20일 강원도민장으로 춘천시 남면 관천리 선영에 안장되었다.

참고문헌

의암학회, 『윤희순의사자료집』, 2008.
원영환, 『윤희순의사 항일독립투쟁사』, 춘천시, 2005.
심옥주, 「윤희순 연구 : 의병운동과 민족독립운동을 중심으로」, 정언, 2011.
박미현, 『(최초의 여성의병장)윤희순의사 발자취와 가르침』, 광복회 강원도지부, 2012.
박미현, 『강원여성사연구』, 강원대학교대학원 박사학위논문, 2008.
신성환, 「여성독립운동가 윤희순의 현실인식과 대응」, 『동양고전연구』 71, 2018.
강대덕, 「춘천 후기의병의 윤희순 여성의병대 활동과 역할」, 『의암학연구』 10, 2013.
강대덕, 「독립운동가 윤희순의 국내외 항일독립운동」, 『강원사학』 25, 2011.
박미현, 「윤희순 여성의병단 조직 연구」, 『의암학연구』 8, 2011.
김양, 「윤희순 의사 항일독립투쟁 기지 건설 연구」, 『의암학연구』 7, 2009.
박용옥, 「윤희순 의사의 의병운동과 항일독립운동」, 『의암학연구』 5, 2008.
김양, 「윤희순의사의 중국 환인현 무순지역 항일독립운동 근거지 재조명」, 『의암학연구』 6, 2008.
심철기, 근대전환기 지역사회와 의병운동 연구, 선인, 2019.

조선의용대원

박차정

이지원

박차정에게
가는 길

경상남도 밀양시 부북면 제대리 산 44-7번지. 밀양강 건너 밀양 시내 북쪽 풍정산에 박차정의 묘소가 있다. 2020년 6월, 그의 묘소를 찾았다. 과수원과 밭이 있는 마을 길가에 '독립운동유공자(독립장수훈) 박차정 의사 묘소가는 길 470m'라는 표지판이 있다. 2018년 밀양에 의열기념관이 세워지고, 최근 여성독립운동가에 대한 관심이 커져서인지, 그녀를 찾아가는 길의 표지판은 눈에 띄게 잘 보였다. 그 표지판 앞에서 꺾어 들어가 포장되지 않은 길을 따라가다 보면 야트막한 산으로 올라가는 길 앞에 '애국지사 박차정 선생 묘지안내판, 130m 전방'이라는 이정표를 볼 수 있다.

이정표를 뒤로 하고 나무와 잡초가 무성한 산길을 오르다 보면 예전에 마을의 공동묘지였던 흔적들이 곳곳에 남아 있다. 무성한 풀숲을 오르면서 혹시 길을 잘못 들어선 것이 아닌가 하는 생각이 들 때쯤 '독립운동가 박차정의 묘, 그녀에게 가는 길'이라는 손글씨의 팻말이 눈에 들어왔다.

그 표지판이 있는 곳에서 조금 더 오르면 숲 사이로 그가 영면하고 있는 곳이 보인다. 양지바른 곳이지만 무덤 봉분에 떼가 잘 안 자란 민둥의 묘소이다. 숲 사이로 그의 묘소가 눈에 들어온 순간 세

박차정 묘소를 안내하는 표지판(위)과 묘소 입구를 알리는 손으로 쓴 표지판(아래)

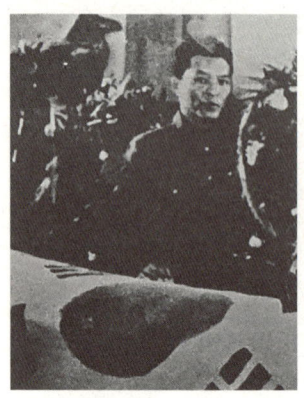

아내 박차정의 유해를 운구하는 김원봉(출처: 의열기념관)

월을 뛰어넘는 전율에 가슴이 벅차올랐다.

해방 후 그의 유골을 이곳에 옮겨온 사람은 그의 남편이었던 김원봉이다. 어느 영화의 대사와 같이 '밀양사람 김원봉'은 1944년 5월 27일 34살에 생을 마친 박차정의 유골을 1945년 12월 자신의 고향인 밀양 부북면 감내마을 풍정산豊亭山에 묻었다. 대한민국임시정부의 군무부장으로 귀국하는 김원봉이 부인 박차정의 관을 태극기로 감싸 운구하는 사진은 엄숙함과 비장함을 느끼게 한다. 박차정의 유골을 이곳에 데려온 김원봉은 1948년 월북했고, 박차정은 생을 누린 시간보다 2배나 더 긴 75년의 세월 동안 이곳에 묻혀있다.

그의 무덤 앞에는 '약산若山 김원봉 장군의 처 박차정 여사의 묘'라는 묘비석이 서 있다. 한반도를 억눌렀던 냉전의 긴장 속에서 월북한 김원봉과 박차정의 행적은 잊혀졌고, 박차정의 묘소도 기념되지 못했다. 장조카 박의정이 초라한 그곳에 빗돌을 세워 박차정 열사의 무덤인 것을 기억하게 한 것은 1993년이었다. 이때 박차정을 김원봉 장군의 부인으로, 남편의 고향에 묻힌 여성으로 적었다. 김원봉은 남한과 북한 어느 쪽에서도 국가 차원에서 항일독립운동가로 인정받지 못함에도 불구하고, 김원봉이라는 이름이 일제 강

박차정 묘소

점기 일제 관헌의 간담을 서늘하게 할 정도였던 그의 의열단 활동이나 무장투쟁의 활약을 부정할 수 없다. 그러나 냉전과 분단의 시대에 북으로 간 의열단장, 조선의용대장 김원봉은 역사의 뒤안길로 사라졌고, 그의 부인 박차정도 잊었다.

1972년 박차정의 동생 박문하의 수필 「누님 박차정」이 『낙서인생』(아성출판사)에 실리고, 1974년 『나라사랑』 17집에 내고장 인물-부산편에 김의환의 「박차정 여사」가 실린 적이 있다. 그러나 부산 동래 출신의 여성독립운동가, 일제 강점기 여성해방과 민족해방을 위해 투쟁한 항일운동가로 역사적 복원이 본격화한 것은 1990년대 들어서이다. 1995년 한국정부는 박차정에게 건국훈장

독립장을 추서했다. 묘비석은 박차정을 김원봉 장군의 부인으로 기념했지만, 한국정부는 김원봉과 무관하게 여성독립운동의 공적으로 서훈했다.

독립운동가 김원봉의 부인으로서 박차정의 삶도 중요하게 평가해야 할 것이다. 독립운동을 함께한 동지이자 돌봄의 가치를 실천한 여성의 삶은 여성의 독립운동에 대한 이해를 넓히는데 필요한 일이다. 그동안 한국정부로부터 독립운동가 부인의 역할로 독립운동 서훈을 받은 분들은 적었다. 최근 들어 독립운동가 부인의 활동도 당시 시대 상황에서 여성이 활동할 수 있는 현실적인 사정을 반영하여 독립운동가로 인정하는 추세이다. 정정화와 같이 일찍 서훈을 받은 독립운동가 부인도 있지만, 대부분은 그렇지 못했다. 2018년에 우당 이회영의 부인 이은숙, 석주 이상룡의 손주며느리 허은, 2019년에 독립운동가 김예진의 부인 한도신, 이상룡의 부인 김우락이 독립운동가 서훈을 받았다. 식민지기 독립운동과 개인 여성의 삶을 적극적으로 평가하는 것은 예전보다 진전된 변화임에 분명하다. 그들은 남편의 독립운동을 함께한 동지이자 가족으로서 돌봄의 노동과 활동으로 헌신했다. 그들의 헌신과 돌봄이 없었다면 남성독립운동가들은 일상 속에서 개인적인 삶뿐만 아니라 독립운동의 사회적 역할도 하기 어려웠을 것이다. 남성독립운동가 부인들의 삶은 독립운동의 동지적 관계였다. 부인으로서 활동을 독립운동의 영역에서 인정하는 것은 독립운동이 일상 속에서 젠더적 사회관계의 변화를 반영한다는 점에서도 의미가 있다. 가부장제적

'조선여자혁명가 박차정 동지'의 죽음을 애도하는 『독립』 1944. 11. 29 기사

인 가족관계에서 남편을 뒷바라지하며 헌신의 삶을 살아간 부덕의 표상에서 한 걸음 더 나아가는 것이다. 그들은 누구의 아내, 며느리, 어머니이기 이전에 식민지 현실에서 여성의 근대적 자각과 실천을 통해 자신의 삶을 주체적으로 살아간 시대의 여성이며 젠더 관계의 변화를 실천한 여성들이었다. 이러한 점에서 김원봉의 부인으로서 박차정의 삶도 중요하게 인정하고 평가할 필요가 있다.

그러나 박차정은 독립운동가의 부인인 동시에 여성활동가, 여성독립운동가로서 활동과 역할 또한 컸다는 점을 기억해야 한다. 박차정은 일제식민지 시기를 살아간 근대 여성으로서, 일제에 대한 저항운동, 사회운동, 독립운동을 했다. 부산 동래 출신으로 홀어머니 밑에서 가난한 집안 형편에도 여학교를 다녔고, 여성으로서 인격적 자각과 함께 식민지 현실에서 물러서지 않는 사회운동

에 발을 내디뎠다. 일제시기 근대 여성운동의 조직과 활동이 꽃피던 시기에 부산의 근우회 활동을 거쳐 근우회 중앙집행위원이 된 여성운동가였다. 1930년 근우회 중앙집행위원으로서의 활동 때문에 일제 경찰에 검거되었다. 이후 일제 경찰의 감시를 피해 중국으로 망명하여 의열단원이 되고 일제의 침략전쟁이 확대되는 상황에는 항일운동으로서 무장투쟁에 나섰다. 시대와 정세의 변화에 대응한 다양한 독립운동의 실천 현장에 항상 그가 있었다. 물러서지 않는 운동의 결과로 입은 부상 후유증으로 1944년 세상을 떠났을 때, 그의 동지들은 그를 추모하며 '조선여자혁명가 박차정 동지'라고 불렀다.

박차정은 '김원봉 장군'의 부인을 넘어서 자신의 삶을 개척한 근대 여성, 여성운동가, 여성독립운동가였다. 결혼은 여성으로서 자유로운 인격체가 되는 선택이자 독립운동의 동지적 관계를 공고히 했다. 일제의 침략전쟁이 확대되는 시대의 변화 속에서 남편과 함께 무장투쟁에 참여하여 조선의용대 부녀복무단장으로 소임을 다했다. 일제 식민지 시기 주체적인 인간으로 살아간 여성운동가이자 일제하 여성운동을 항일 무장투쟁의 장으로 확장한 치열한 역사 현장에 박차정의 삶이 있다.

항일 분위기의 집안에서
성장하다

 박차정은 1910년 5월 8일 부산 동래 복천동 417번지에서 태어났다. 아버지는 박용한朴容漢, 어머니는 김맹련金孟蓮이다. 그의 아버지는 동래지방의 신식학교인 현재 동래고등학교의 전신인 개양학교를 졸업하고 보성학교를 다녔다. 졸업 후 대한제국의 탁지부 주사가 되어 측량기사 일을 했다. 일제 강점 이후 측량기사 일이 일제가 식민지 경제 침탈을 위해 했던 토지조사사업의 실무를 돕는 일이 되자 이에 대해 비분강개했던 것 같다. 그래서 그의 아버지는 1918년 1월, 유서를 남기고 자결했다.

 박차정의 어머니는 동래군 기장면 출신으로 일가들이 사회의식

아버지 박용한(좌), 어머니 김맹련(우)

박차정 생가

① 김두봉
② 김약수
③ 큰오빠 박문희
④ 작은오빠 박문호

과 독립운동에 뜻을 두고 활동한 사람들이 많다. 한글학자로서 독립운동을 하고 화북조선독립동맹위원장을 지낸 김두봉金枓奉은 어머니의 사촌이다. 김두봉은 국어학자 주시경 선생 밑에서 한국어를 연구하여 조선어사전 말모이 편찬에 참여하고, 휘문고등학교와 중앙고등보통학교 국어교사로 일하며 대종교에도 참여하였다. 그는 1919년 3·1운동에 학생들과 함께 독립선언서를 배포하고 시위에 참여한 후, 교사직을 사퇴하고 상하이로 갔다. 이후 독립운동에 투신했는데, 1935년에는 조카사위가 된 김원봉과 함께 한국민족혁명당을 결성하고 1935년 민족혁명당 중앙집행위원을 맡기도 했다. 1940년 화베이에서 조선독립동맹의 주석으로 추대되었으며, 1942년 7월에는 조선독립동맹과 조선의용군의 최고책임자이자 통수권자가 되었다. 1945년 8월 15일 해방 후 중국에서 북한으로 돌아온 그는 1948년 4월의 남북협상에 참여했다. 이후 북조선인민위원회 상임위원장을 맡았으며, 김일성종합대학교 초대총장을 역임했다. 그밖에도 일찍이 김원봉과 의형제를 맺고 같을 약若자의 호를 함께 쓴 약수若水 김두전은 어머니 김맹련의 육촌이다.

박용한과 김맹련은 3남 2녀의 자식을 두었다. 4째로 태어난 박차정은 아버지의 죽음으로 경제적으로 어려운 상황 속에서 자랐다. 어머니는 삯바느질을 하며 다섯 남매를 길렀는데, 어려운 가정 형편에도 어머니의 보살핌으로 그의 형제들은 학업을 이어가며 변화하는 시대상황에서 현실을 바꾸기 위한 실천에 나섰다. 그의 큰오빠 박문희는 동래사립보통학교를 다니며 동맹휴학을 이끌었다. 그 후 서울 경성신학교(지금의 서울신학대학교)를 졸업하고, 서울과 지방을 순회하면서 수년간 목회 활동을 하였다. 1920년대에는 일본으로 유학을 떠나 일본대 경제과를 2년 수료했다. 부산으로 돌아온 후에는 동아일보 동래지국장이 되어 지역에서의 활동을 시작했다. 동래청년연맹과 신간회 동래지회 결성에 주도적인 역할을 한 박문희는 신간회 중앙집행위원을 역임하면서 독립운동에 투신했다. 1930년대에는 의열단원으로서 국내외를 왕래하면서 의열단 활동을 전개하다 일경에 체포되어 2년여의 감옥 생활을 했고, 출옥 후 해방이 될 때까지는 일본 경찰의 감시하에서 동아일보 동래지국을 맡아 반일운동에 전념한 항일독립투사로서 살았다. 작은 오빠 박문호는 동래사립보통학교를 졸업한 후 동래청년동맹 집행위원과 신간회 회원으로 활동하다가 베이징으로 밀입국하여 베이징 화북대학을 다니고 의열단에 가입하여 독립운동을 했다. 의열투쟁을 하던 중 일제 경찰에 검거, 나가사키 소재 우라카미형무소에서 1년 6개월의 실형을 받았고, 이후 1934년 서대문형무소에서 가혹한 고문으로 병을 얻어 가석방되었으나 28세의 나이로 사망했다. 박차정의 언니 박수정은 부산진일신여학교를 졸업한 후 양산 보육원과 산청, 옥천 등지에서 교편을 잡다가 젊은 나이에 병사했다.

    아버지가 돌아가신 후 그의 집안은 1918년 복천동에 설립된 동래성결교회에 다니는 교인이 되었다. 당시 성결교회는 장로교회보다 규모나 신도 수가 적었으나, 박차정 집안은 성결교회를 다닌 것으로 기록되어 있다. 아버지를 잃은 박차정에게 숙부 박일형朴日馨은 오빠들 못지않은 영향을 주었다. 1920년대 동래지역에서 청년운동을 주도하면서 동래청년동맹 집행위원장을 맡았던 박일형은 사회주의계 인물들의 대부격이었다. 박일형은 박차정의 큰오빠 박문희와 함께 1920년대 동래지역의 사회운동에 중심적인 역할을 했다. 그는 동래지역에서 동아일보 기자로도 활동했는데, 1930년 1월 10일 창립한 동래기자단의 대표를 역임했다. 그리고 신간회 경성지회 해소위원회의 서기로도 활동했고, 잡지사 비판사 운영에도 간여하여 1932년 8월 조선문필가협회 창립시 집행위원으로 선출되었다. 박일형은 1927년 9월 동아일보에 2회에 걸쳐 「열녀주의론」을 게재했는데, 이 글에서 "여성들이 사랑 없는 결혼생활을 하는 것도 정조를 파는 매춘부와 다름이 없다"라는 파격적인 글을 썼다. 그는 여성들이 열녀를 숭배하는 것은 유령매춘부를 숭배하는 것이며, 유령매춘부가 여성사회에서 가장 고귀하게 존중되는 것을 허락하지 말아야 한다고 적고 있다. 열녀주의를 배격하고 유령매춘부를 박멸하여 철저한 여성해방을 도모하자고 웅변하였다. 가장 가까운 곳에서 박차정의 성장을 지켜보고 이끈 숙부의 이 같은 여성주의 인식은 박차정에게도 일정하게 영향을 주었을 것이다.

박차정의 동생 박문하는 유복자로 태어나 해방 후 동래시장 앞에 민중병원을 개원하여 동래 주민들 사이에 인술을 펼치는 의사로 유명했고, 수필가로서 문필활동도 하여 제4대 부산문인협회 회장을 지내다가, 1975년 세상을 떠났다. 그가 쓴 수필집 『낙서인생』에 어린 시절 누나 박차정에 대한 기억과 어머니가 어렵게 자식들을 길렀던 사정 등을 적은 수필 「누님 박차정」을 남겼다. 그는 글에서 "5남매의 어린 자식들을 길러 내느라고 남의 집 삯바느질로써 젊은 세월을 고스란히 보냈으며, 어머님이 밤을 새워 초상집 상복이나 잔칫집 혼례복을 만드시느라고 집에 돌아오지 못하는 밤이면 오누이는 식은밥을 끓여 먹고 냉돌방에서 기한에 떨면서 밤을 새웠다"라고 회고했다.

이처럼 박차정은 아버지를 일찍 잃고 경제적으로 어려운 가정에서 민족의식과 항일의식이 강한 집안 사람들에게 둘러싸여 성장했다. 박차정의 집안 분위기는 당시 동래에서 일어난 사회운동과 밀접했다. 가난하지만 시대의 변화를 인식하고 실천했던 집안 분위기에서 박차정은 민족의식, 사회의식, 젠더의식 형성에 영향을 받으며 성장했다. 그런 환경 때문에 박차정은 자신의 삶에 대한 사회적 인식과 주체적 자각에 일찍 눈떴을 것이다. 그리고 마침내 여학교에서 교육을 받으면서 식민지하에서 근대 여성으로서 삶의 방향을 더욱 깊이 생각하는 과정을 겪게 되었다.

여학교 교육을 받으며
사회의식을 키우다

박차정은 1925년 부산 동래 복천동의 일신여학교(현 동래여자고등학교)에 입학했다. 일신여학교는 호주선교부에서 설립한 학교이다. 그가 기독교계인 일신여학교에 입학한 것은 어머니가 동래성결교회를 다녔고, 지역사회에서의 기독교 활동이 활발했던 것과도 관련이 있다. 당시 부산에 온 호주 선교사들이 첫 번째로 추진한 사업은 보호받지 못하는 어린이들을 위한 고아원 설립이었다. 1893년 시작된 미오라고아원Myoora orphanage이 호주 장로교 선교부의 첫 자선기관이었고, 곧 교육기관으로 발전했다. 고아원의 이름을 'Myoora'라고 붙인 것은 당시 멜버른의 투락에 있던 하퍼부인Mrs. Harper의 큰 저택 이름에서 빌려온 것이다. 'Myoora'라는 말은 호주 원주민어로 '휴식처', '야영지'라는 뜻이다. 하퍼부인은 호주 빅토리아주 여전도회연합회 회장으로 활동했을 뿐만 아니라 한국 선교에도 크게 기여했는데, 고아원 후원도 그 활동 가운데 하나였다. 서울에서 기독교계의 학교들이 고아들을 돌보는 데서 학교로 발전한 것처럼 부산지역에서도 이러한 흐름이 나타났던 것이다. 미오라고아원에서 보호하는 어린이의 수가 점점 늘어

일신여학교 학생 시절의 박차정(원 안의 인물)

1895년에 13명이 되자 교육의 필요성이 제기되었다. 그리하여 수업연한 3개년의 소학교 과정을 설치하여 부산시 동구 좌천동에 있는 선교관에서 교육을 시작했는데, 이것이 부산지역 최초의 여학교인 일신여학교였다.

일신여학교는 1909년 고등과(중등교육과정)을 신설했는데, 1925년 동래구 복천동에 새 교사를 세우고 고등과를 이전했다. 1925년 이후 동구 좌천동의 학교는 부산진일신여학교로 초등교육을 담당했고, 동래구 복천동의 학교는 동래일신여학교라고 불리며 중등교육인 고등과를 운영했다. 1938년 제3차 조선교육령 이후 일제의 신사참배 강요를 거부하여 동래일신여학교가 폐쇄되자, 1940년 4월 20일 재단법인 구산학원(지금의 학교법인 동래학원)

에서 경영권을 인수하여 동래고등여학교라 개칭하였다. 1951년에 학제 변경에 의해 동래여자중학교와 동래여자고등학교로 분리되어 현재까지 유지되고 있다. 박차정과 그의 언니 박수정은 이러한 전통이 있는 여학교에서 공부했다. 박차정 자매가 다닌 일신여학교는 선교계 학교의 목적에 부응한 교육과정을 운영하면서도, 조선인의 민족의식과 관련한 조선어, 역사, 지리 등의 교육에도 주력하였다. 이러한 교육의 영향으로 1919년 3·1운동에서 일신여학교는 부산 경남지방 최초의 시위를 벌였다. 일신여학교는 개성의 호수돈 여학교와 마찬가지로 지역의 여성, 여학생 네트워크를 활용하여 지역에서 최초로 3·1운동 만세시위를 이끌었다. 좌천동의 일신여학교 교사 주경애는 학생들이 부산상업학교 학생들과 연락하여 시위를 준비하도록 주선했다. 부산에 독립선언서가 전달된 것은 3월 2, 3일 경이었다. 경성에서 학생대표들이 내려와 부산상업학교와 동래고등보통학교 학생들에게 독립시위를 독려했다. 3월 7일에는 연희전문학교생이 내려와 동래고등보통학교 학생들에게 독립선언서를 전달했다. 3월 10일경에는 동래고보를 졸업하고 경성고등공업학교에 다니던 곽상훈이 독립선언서를 들고 부산에 내려와 학생들을 만났다. 이러한 움직임 속에 부산지역 학생들은 동래 장날인 3월 13일에 만세시위를 일으킬 것을 모의하고 준비에 들어갔다. 이때 일신여학교 교사 주경애는 학생들이 부산상업학교 학생들과 연락하여 시위를 준비하도록 했다. 일신여학교 학생들은 3월 10일에 기숙사에 모여 태극기 100개를 제작했다.

3월 13일이 아닌 3월 11일 밤 9시에 고등과 학생인 김응수·송명진·김순이·김난줄·박정수·김반수·심순의·김봉애·김복선·김신복·이명시 11명의 학생이 교사인 주경애, 박시연과 함께 태극기를 손에 들고 독립 만세를 부르며 기숙사를 나와 좌천동 거리까지 행진하는 시위를 감행했다. 여기에 군중이 가세하면서 수백 명에 이른 시위대는 2시간 동안 만세시위를 벌였다. 일신여학교의 만세시위는 부산 최초이자 경남지역 만세시위의 효시가 되었다. 일신여학교 학생 김응수는 거리에서 노래를 부르고 태극기를 흔들다 잡히자 "3살 먹은 아이도 제 밥을 빼앗으면 달라고 운다. 우리들이 우리나라를 돌려 달라고 운동하는데 무엇이 나쁘냐?"라며 일제 경찰에 저항했다.

이처럼 항일의식의 전통이 있는 여학교를 다니면서 박차정은 민족의식과 함께 문학소녀로서의 감성도 키워갔다. 박차정의 문학적 소양은 동래일신여학교 교우지 『일신』 2호에 실린 3편의 글에 잘 드러나 있다. 시「개구리 소래」, 소설「철야撤夜」, 수필「秋の朝(가을의 아침)」 등 각기 다른 장르의 세 편의 글이 그것이다. 박차정의 문학적 감수성과 글쓰기의 자질을 보여주는데, 「개구리 소래」는 일찍 세상을 떠난 언니 수정을 기리며 쓴 시다.

天宮에서 내다보는 한 조각 半月이
고요히 大地우에 빗칠 때
우리집 뒤에 잇는 논 가온대는

뭇개구리 소래맛처 노래합니다.

이 소래 들을 때마다

넷 記憶이 마음의 香爐에서 흘너 넘처서

悲哀의 눈물이 떠러집니다.

未知의 나라로 떠나신 언니

개구리 소래 듯기 조화하드니

개구리는 노래하것만

언니는 이 소래 듯지 못하고 어듸 갓을가

단편소설 「철야」는 밤을 지새운다는 뜻으로, 집안에서 시작하여 집 바깥으로 나갔다 다시 되돌아와 날 샐 때까지 시간의 흐름 속에 글을 전개하고 있다. 내용은 독립투사의 딸과 아들이 고아가 되어 추운 겨울날 사회적 냉대와 가난 속에서 살아가는 모습을 다룬 소설이다. "아버지가 10여 년 전 조선 천지가 소동하던 ××운동 때에 여러 동지와 한가지로 철창생활을 하다가 가엽게도 뜻을 이루지 못하고 영원히 오지 못할 그 길을 떠났다. 사랑하는 아내와 나어린 철애를 괴로운 이 세상에 남겨두고 애달픈 포부를 가슴에 안고 29세의 한창 시절을 일기로 한 많은 세상을 떠났던 것이다. 철애의 어머니는 사랑하는 남편을 잃고 그 이듬해 유복자로 철호를 낳았다"라는 내용은 그의 가족사를 빗댄 것이다. 10여 년 전 조선 천지가 소동하던 ××운동은 3·1운동을 가리킨다. 민족의 항일운동이 일어난 시대를 배경으로 하여 아버지와 언니로 이어진 가족의 죽음과 거듭되는 가난이라는 감당하기 힘들었던 현실을 철애와 철호 남매를 통해 보여주고 있다. 배가 고파 다른 학생의 도시락에 자주 눈이 간다는 대목이나, 체육시간에 운동화를 신지 않아 꾸중을 듣는 대목은 가난 속에 학교를 다니던 그의 체험이 녹아있다. 동생 박문하는 「철야」를 읽은 박차정의 담임선생님은 어려운 박봉을 털어서 차정 누님이 일신여학교를 졸업할 때까지 2년 동안의 학비를 스스로 부담해 주었다고 수필에 쓰고 있다. 박차정은 학교에 수업료를 내지 못하는 가난한 처지와 심경을 담아 "人生이란 엇지하야 이다지 잔인한 社會를 가젓슬가?"라고 인생의 고통과 사회에 대한 인식을 소설에 적었다. 그리고 가난과 고통 속에서도 물러서지 않는 삶의 태도와 불의에 대한 투쟁 의지를 표현하고 있다.

> 세상에 도덕은 무엇을 위하야 낫스며 법율은 누구를 위하야 지엇나? 아~! 이것이 모다 나와 갓치 업는 자들을 죽일녀고 난 무기로구나!' 철애는 자기 집 마당에 섯어 이러케 모든 것을 생각하다가 방으로 드러갓어 책상에 업드려 또 울기를 시작하엿다 철애의 마음은 극히 악화하여 버렷다 어린 처녀들의 마음은 모든 것을 미화하며 선화善化한다 하엿거만 철애는 엇지하야 다 갓흔 처녀로 이와 반대의 마음을 가젓슬가? 이것이 즉 불의不義한 현 사회의 제도가 나흔 죄악이 아니고 무엇일가 철애는 결심한 듯이 '나도 아부지와 어머니를 따라 죽어 버리자 그러면 이 괴롬에서 써날 수 잇지 아니다 …… 내가 이왕 죽을 바에야 어머니 유언과 갓치 힘껏 싸화 볼 것이지 세기世紀로

나려오는 압박의 흑암(黑闇)을 헤처 버리며 악마의 얼골에서 거짓의 탈을 벗기고 서슴업시 전 세계의 폭군들을 향하야 싸화 보자 그리하야 모든 것을 ××식히고 광명한 신사회를 조직할 째까지……

견디기 힘든 가난과 그로 말미암아 깨닫게 된 계급 현실, 그것을 벗어나기 위한 전망 획득이 압축적이나마 개연성을 갖는 것으로 표현되어 있다. '불의한 현 사회의 제도가 나흔', '세기로 나려오는 압박의 흑암', '악마의 얼골', '전 세계의 폭군'으로 표현된 제국주의를 물리치고, '광명한 신사회'를 이루는 해방의 날을 전망하고 있다. 주인공 철애는 구조적 가난에 대한 인식을 바탕으로 하여 계급의식과 투쟁의식을 키워나가는 것으로 글이 전개되고 있다.

박차정은 훗날 독립운동을 하면서 이 소설의 주인공 이름인 철애를 자신의 가명으로 사용했다. 그는 박철애·임철애·임철산과 같은 이름을 사용했는데, 모든 가명에 '철'자를 넣은 것으로 보아 철학적 사유를 했던 성향을 엿볼 수 있다. 학창 시절에 쓴 소설의 주인공 이름을 훗날 자신의 가명으로 사용하면서, 철학적이고 지혜로운 생각을 아끼는 자신의 됨됨이를 지키고자 했으리라 짐작해 본다. 근대 여학교 교육을 받은 문학소녀 박차정은 1929년 우수한 성적으로 동래일신여학교를 졸업했다. 제4회 졸업생 21명 가운데서 최우등에 이은 우등을 받았다는 사실이 당시 신문에 소개될 정도였다.

사회운동에 참여하고
근우회 지도부로 활약하다

1920년대 동래지역 사회운동에 참여하다

 박차정이 최초로 사회운동에 참여한 것은 1924년 5월 조선소년동맹 동래지부로 알려져 있다. 그러나 조선소년동맹 동래지부라는 조직의 이름은 확인되지 않는다. 1920년대에는 전국적으로 사회운동이 활발하게 전개되었는데, 부산 동래 역시 그러했다. 동래소년동맹, 부산소년척후대, 동래소년회, 동래기독교소년회, 동래불교소년회, 동래청년동맹, 동래청년연맹 등 조선소년동맹 동래지부와 비슷한 이름의 단체는 많았다. 그의 가까이에서 큰 영향을 끼친 것으로 알려진 숙부 박일형이 동래청년동맹과 동래노동조합을 주도했고, 큰 오빠인 박문희가 1925년 동래청년연맹 창립준비위원으로 활동한 것으로 미루어 볼 때, 그가 당시 동래의 사회운동이나 청년운동에 참여했을 가능성은 매우 크다.

 또한 그는 동래일신여학교를 다니면서 당시 여학생의 동맹휴교나 여성문제강연회 등 사회적 활동을 접했다. 일신여학교 고등과는 부산진에서 동래로 이전하면서 혁신을 하기로 했는데, 학교의 운동장 시설 확충 등 교육환경의 개선과 지정교로 승격이 미루어지고 있었다. 이에 일신여학교 학생들은 1927년 6월 7일부터 동맹휴학을 했다. 박차정의 동생 박문하가 동래여고에서 발간한 『옥샘』20(1967년)에 기고한 글에 따르면, 박차정은 노파로 변장하여 학생 집을 방문하며 동맹휴학을 주도했다고 한다. 학교 측에서 학생들의 요구를 받아들여 동맹휴교는 4일 만에 끝났지만, 1920년대 동맹휴교는 남녀 학생을 막론하고 가장 일반적으로 학생들이 사회적 의사 표현을 하는 활동이었다. 또한 동래일신여학교 학생들은 1928년 관북지방에 큰 홍수가 났을 때에도 수재의연금으로 100여 원을 모았을 정도로 사회문제를 해결하기 위해 적극적으로 활동했다.

한편 박차정이 여학교를 다니던 시기에 부산 동래에서는 여성운동이 활발하게 조직화되고 있었다. 그 가운데에서 가장 활약이 돋보인 단체는 부산여자청년회이다. 부산여자청년회는 1921년 6월 13일에 부산진구락부에서 창립회를 가졌는데, 이때 출석한 회원의 숫자가 60여 명에 달했다. 조직은 문예부, 사교부, 위생부 3부로 나누어져 있었고, 회장 양한나梁漢羅, 부회장 김기숙金基淑, 총무 오대련, 재무 이금옥, 손무년, 서기 박명애, 최수련, 간사 왕명룡, 문예부장 전매자, 사교부장 여운영, 위생부장 유창신 등이었다. 부산여자청년회의 설립을 주도한 인사들은 주로 기독교계 여학교 출신들이었다. 회장인 양한나는 일신여학교 출신으로 같은 학교의 교사로 재직하고 있었으며, 초량교회의 신자였다. 양한나에 이어

2대 회장이 된 김기숙도 일신여학교의 제 3회 졸업생으로 당시 일신여학교의 교사로 활약하고 있었는데, 부산여자청년회 설립 시 부회장으로 시작하여 많은 활동을 했다. 회원 수는 처음 60여명 정도였으나 1921년 10월에는 130여 명, 1922년 6월에는 200여 명에 달했다. 부산여자청년회의 주요활동은 문맹타파를 위한 야학설립 및 운영이었다. 여자 야학에서는 학령기를 넘긴 청년 여성 뿐만 아니라 가정부인까지 대상으로 하여 기초적인 문자 습득을 위한 교육을 주로 담당했다. 당시 여성청년운동에서 가장 중요하게 생각했던 것은 문맹타파와 여성계몽을 위한 야학이었다.

두 번째로 동래여자청년회를 꼽을 수 있다. 동래여자청년회는 1921년 5월 신진여성 수십 명이 창립한 단체이다. 당시 청년운동이 활발했던 동래지역의 분위기에 따라 설립된 것으로 보인다. 창립의 주체가 된 사람은 김수선金水先, 이기년李琪年, 김수범金秀範, 박소수朴小壽 등이었다. 이들은 여자계의 풍기진작과 사회적 지식 증진을 목적으로 활동하며 야학을 운영했는데, 창립 이후 강력한 추진력을 발휘하며 꾸준히 활동을 이어갔다. 1925년 5월 구가정부인의 문맹을 타파하여 지식을 증진시키고, 사회문제와 여성문제를 계몽하기 위해 야학교를 운영했다. 야학교는 초등과와 보통과 2부로 나누어 운영했는데, 교장 겸 이사는 김수선이 맡았고, 교사로는 이기년, 김수범, 박소수 등이 활동하였다.

동래여자청년회에서는 강연회, 연주회, 서화전, 여자관풍대회觀楓大會, 육상경기대회, 토론회 등을 주관하고, 지역의 물산장려운동에도 참여했다. 또한 여학교를 찾아가서 하는 강연회도 주최했다. 3·1운동 이후 1920년대에는 강연과 연설을 통한 계몽문화가 유행이었고, 여성계몽을 위한 강연과 웅변도 전국적으로 확산되고 있었다. 차미리사가 중심이 된 조선여자교육협회의 전국 순회강연은 여성의 근대적 계몽과 자각을 독려하는 여성강연문화를 선도하고 있었다. 동래여자청년회에서 여학생을 대상으로 강연회를 한 것도 당시의 여성운동의 흐름이라고 볼 수 있다. 1925년 10월 10일에는 새로 증축 이전한 동래일신여학교 대강당에서 '여성문제 대강연회'를 개최하여 성황을 이루었다. 강연주제는 다음과 같다.

인간의 의무 - 허영호許永鎬
여자가 참 사람이 되려면 - 윤분봉尹粉鳳
여자교육의 필요성 - 김잉용金孕龍
자아를 찾아라 - 김수선金水先

강연의 주제들은 주로 여성의 인간적 자각과 젠더적 의식을 불러일으키는 내용이었다. 당시 박차정이 1학년이었는데, 이와 같은 강연은 여성문제를 자각하고 인식하는 데에 영향을 주었을 것으로 짐작된다.

동래여자청년회는 주로 동래청년회와 함께 활동한 것으로 보이는데, 1926년 당시 회원은 60여 명이었다. 한편, 동래여자청년회의 중심인물들은 동래적광회東來赤洸會라는 사상단체를 설립했다. 1925년 11월에 결성된 동래적광회東來赤洸會는 사회주의 사상의 분위기를 반영하여 여성해방운동 촉진을 목적으로 한 여성사상단체로서 대표는 김수선이었다. 동래여자청년회의 중심인물인 김수선은 박차정의 큰오빠 박문희가 동래청년연맹에서 활동할 때 함께 집행위원으로 일했으며, 근우회 동래지회를 만드는 데에도 적극적으로 참여했다. 동래여자청년회와 동래적광회는 1927년 근우회가 설립되자 그 지회설립에 적극적으로 참여하면서 자신들의 조직을 해체하고 근우회 동래지회로 전환했다.

박차정은 1929년 3월 9일 여학교 졸업 후 본격적으로 사회운동에 참여하였다. 1929년 봄, 경북지방은 지난 50년 이래 최악의 가뭄을 겪었다. 이 때문에 춘궁기에 수십만 명의 기근 이재민이 생겼다. 박차정은 이를 돕기 위해 동래경북기근구제회 결성에 참여했다. 경상북도의 기근 이재민을 돕기 위한 구제회는 4월 26일 경성 수표정水標町의 조선교육협회에서 경성의 명망가들이 발기인으로 나서면서 시작되었는데, 경성뿐만 아니라 평양, 진주, 의령, 김해, 동래 등지에서도 구제회가 결성되었다. 동래에서는 동래 신간회지회, 청년동맹, 노동조합, 근우회지회 등이 주도하여 5월 17일 동래경북기근구제회를 결성했는데, 위원장은 박일형이 맡았다. 박차정은 동래경북기근구제회의 위원으로 큰오빠 박문희와 함께 참여한 것으로 확인된다. 동래경북기근구제회는 회원을 모집하고, 동래 예기권번 기생들과 협력하여 구제연예회를 조직하는 등 기금

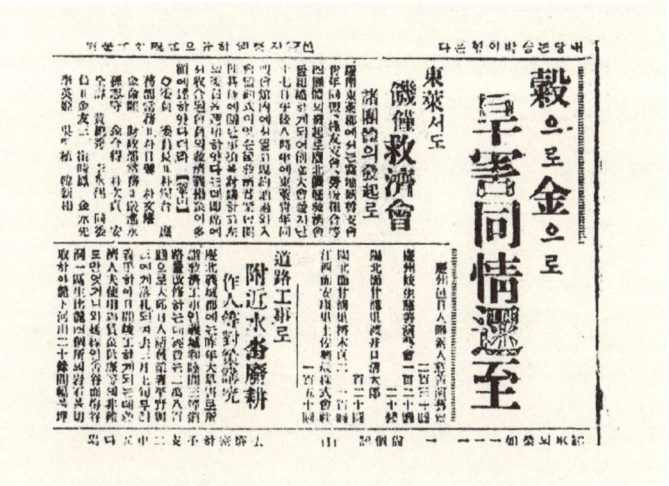
박차정 이름이 실린 동래 경북기근구제회 명단. 『중외일보』, 1929. 5. 27.

모집 활동에 적극적으로 나섰다. 그러나 동래 예기권번 기생들의 구제연예회를 허가했던 경찰과 경상도청은 동래 경북기근구제회와 공동으로 하는 것을 마땅치 않게 생각하고 방해했다.

1920년대 동래지역의 사회운동은 매우 활발하게 전개되었다. 1925년 11월 동래청년연맹이 만들어지는 시점을 기회로 군내에 산재한 여러 사회운동 및 여성운동 단체들이 대동단결의 기치 아래 운동의 통일에 대한 분위기가 고조되었다. 이 분위기는 민족운동의 통일전선인 신간회와 여성운동의 통일단체인 근우회가 결성되는 분위기와 연계되었다. 동래지역 여성운동 역시 통합이라는 조직적 진전을 이루었다. 당시 동래의 대표적 여성운동 단체인 동래여자청년회 주도로 근우회 동래지회가 출범했다. 동래여자청년회는 1928년 4월 22일 동래유치원에서 제7회 정기총회를 열어 연령에 따른 청년활동을 할 사람은 동래청년동맹에 입회할 것을 권하는 한편, '조선여성운동의 공고한 조직과 통일을 목표로 한 근우회 동래지회' 결성을 만장일치로 결정했다. 즉 자진해산과 동시에 조선 여성의 단일 동맹인 근우회에 가입하기로 결의한 것이었다. 그리고 근우회 동래지회 결성 준비위원으로 권복해權福海, 김수선, 김계년金桂年, 송말순宋末順, 이가우李嘉佑 구필순具必順, 장갑수張甲守, 이영희李永姬를 선출했다. 그리하여 1928년 5월 19일 근우회 동래지회가 창립되었는데, 동래지역의 사회운동을 활발히 해온 박차정은 그 연장 선상에서 근우회 동래지회 활동에 본격적으로 참여했다.

근우회 중앙집행위원이 되다

근우회는 여성의 성적·계급적 해방운동과 식민지 민족운동의 통일적 결합을 위한 협동전선운동으로 등장했다.

> 봉건덕 구속에 대한 싸홈은 계급덕 해방운동을 위한 일보 전진이오 계급덕 운동은 녀자의 완전한 해방을 위한 최후 해결의 길이다. 고로 두 운동은 …… 본질상으로 서로 떨어질 수 없는 관계상 연결되

어야 할 운동이다.

즉 초기 사회주의 진영에서 풍미하던 계급해방 못지않게 반봉건 민주주의운동도 여성운동의 중심과제로 제기되었다. 아울러 식민지 민족문제에 대한 인식이 진전됨에 따라 민족의 독립문제도 여성운동의 과제로 통일적으로 인식되기에 이르렀다. 즉 신간회 창립을 둘러싸고 여성운동계에서도 여성운동의 과제로서 종래 별개로 논의되었던 여성해방·민족해방·계급해방이라는 세 가지 과제의 동시 수행을 설정하기 시작했다. 이러한 상황으로부터 신간회와 마찬가지로 '민족적 현 처지의 탈피와 봉건유제의 타파'가 여성운동의 당면과제로 부각되었다. 민족적 문제에서나, 반봉건의 문제에서나 당면 역할의 공통점을 가진 여성들은 어떤 계급에 속하든지 각계각층의 여성들은 역사의 필연적 사명으로 여성 공동의 이익을 위해 광범위하게 단결할 필요가 있었던 것이다. 이것은 대다수의 여성을 포괄하는 여성 대중조직의 결성을 전망하는 것이었다. 이 점을 「근우회선언槿友會宣言」에서는 다음과 같이 정리하고 있다.

조선여성운동은 세계사정世界事情 및 조선사정朝鮮事情에 의하여 또 조선여성의 성숙 정도에 의하야 바야흐로 한 중대한 단계로 진전하였다. 부분 부분으로 분산되었든 운동이 전선적全線的 협동전선으로 조직된다. 그리하야 운동은 비로소 광범하게 또 유력하게 협동할 수

잇게 되었다. 이 단계에 잇서서 모든 분열정신을 극복하고 우리의 협동전선으로 하여금 더욱더욱 공고하게 하는 것이 조선 여성의 의무이다. 조선여성에게 얽크러져 있는 각종의 불합리는 그것을 일반적으로 요약하면 봉건적 유물과 현대적 모순이니, 이 양 시대적 불합리에 대하야 투쟁함에 잇서서 조선여성의 사이에는 큰 불일치가 잇을 리 업다. 오직 반동층에 속한 여성 만이 이 투쟁에 잇서서 회피 낙오할 것이다.

근우회는 여성 전위조직이 아니라 광범위한 여성 대중을 운동의 주체로 결집시키는 여성대중운동이 되는 것을 목적으로 했다. 그리하여 여성 인구의 80%를 차지하는 여성 농민에 대한 문제도 근우회의 중요한 과제로 삼았다. 조선의 객관적 현실과 여성운동의 주체적 조건이 열악했으므로 여성들만의 대중 조직을 별도로 만들어 여성 대중을 각성시키고 조직화해 낼 필요가 있었던 것이다. 따라서 허정숙은 여성운동의 단일조직은 '원시적이오 자연생장적인 계몽운동을 표어로 한 조직체로서 현 사회에 출현'한다고 했다. 그리고 조선 여성의 사회적 특수성 때문에 성별조직으로 분할된 여성운동의 협동전선과 신간회와의 관계는 그 목적을 같이 하기 때문에 긴밀한 관계를 유지하여야 하며, 나아가 독립성과 비판의 자유를 전제로 신간회에 단체 가입할 것을 지향했다.

1927년 5월 27일 오후 8시, 서울 기독교청년회관에서 회원 150명과 방청인 1,000여 명이 참석한 가운데 근우회 창립총회가

근우회의 강령과 규약

열렸다. 창립총회에서는 취지서와 2대 강령, 규약, 행동강령이 채택되었으며, 7개의 의안 토의가 마련되고 초대 중앙집행위원이 선출되었다. 이날 채택된 취지서는 '과거 조선부인운동의 분산되었던 현상을 타파하고 통일된 목표와 지도정신에 입각하여 조선자매 전체의 역량을 단결하여 운동을 전반적으로 전개할 것'을 내용으로 했으며, 이러한 취지를 실현하는 2대 강령을 채택하였다.

1. 조선여자의 공고한 단결을 도모함
2. 조선여자의 지위향상을 도모함

그리고 행동강령은 ① 여성에 대한 사회적·법률적 일체 차별 철폐 ② 일체 봉건적 인습과 미신타파 ③ 조혼早婚폐지와 결혼의 자유 ④ 인신매매와 공창公娼폐지 ⑤ 농촌부인의 경제적 이익옹호

⑥ 부인노동의 임금차별 철폐와 산전산후產前產後 임금 지원 ⑦ 부인 및 소년공少年工의 위험노동 및 야업夜業폐지 등으로 이론적·경험적으로 파악해온 여성문제들을 총망라 한 것이었다.

근우회는 최고기관인 총회(전국대회) 밑에 중앙의 본부와 지방의 지회로 조직되었다. 전국대회는 본부와 지회의 긴밀한 유대관계 속에서 근우회 운동의 방침을 결정하는 최고의결기구로 1년에 1회씩 개최되었다. 중앙본부에는 집행기구로서 총회에서 선출된 중앙집행위원회가 있었는데, 이를 중심으로 근우회의 각종 사업을 논의하고 결정하는 것과 함께 각종 사업을 집행, 추진했다. 근우회는 이 중앙집행위원회를 중심으로 운영되었다. 이는 서울에 머물며 회의를 하고 일상적인 부서 활동을 수행하는 중앙상무위원회中央常務委員會를 의미했다. 중앙집행위원들은 중앙집행위원이 선출되면 사업 집행을 위해 가장 먼저 부서를 결정하고 위원들을 각 부서에 배속시키는데, 1927년 창립 후 첫 신임집행위원회에서는 6개 부서를 두고 위원을 배속시켰는데, 1927년 창립 후 신임 집행위원회에서는 6개 부서를 두고 위원을 배치했다. 6개 부서는 서무부·재무부·선전조직부·교양부·조사부·정치연구부였는데, 업무 분량이 많은 서무부에만 2명의 상무를 두고 그 이외의 부에는 각 1명의 상무를 두어 이들 상무가 실무를 주관하도록 했다. 제1기 중앙집행위원 21인은 서울의 활동가로 채워졌고, 민족주의 진영과 사회주의 진영이 균형을 이루었다. 그러나 지방에 지회가 설립되고 그 대의원들에 의해 전국대회가 치러진 1928년부터는 지회 출신

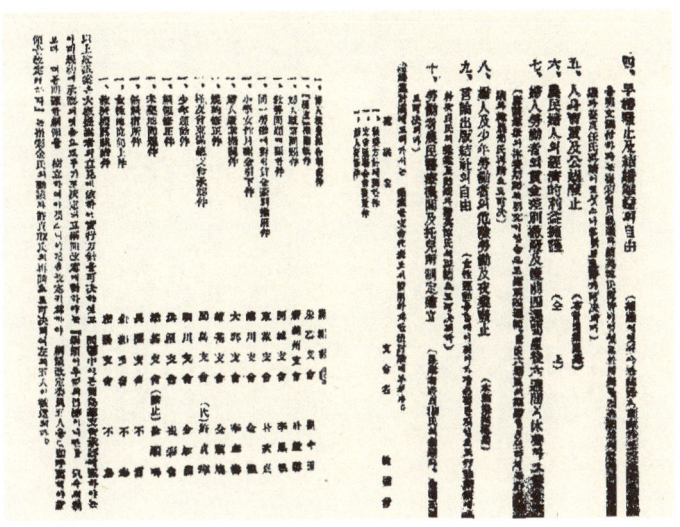
제2회 근우회 전국대회 회의록. 박차정은 〈동일노동에 대한 임금차별철폐건〉에 대해 보고했다.

인사들이 운영에 대거 참여하기 시작했다. 당시 지회는 64개 지역에 설립되었는데, 사회주의계가 조직한 곳이 60%, 민족·사회양 진영이 협동하여 조직한 곳이 19%, 민족주의계가 조직한 곳이 21%였다. 즉 지회는 주로 사회주의 계열에 의해 조직되었고, 대의원들도 이들이 압도하기 시작했다.

근우회 동래지회가 설립된 것도 이 시기였다. 근우회 동래지회의 창립회원 명단에서 박차정의 이름은 확인할 수 없다. 그러나 1929년 7월 27일부터 29일까지 서울에서 개최된 제2회 근우회 전국대회에 동래지회 대의원으로 김계년과 함께 참여한 것으로 확

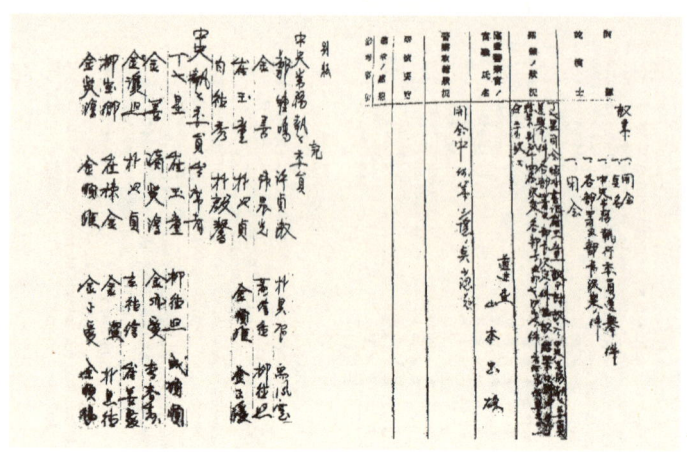
박차정이 활동한 근우회 중앙집행위원회 명단

인된다. 박차정은 전국대회에서 〈동일노동에 대한 임금 차별 철폐 건〉에 대해 보고했다. 동래지회가 기층 여성들의 노동운동에 적극적인 관심을 표방하고 있었던 분위기에서 박차정은 여성노동에 대한 여성운동의 활동방침을 보고한 것이다. 이렇게 두각을 나타내는 활동을 하며 박차정은 제2회 전국대회가 열린 1929년 7월에 근우회 중앙집행위원으로 선출되었다. 중앙집행위원 선거는 각 도의 대의원들이 모여 전형위원을 선출하면 그들이 집행위원을 정하는 방식이었다. 경남은 지회가 많아 2명이 참석했는데, 박차정은 경남의 전형위원으로 선출되었다. 그리고 전형위원들에 의해 선출된 33인의 중앙집행위원 가운데 한 명이 되었을 뿐만 아니라 33인 가운데 선정된 14인의 상무위원에도 선출되었다.

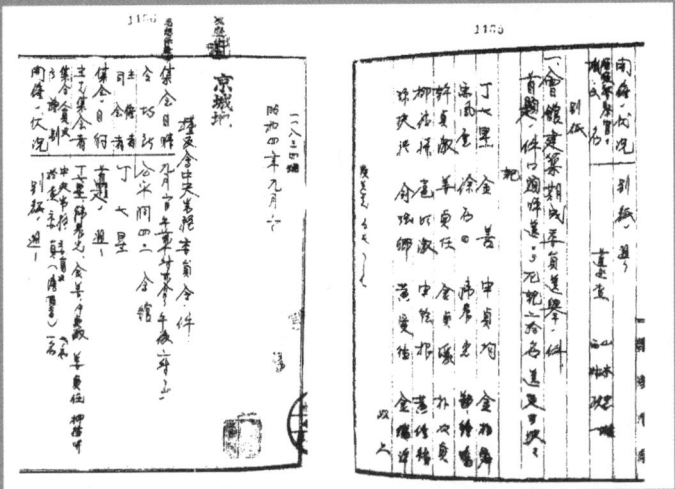

박차정의 이름이 올라가 있는 근우회관건축기성위원 명단

근우회 상무위원회에서 박차정을 지회 설립에 파견할 것을 결의했음을 보도한 기사.
『중외일보』 1929. 11. 3.

박차정은 중앙집행위원, 상무위원으로 선출되었고, 지회와 도연합회 규준세칙 제정위원으로도 선정되어 근우회 중앙에서 핵심적인 활동을 하게 되었다. 이때 그는 선전조직과 출판부문의 일을 담당했다. 당시 제2회 근우회 전국대회에서는 행동강령으로 ⑧ 교육의 성적차별 철폐 및 여자의 보통교육 확장 ⑨ 언론, 출판, 결사의 자유, ⑩ 노동자 농민 의료기관 및 탁아소 제정 확립 등을 추가 결의했다.

박차정이 근우회 중앙집행위원 및 상무위원으로 활동할 때 큰오빠 박문희도 신간회 중앙집행위원 및 중앙집행상무위원으로 교육부에서 활약하고 있었다. 남매는 같은 시기 국내 독립운동의 중심에서 함께 활동했던 것이다. 그는 근우회 본부에 상무위원로서 지역의 운동에도 간여하는 한편, 서울 공평동에 근우회관 설립을 위한 활동도 하고 지회설치를 위해 지방에 파견되기도 했다.

여학생 시위사건을 지휘하여 검거되다

근우회는 창립 초기부터 숙명여고보, 경성여자상업학교, 진명여고보의 동맹휴학에 대한 지원을 했다. 당시 여학생은 일제 식민지하에서 교육을 받고 사회적으로 새로운 존재로 진입하는 '신여성'의 전형이었다. 특히 3·1운동에서 여학생들의 적극적인 활동은 여성교육에 대한 폭발적인 관심과 여학생의 증가를 가져왔다.

여학생 만세시위사건으로 불구속상태에서 재판소에 불려온 여학생들
『중외일보』 1930. 2. 11.

근우회의 여학교에 대한 관심과 지원은 이러한 여성교육의 양적·질적 확장에 대한 사회적 개입을 의미했다. 1929년 7월 제2회 전국대회에서 '교육의 성적차별 철폐 및 여자의 보통교육 확장'이 행동강령으로 추가된 것도 그와 같은 정세를 반영하여 근우회의 활동 방향을 표명한 것이었다. 이러한 행동강령에 따라 제2회 전국대회 이후 근우회는 전주여고보사건에 직접 간여했다. 1929년 8월 전주여고보 학생이 퇴학처분을 당하자 근우회 전주지회는 처분 해제 권고문을 발송했는데, 이러한 활동으로 인해 중앙집행위원인 허정숙과 정칠성은 종로경찰서에 검거되었다.

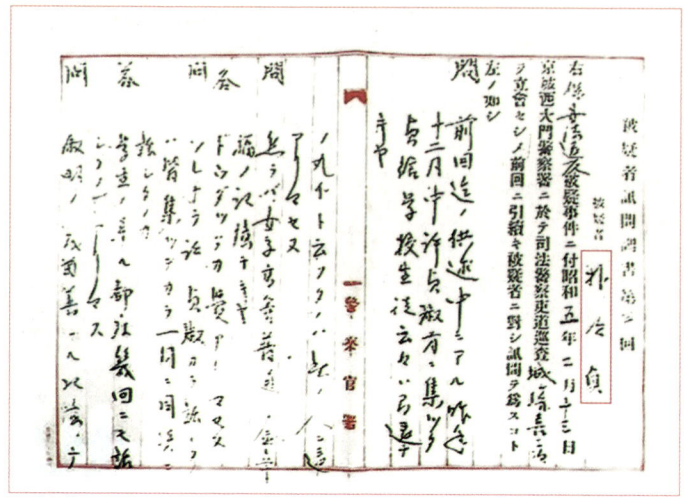

박차정 심문조서

 1929년 11월 광주학생운동이 일어나자 그 연장선상에서 전국적인 학생들의 시위가 일어났다. 이에 근우회 중앙집행위원회는 여학생들의 시위를 배후에서 지도했다. 1929년 12월 2일부터 12월 3일까지 서울의 학교에 격문이 뿌려지고 학생들은 만세시위에 들어갔다. 박차정은 이 사건의 배후 조종세력으로 지목되어 근우회 중앙집행위원 허정숙과 신간회 중앙집행위원이었던 큰오빠 박문희와 함께 경찰에 체포되었다가 풀려났다.

 그러나 학생들의 2차 시위는 해를 넘겨 1930년 1월 15일 여학교를 중심으로 일어났다. 이화, 숙명, 배화, 동덕, 근화, 실천, 정신, 태화, 여자미술학교, 경성여자상업학교, 경성보육학교 등 11개 여 박차정의 병보석 출소 보도 기사. 『중외일보』 1930. 2. 18.

박차정 잠적 보도 기사. 『매일신보』 1930. 2. 25.

학교의 여학생들이 일제히 '광주학생석방만세' '피압박민족만세' '약소민족만세' 등의 구호를 외치고 격문을 뿌리며 시위를 했다. 시위가 일어나자 일제 경찰은 근우회를 배후조종 세력으로 지목하여 중앙집행위원 정종명, 박호진, 정칠성, 한신광, 허정숙, 백덕수, 박차정, 류덕화 등을 검거했고, 그 가운데 허정숙과 박차정은 보안법 위반으로 구속되었다. 박차정은 서대문경찰서에서 취조를 받고 1월 말에 일시 석방되었다가, 2월 8일 고향 동래에서 구인되어 2월 9일 다시 서대문경찰서 유치장에 갇혔다. 박차정은 2월 9일, 2월 12일, 2월 13일 세 차례에 걸친 심문을 받았는데, 유치장 생활과 취조 과정에서 건강이 악화되어 병보석 신청을 하여 2월 15일 석방되었다.

평소 건강이 좋지 못했던 박차정은 경찰의 극심한 심문으로 신장염이 심해졌다. 그러자 큰오빠 박문희는 신간회 선배 동지인 김항규金恒圭에게 부탁해서 박차정의 병보석을 신청했다. 2월 15일에 서대문경찰서 유치장에서 나왔지만, 박차정은 큰오빠 박문희가 거처하고 있던 통의동 120번지 덕흥여관에 한정하여 기거해야 했다. 주거 제한이 병보석의 조건이었기 때문이다. 서대문경찰서 고등계는 박차정에게 혐의가 없는 것이 아니기 때문에 이 사건을 검사국으로 넘겨서 2월 20일에 근우회 간부 8명의 사건과 함께 공판할 계획이었다. 그러나 병보석으로 나온 지 1주일 만에 박차정은 잠적했다. 당시 신문 보도에 따르면 신병으로 석방되어 오라버니의 집에서 요양 중이었던 박차정이 잠적하여 서대문경찰서에서 시내 각 경찰서에 통기하여 탐색 중이라고 했다. 박차정이 공판 전에 잠적하자 결국 2월 28일 경성지방법원 검사국에서는 궐석 상태에서 박차정을 불기소 처리했다.

중국으로 망명하여 의열단원이 되고, 조선혁명간부학교 교관이 되다

중국으로의 망명하여 의열단원이 되다

병보석으로 출소한 며칠 뒤 박차정은 작은오빠 박문호가 보낸 사람으로부터 오빠의 서신을 받았다. 그리고 대구 출신 의열단원 정준석鄭俊碩이 찾아왔다. 1933년 서대문경찰서에서 작성한 〈조선공산당재선동맹사건발각에 관한 건(京西高秘 제8613호)〉에 보면 정준석은 1930년 박차정과 함께 북경으로 갔다가 귀국하여 활동하다 1933년 10월 대구에서 체포되었다. 그는 서대문경찰서 심문 과정에서 "박차정과는 연인관계였으나, 그녀가 1931년 3월 단장 김원봉과 혼인하게 되자 실의하여 귀국했다"라고 진술하여 석방되었다(조선총독부경무국, 소화 9년 12월 작성, 군관학교사건의 진상, 「2. 군관학교관계 피검거자 일람표」, 80쪽). 정준석과 박차정이 연인관계였다는 것은 취조 과정에서 구속을 면하기 위해 꾸며낸 이야기일 가능성이 높다. 박차정은 1930년 2월 22일 저녁에 혼자서 덕홍여관을 빠져나온 뒤, 정준석과 함께 서울역에서 야간열차를 타고 인천으로 가서 바로 중국행 정기선에 올랐다. 큰오빠 박문희는 다음 날 아침에 여동생이 가출해서 귀가하지 않았다고 서대문경찰서에 자진 신고를 했다. 박문희는 병보석으로 출소한 동생의 보호자로서 의도적으로 동생이 서울을 빠져나가 중국으로 갈 때까지 시간을 벌고, 일제 경찰의 문책을 피하려고 먼저 가출 신고를 한 것이었다. 2월 28일 재판을 앞두고 없어진 피의자 박차정의 소재를 확인하고 데려오는 데에 경찰들은 다급해졌다. 서대문경찰서의 급보를 받은 경기도경찰부에서는 즉각 전국에 긴급전화 수배령을 내렸다. 이어서 2월 24일에는 경기도경찰부장, 경성지방법원 검사정檢事正, 서울 시내 각 경찰서장과 동래경찰서장 앞으로 "치안유지법 위반 피의자 박차정을 수배하라"는 긴급 기밀문서를 발송했다. 그리고 박차정의 작은오빠 박문호가 상하이 북망지로北望志路에 거주하고 있고, 박차정도 중국으로 갈 의사를 가지고 있었으며, 키는 4척 9촌, 얼굴은 둥글고 검은 옷을 입었고, 검은 가죽구두를 신었다는 인상착의를 알렸다. 2월 26일에는 경기도지사 명의로 조선총독부 경무국장, 경시총감, 경성지방법원 검사정, 각 도 지사, 상하이 파견원, 동경추장원 및 관하 각 경찰서장에게 기밀문서 1199호를 보내 박차정의 국외 탈출을 극력 저지할 것을 거듭 요청했다. 그러나 결국 일제 관헌은 박차정을 검거하지 못했다. 2월 28일 서대문경찰서 도경부보道警部補 黑沼力彌가 경성지방법원 검사국 검사정 笠井健太郞에게 보고한 〈보안법위반 피의자 박차정 소재 불명의 건〉에서는 박문호가 밀사를 보내 탈출자금을 전하면서 중국으로 망명할 것을 권유했음이 명백하다고 보고하고 있다. 박차정의 국내 탈출작전은 두 오빠의 기획과 도움으로 성사되었다고 할 수 있다. 그렇게 박차정은 20살이 되던 해 2월 22일 인천항을 떠났다. 살아생전 다시는 돌아오지 못할 길을 떠난 것이다.

서울을 떠난 박차정은 베이징으로 갔다. 그곳에는 작은오빠 박문호가 있었다. 박문호는 1928년 상하이로 망명하여 외당숙 김두봉의 소개로 베이징에서 김원봉을 만나 의열단에 가입하고, 1930년 2월 즈음에는 베이징 화북대학華北大學 사회학부에서 수학하며 의열단의 조선공산당재건동맹 북평지부 선전부 책임자이자 중앙위원으로 활동하고 있었다. 베이징에 도착한 박차정은 의열단에 합류했다.

의열단은 1919년 11월 10일 만주 지린吉林에서 조직되었다. 1919년 2월 27일 지린에서는 여준呂準·조소앙趙素昻·박찬익朴贊翊·김좌진金佐鎭·정원택鄭元澤·황상규黃尙奎 등이 대한독립의군부大韓獨立義軍府를 조직했다. 그 후 상하이에서 대한민국임시정부가 수립되자, 대한독립의군부는 조선독립군정사朝鮮獨立軍政司(일명 길림군정사)로 개칭하고 조직을 확대·개편했다. 그러나 군정사가 조직적 무장투쟁을 전개하기에는 무기와 군자금 등이 부족함을 깨닫고, 소수의 인원으로 효과를 극대화할 수 있는 방안을 모색한 결과 의열 투쟁을 전담할 조직을 결성하기로 했다. 이에 황상규는 1919년 3월 초순, 난징 금릉대학에 유학 중이던 처조카 김원봉을 불러 지린성 유하현의 신흥무관학교에 입학시켰다. 김원봉은 이곳에서 폭탄제조기술을 배우는 한편 동지를 규합했다. 11월 10일 김원봉을 비롯하여 강세우·곽재기·김상윤·배동선裵東宣·서상락·신철휴·윤세주·이성우·이종암·한봉근·한봉인 등 13명의 20대 초중반의 청년들은 지린성 파호문把虎門 밖 중국인 농부 반潘씨 집에 모여 조선의열단을 창단했다. 이들은 창단하면서 공약 10조를 정했는데, 제1조가 "천하의 정의로운 일을 맹렬히 실행한다"였다. 단의 이름을 의열단으로 한 것은 '정의로운 일을 맹렬히 실행한다'는 의미에서 따온 것이었다. 공약 제2는 "조선의 독립과 세계의 평등을 위하여 신명神命을 희생한다"로 정하였다. 단의 대표인 의백에는 김원봉이 선출되었다.

의열단은 창단 직후 처단 대상으로 ① 조선총독 이하 고관, ② 군부 수뇌, ③ 대만총독, ④ 매국적賣國賊, ⑤ 친일파 거두巨頭, ⑥ 적탐敵探, ⑦ 반민족적 토호열신土豪劣紳 등 이른바 '칠가살七可殺'을 선정하였다. 그리고 파괴대상으로는 ① 조선총독부, ② 북로군정서주식회사, ③ 매일신보사每日新報社, ④ 각 경찰서, ⑤ 기타 왜적倭敵의 주요기관 등을 선정하였다. 이처럼 암살과 파괴 대상은 의열단이 처음 범주화했는데, 식민지 지배의 핵심기관인 정치·경제·언론·폭압기구를 파괴하여 식민통치를 무력화하려는 목적이었다. 의열단은 창립 당시 명문화된 강령은 없었지만, "구축왜노驅逐倭奴, 광복조국, 타파계급, 평균지권平均地權"을 최고 이상으로 설정했다. 이는 항일운동으로 독립국가를 수립한 후 특권계급을 타파하고 토지소유권을 균분하는 등 사회·경제제도 개혁을 통한 평등사회를 실현하고자 하는 의지를 담은 것이었다. 이러한 의열단의 목표는 1923년 1월 신채호가 작성한 「조선혁명선언」에서 구체적으로 제시되었다. 이 선언을 계기로 의열단은 테러적 방법과 민중직접혁명을 결합시켜 나갔다.

의열단은 창단 직후부터 1926년까지 11건의 거사를 계획하고 실행했다. 특히 창단 직후 의열단은 '제1차 암살파괴계획(일명 밀양폭탄사건)'을 대대적으로 준비했다. 이 계획은 조선총독부, 경제수탈기관인 조선식산은행, 언론선전기관인 매일신보사 등 일제 식민통치의 중추기관을 총공격하고, 총독 이하 각 기관 수뇌들을 처단하려는 것이었다. 이 거사를 위해 1919년 12월부터 중국의 상하이와 안동현, 국내의 서울·부산·밀양을 거점으로 무기와 폭탄을 반입하는 등 치밀한 준비를 했으나, 거사 한 달 전에 단원들이 체포되어 끝내 계획을 이루지 못했다. 그러나 이 사건은 3·1운동을 진압하며 식민통치에 긴장하고 있던 일제 당국에게 조선인의 독립투쟁 의지와 결의를 보여주기에 충분했다.

제1차 암살파괴계획을 실패한 후 체포되지 않은 단원들은 실패를 교훈 삼아 더욱 치밀하고 용의주도한 계획을 세워 2차 거사를 추진했다. 1920년 9월 박재혁朴載赫이 부산경찰서 투탄 의거를 감행하였다. 이는 의열단이 최초로 성공한 거사로 부산경찰서장이 처단되었다. 석 달 후인 12월, 3차 거사인 최수봉崔壽鳳의 밀양경찰서 폭탄 투척 의거를 실행했다. 두 차례의 거사를 통해 영남 일대의 민심을 격동시키며 이때부터 의열단의 활동은 본격적인 궤도에 올

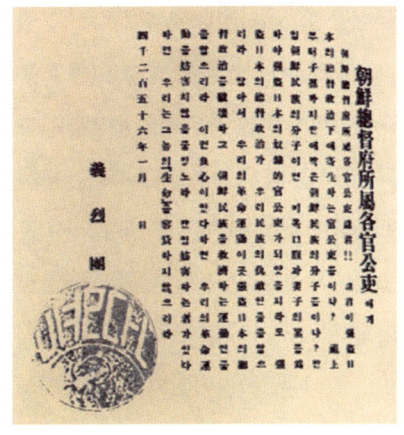

의열단 경고문

랐다. 1921년 9월에 행해진 4차 거사는 김익상金益相이 조선총독부 투탄 의거로 성공을 거두었다. 5차 의거는 1922년 3월 상하이 황포탄黃浦灘에서 전개되었다. 일본 육군대장 다나카 기이치田中義一가 상하이로 온다는 소식을 들은 의열단은 그를 저격하기로 계획했다. 다나카는 1920년 10월 간도 한인들을 무참히 살해한, 이른바 경신참변庚申慘變을 총지휘한 자였다. 1922년 3월 28일 의열단원 김익상·오성륜(이정룡)·이종암(양건호) 등은 미리 각 요로에 배치하여 대기하고 있었으나 실패하고 이들은 모두 체포되었다. 6차 의거는 1922년 12월 국내로 들어온 김상옥金相玉이 중심이 된 의거로, 총독 사이토 마코토齋藤實와 주요 관공서를 폭파하는 것이었다. 그러나 1923년 1월 12일 김상옥은 종로경찰서 구내에 폭탄을 투척한 이후 은신처 삼판동(후암동)에서 종로경찰서 수사주

임 등에게 발각되어 남산과 금호동 등 서울 시내에서 추격전을 벌이다가 자결했다. 7차 의거는 일명 제2차 암살파괴의거, 일명 황옥黃鈺사건이다. 1923년 초 상하이조계에 비밀 폭탄제조공장을 두고 각국의 폭탄기술자를 초빙하여 고성능의 폭탄을 제조했다. 이 폭탄 반입계획의 실행은 김시현金始顯이 담당했는데, 톈진에 가서 홍종우洪鍾祐 등을 지휘하여 수송하기로 되어 있었으며, 김시현은 당시 경기도경찰부 한인 경부 황옥과도 동지적 결합을 맺었다. 그러나 의열단원인 김재진의 밀고로 김시현 등은 체포되고 많은 의열단원이 형을 받게 되었다.

 7차 의거 실패 이후 의열단은 중국뿐 아니라 러시아·일본·국내에 지역거점을 확보하면서 활동반경을 넓혀갔다. 1923년 하반기에 8차 의거인 제3차 암살파괴계획을 세웠다. 이 계획은 중국·조선·일본 등 세 곳에서 동시에 거사를 일으키고, 천황을 포함한 일제 수뇌부 암살과 민중폭동까지 계획한 것이었다. 그러나 1923년 9월 관동대지진으로 8차 거사는 실행되지 못했다. 9차 의거는 1924년 1월 실행부 단원 김지섭金祉燮이 일본 황궁 입구 이중교二重橋에서 3발의 폭탄을 던지는 거사로 실행되었다. 1925년 7월 이종암이 귀국하여 경상도 일대에서 군자금 모집 활동을 전개하다 11월 초에 10여 명의 동지와 함께 경북경찰부에 체포된 경북의열단사건(10차 의거), 1926년 12월 28일 나석주羅錫疇가 조선식산은행과 동양척식주식회사에 폭탄을 던지고 일본 경찰 등 7명을 사살한 뒤 자결하는 거사를 감행한 11차 의거를 끝으로 의열단의 투쟁은 막을 내렸다.

계속되는 거사로 기존 단원들이 체포되고 점차 사회주의자와 무정부주의자까지 단원으로 가입하면서 의열단의 활동노선은 의열투쟁의 한계를 극복하고자 민중의 혁명역량에 기반한 조직적인 무장투쟁노선으로 활동 방향을 선회했다. 이러한 활동 방향의 선회로 의열단은 1924년부터 중국 국민당과 연대를 모색했다. 1925년에 단장 김원봉은 대중적 무장투쟁 실천을 위해 대다수 단원들을 이끌고 중국 국민혁명의 진원지인 광둥廣東으로 가서 중국 국민정부 산하의 황포군관학교黃埔軍官學校에 입교했다. 이후 의열단은 1927년 「독립당촉성운동선언」을 통해 민족통일전선운동의 일환인 민족유일당운동에 참여했다. 또 김원봉은 1928년 상하이에서 안광천과 만나 조선공산당재건운동을 폈으며, 1929년 10월 조선공산당재건동맹을 세웠다. 박차정의 작은오빠 박문호는 조선공산당재건동맹의 중앙위원으로 활동했다. 조선총독부경무국에서 1933년 발행한 『最近に於ける朝鮮治安狀況』에는 박차정도 7인의 중앙위원의 명단에 포함되어 있으나, 1929년 10월은 박차정이 국내에서 근우회 중앙집행위원으로서 활동하고 있던 시기라서 일제 관헌의 기록과는 다르다고 본다. 박차정은 1930년 3월 이후에야 베이징에 있었다고 볼 수 있기 때문이다. 물론 오빠인 박문호와의 연결이나 의열단의 부산경찰서 폭파사건 등으로 의열단과의 교감은 이미 있었다고 볼 수 있지만, 박차정이 베이징에 온 이후 조선공산당재건동맹에서 박문호, 김원봉, 박건웅, 이영준, 이현경

등과 함께 위원으로 활동했다고 보는 것이 타당하다. 박차정은 베이징에서도 투쟁의 길을 걸어갔다.

김원봉과 결혼하고, 조선혁명간부학교 교관이 되다

박차정이 베이징에 도착하여 의열단에 합류한 때는 조선공산당 재건동맹이 레닌주의정치학교를 개교할 무렵이었다. 레닌주의정치학교는 1930년 4월부터 1931년 2월까지 두 차례에 걸쳐 21명의 졸업생을 배출했다. 이들은 국내로 파견되어 노동자, 농민, 학생 층을 상대로 조선공산당 재건을 위한 비밀결사 조직과 대중운동을 선도하고자 했다. 서울의 공산청년동맹준비위원회와 강릉농민조합운동 등과 관련하여 1934년에 대부분 체포되었다.

레닌주의정치학교를 운영할 때 박차정은 김원봉과 결혼을 하였다. 1931년 3월이었다. 김원봉은 1931년 9월부터 레닌주의정치학교 3기생을 양성할 계획이었으나, 자금 부족과 만주사변이 발발함으로써, 사실상 불가능해졌다. 이때 김원봉은 난징으로 옮겨 활동했다. 1931년 일제의 만주사변으로 중국인들의 항일의식은 고양되었다. 이어서 1932년 4월 29일 윤봉길 의사의 상하이 홍커우공원의 의거로 중국 국민당 정부의 조선 독립운동에 대한 관심도 고양되었다. 이러한 분위기는 중국 내 독립운동단체에도 활기

밀양 의열기념관 거리의 박차정, 김원봉 부부 벽화

를 주었는데, 이러한 정세를 배경으로 항일투쟁의 노선을 재정비하고 가장 먼저 실행에 옮긴 것은 레닌주의정치학교를 운영한 경험을 가진 의열단이었다.

1932년 5월 김원봉은 중국 국민당 정부에 「중한합작에 관한 건의서」를 제출하여 일제 침략에 대한 공동투쟁을 제의했다. 그리고 황포군관학교 동기와 삼민주의역행사三民主義力行社 = 남의사藍衣社

박차정, 김원봉 부부

의 후원으로 매달 3,000원의 자금을 받아 조선혁명간부학교를 운영하게 되었다. 조선혁명간부학교는 겉으로는 국민당정부 군사위원회 간부훈련반 제6대라는 이름으로 운영되었다. 이 학교의 설립 목적은 첫째가 조선의 완전 독립이었고, 둘째가 만주국의 탈환이었다. 조선혁명간부학교는 학생모집에 착수했는데, 이 일에는 박차정의 큰오빠 박문희도 적극 동참했다. 1932년 8월 박문희는 중국 상하이에서 김두봉을 만난 뒤, 난징으로 가서 동생 박차정 부부를 만났다. 김원봉이 박문희에게 조선혁명간부학교 지원자 선발을 부탁하자 9월 4일 귀국하여 서울, 부산 등지에서 입교생을 모집했다. 입교생의 집결지 및 연락장소는 상하이 프랑스조계 여반로呂班路 소재 민신의원 한위공韓一來이였다. 박문희는 입교생을 모집하여 10월에 이무용李懋庸, 문길환文吉煥 등 5명을 상하이 민신의원으로 보냈다. 박문희는 자신도 10월 말경 난징으로 가서 조선혁명간부학교에서 합류했다. 박문희는 2기 입교생 모집을 위해 다시 국내에 들어가 활동하다가 1934년 1월에 검거되어 3월 16일 치안유지법으로 기소, 2년형을 언도받고 복역했다. 박문희가 모집한 5명은 1932년 10월 20일부터 1933년 4월 20일까지 6개월간 난징 탕산의 선사묘善祠廟에서 교육받은 1기생 26명에 포함되었다. 이어서 1933년 9월 16일부터 1934년 4월 20일까지 2기생 55명은 남경 교외 강소성 강령진江寧鎭에서 교육을 받았다. 3기생은 1935년 4월부터 9월 30일까지 44명이 상방진上方鎭 천룡사天龍寺에서 교육을 받았다. 교육받는 장소는 일제 정보기관의 감시를 피해 매번 바꾸었다. 의열단은 1932년 10월부터 3년여 동안 조선혁명간부학교를 운영하면서 125명의 청년 간부를 양성했다.

박차정은 조선혁명간부학교에서 임철애, 임철산 등의 가명을 쓰면서 여자부 교관으로 활동한 것으로 기록되어 있다. '임철애'는 박차정이 동래일신여학교를 다닐 때 교지에 실었던 자전적 단편소설 「철야」의 주인공 이름이다. 이후에도 박차정은 이 이름을 가명으로 사용한다. 조선총독부경무국에서 기록한 「軍官學校事件ノ眞相」에는 조선혁명간부학교의 정치와 군사 과목담당자 이름이 적혀있는데, 박차정 이름은 보이지 않는다. 정치, 군사 과목이 아닌 혁명 정신이나 단체생활수칙 등 정신교육이나 공작과 관련한 일에 종사했을 것으로 본다. 국내에서 여학교 교육을 받고 동래지역에서 사회운동을 했고, 근우회 중앙집행위원이자 상무위원으로 활동했다는 점, 일제 경찰의 취조를 당하고 마침내 중국으로 탈출

했다는 점 등의 이력으로 볼 때 박차정은 조선혁명간부학교의 교관으로서 자격과 소임은 충분했을 것이다. 당시 조선혁명간부학교에서는 교가, 전기가戰旗歌, 3·1가, 애도가, 군가 등을 불렀는데, 이 노래들의 작사작곡가에 대해서는 현재 정확히 알려지지 않는다. 가족들의 증언에는 교가를 박차정이 작사했다고 하는데, 박차정의 문학적 소질과 적극적인 성격 등으로 보아 그 증언이 사실일 가능성은 크다. 조선혁명간부학교에서는 학교수업의 일환으로 연극공연도 진행되었고, 졸업식에서 졸업생들이 연극을 공연하기도 했다. 1933년 4월 20일 1기 졸업식 날 저녁에는 3편의 소인극 공연이 펼쳐졌다. 그 첫 번째 공연은 이육사 작 조선혁명극 〈지하실〉이었다. 작품은 "경성의 어느 공장의 지하실 어두운 방에서 노동자들이 일을 하고 있는데, 라디오방송으로 '모월 모일 우리 조선혁명이 성공하다'라는 보도가 있고, 계속하여 지금 용산의 모 공장을 점령하였다던가, 평양의 모 공장을 점령하였다든가, 부산의 모 공장을 점령하였다든가 하는 방송을 한다. 마침내 공산제도가 실현되어 토지는 국유로 되어 농민에게 공평하게 분배되고 직장, 일터, 주거 등이 노동자들에게 각각 지정되어 완전한 노동자 농민이 지배하는 사회가 실현되었으므로 농민 노동자는 크게 기뻐하며 '조선혁명 성공 만세'를 고창하며 폐막하였다"라는 내용이다. 조선혁명간부학교에서는 정치와 군사 과목만이 아니라 문화 교양과 토론회 등으로 혁명의식을 강화하는 교육과 활동이 병행되었음을 확인할 수 있다.

1935년경 의열단 지도자 양기탁, 김규식 등과 함께 박차정 부부가 거처했던 남진 호가화원

    조선혁명간부학교의 교육내용은 정치과와 군사과가 중심이었다. 1935년 6월 24일자 동아일보에는 「파괴에 전력하는 군관교 내용」에서 조선혁명간부학교의 교수학과는 학과(정치과)와 술과(군사과)를 교수한다는 내용이 실려있다. 학과(정치과)에는 훈화, 제국주의, 세계정세, 불란서혁명, 조선역사, 중국혁명사, 세계혁명사, 조선경제사, 사회학, 철학, 경제학, 정치학, 국제정세, 당조직록, 비밀공작법, 삼민주의, 의열단사를 실습과목, 군사과복, 정치과목을 교수한다고 하였다. 술과(군사과)에는 전술과, 보병조전步兵操典,교통교범, 진중요무령陣中要務令, 간이측량학, 축성교범, 기관총학, 지형학, 폭파교범, 사격교범, 육군예식, 폭탄제조법 등을 교수한다고 적고 있다. 정치교육과 군사교육이 치밀하게 교수

되었다. 교육의 최종목표가 조선의 절대 독립과 더불어 만주국의 탈환이었기 때문에 조선과 만주의 노동 농민층에 대한 혁명적 준비 공작을 중요하게 가르쳤다. 졸업생들은 2, 3인이 한 조가 되어 국내외의 공작지로 떠났는데, 제1기생에게는 조선과 만주에 의열단 지부를 만들도록 하고, 제2기생에게는 노동자 농민 학생 등 민중에 기초하여 유격대를 조직하라는 임무를 주었다. 국내 파견자 1기생은 1, 2년 후 전원 체포되었다. 그러나 이것은 2, 3기 입교생을 확보할 수 있는 바탕이 되었고, 한국독립운동사에서 무장항일투쟁을 한발 앞서서 전개할 수 있는 원동력이 되었다.

남경조선부녀회를 조직하고, 조선의용대 부녀복무단장으로 활약하다

중국 관내 한국독립운동의 통합과 민족혁명당의 창당

1930년대 세계 경제 대공황과 파시즘체제의 등장 속에서 일제는 만주사변 이후 중국으로의 침략전쟁을 확대했다. 이러한 정세의 변화는 독립운동세력의 결집과 한국 독립운동 방략의 새로운 모색을 촉구하는 상황이 되었다. 이에 중국 관내 한인들의 전선 통일운동이 추진되었다. 1932년 10월 상하이 민국로民國路 소동문小東門 소재 동방여사東方旅舍에서 발기인 9명은 회합을 가져 각단체연합주비위원회各團體聯合籌備委員會를 결성한 뒤, 김규식金奎植·김두봉·박건웅朴健雄·신익희·최동오崔東旿 5명을 위원으로 선정했다. 위원들은 10월 23일 같은 곳에 모여서 ① 각 단체 연합회의 명칭을 '한국대일전선통일동맹韓國對日戰線統一同盟'으로 할 것 ② 동맹의 성격은 오직 협의기관으로만 할 것 ③ 대표는 9명으로 하되 자격은 해당 단체의 전권신임장을 가지고 오는 자로 할 것 등을 의결했다. 발기인은 이유필李裕弼·송병조宋秉祚·김두봉 등의 조선독립당朝鮮獨立黨, 최동오의 조선혁명당朝鮮革命黨, 윤기섭, 신익희 등의 한국혁명당韓國革命黨, 한일래韓一來·박건웅 등의 조선의 열단, 김규식의 한국광복동지회韓國光復同志會 등 5당이 참가하여 처음 가맹단체의 협의기관으로 출발했다. 10월 25일 '한국대일전선통일동맹(이하 통일동맹)'의 명칭을 정식 채택하고, 11월 5일 최동오·신익희·김두봉·김규식·박건웅을 상무위원으로 호선하고, 비서부·조직부·선전부·군사위원회·경제위원회·외교위원회를 구성했다. 그리고 11월 10일 한국대일전선통일동맹의 결성을 공식 선포했다. 항일전선의 통일을 위하여 참여 범위도 중국 관내에 국한하지 않고 국내·미주·하와이·노령지역의 독립운동세력까지 지도 동맹의 대상으로 했다.

그러나 통일동맹은 통일을 위한 조직이자 통일전선 촉성을 위한 매개조직이었고, 연합체 조직을 표방한 일종의 연락기관이었다. 실제적인 통일전선은 여전히 미완의 과제였다. 통일동맹은 중국과의 관계를 중요시하며 연대 활동을 강화했지만, 연락·정보 기관의 역할만을 수행하는 한계에 당면했다. 이에 더욱 견고한 통일전선을 이루기 위해 단일정당을 결성할 것을 시도했다. 통일전선 결성 운동이 급물살을 타고 본격화한 것은 1934년 3월 1일, 난징 문창항文昌巷의 음식점 육화춘六華春에서 통일동맹 제2차 대표대회가 개최되면서였다. 이 대회에는 5개 단체 대표 12인이 출석했는데, 의열단 대표는 김빈金斌과 윤세주 외 익명의 1인이었다. 참석한 대표들은 난상토론 끝에 단일대당 형태의 명실상부한 대동단결체를 새로 조성할 것을 합의했다. 그리고 이 목표에 반드시 도달하도록 일을 추진하기 위해 10인 중앙집행위원회와 별도의 기구로 6인 상무위원회를 두기로 결의했다. 6인의 상무위원은 의열단의 윤세주, 한국독립당의 송병조와 김두봉, 대한독립당의 김규식, 조선혁명당의 최동오, 신한독립당의 윤기섭尹琦燮이었다. 그러나 대동단결체 조성 문제에 임하는 각 당이나 단의 입장은 미묘한 차이를 드러내 보이거나 상충하기도 했다. 한국독립당의 백범 김구 계열 인사들과 조소앙, 신한독립당의 재만 한국독립당 출신 인사들은 통일전선의 시기상조를 내세우기도 했다. 1935년 3월 1일 난징에서 동맹대표대회 및 각 단체 대표대회가 열렸다. 이 자리에서 각 단체 대표 12명은 "본 동맹의 목표인 조선혁명 역량을 총집중하고, 참으로 대일전선의 통일·확대강화를 꾀하기 위해서는 현재와 같은 각 단체의 제휴만으로는 도저히 소기의 목적을 달성할 수 없다"는 데 의견을 같이했다. 이에 가맹단체들은 각 혁명단체를 전부 해소하고 '혁명동지' 즉 단원을 통일동맹에 합류시켜 '단일대동맹'을 조직할 것을 논의한 뒤 이러한 뜻을 각 단체에 통고, 단일대동맹의 결성을 촉구하기로 했다.

1935년 6월 20일, 난징 금릉대학 강당에서 '단일대동맹'의 결성을 논의하기 위해 한국대일전선통일동맹 제3차대회가 열려 의열단·신한독립당·한국독립당·조선혁명당·대한독립당·뉴욕 한인교민단·미주 국민회·하와이 국민회·하와이 혁명동지회 등 각 단체의 대표들은 신당을 창당하기로 결의하고 혁명단체 대표대회 예비회의를 열었다. 6월 25일에는 신당창립 대표위원회가 구성

민족혁명당 창립대회가 열린 금릉대학 대례당

되어 강령 제정과 조직체제 기획 작업에 들어갔다. 의열단의 윤세주, 이영준 등이 예비회의 대표로 참여했고, 윤세주, 김원봉은 8인의 대표위원회에 참여하며 신당 창당을 주도했다. 7월 5일에 금릉대학 대례당大禮堂에서 결당식을 가지고 '민족혁명당民族革命黨'이라는 이름으로 단일대당 – 통일신당을 창립하고 창립선언을 발표하였다. 해외 독립운동 진영의 숙원이던 민족유일당적 협동전선체의 결성이 마침내 현실화된 것이다. 이에 따라 한국대일전선통일동맹은 민족혁명당으로 발전적으로 해체했다. 민족혁명당은 창립선언에서 3·1운동이 중심조직이 이루어지지 못해 항일 혁명을 승리로 이끌지 못한 것이 주관적인 실패 요인이었음을 진단하고, 3·1운동 이후에도 복잡한 파벌과 주장의 불일치로 전선통일이 불발했음을 지적했다. 그래서 민족혁명당의 결성과정은 기존 단체의 해산과 개별가입 형태로 하고, 운동 방향의 일체성을 찾고자 했다. 그것은 민족독립전쟁의 최고 사령부이자 세계 피압박민족 연합전선의 교환수로서 정치적 중심조직을 결성하고, 다가오는 전쟁의 시대를 대비하는 조직을 결성하는 준비였다. 그래서 민족혁명당 창당에 가입하기로 한 단체들은 조직을 해산함과 동시에 사업, 재정, 소속당원 및 소유 비품을 민족혁명당에 인계하고 보고하기로 했다. 이러한 방침에 의해 의열단은 군관청년 100여 명, 당원 200여 명, 중국국민당 정부로부터 매월 받는 월수입 1,000원을 인계했다.

민족혁명당은 당의에서 "혁명적 수단을 통한 일제 침략세력의 박멸, 정치·경제·교육 평등에 기초한 민주공화국의 건설 등을 제시함으로써 삼균주의三均主義의 정치·경제 사회 균등을 기본으로 한 민주공화국民主共和國 건설"을 명백하게 했다. 그리고 구체적 실천방략으로 17개의 강령을 내놓았는데, 그 내용은 다음과 같다.

1. 원수 일본의 침략세력을 박멸하여 우리 민족의 자주독립을 완성한다.
2. 봉건세력 및 일체의 반혁명세력을 숙청하여 민주집권의 정권을 수립한다.
3. 소수인이 다수인을 박삭하는 경제제도를 소멸하여 국민생활상 평등제도를 확립한다.
4. 1군郡을 단위로 하는 자치제를 실시한다.
5. 민중 무장을 실시한다.

6. 국민은 일체의 선거권과 피선거권을 갖는다.

7. 국민은 언론·집회·출판·결사 신앙의 자유가 있다.

8. 여자는 남자의 권리와 일체 동등하다.

9. 토지는 국유로 하고 농민에게 분급한다.

10. 대규모의 생산기관 및 독점적 기업을 국영으로 한다.

11. 국민일체의 경제적 활동은 국가의 계획하에 통제한다.

12. 노동운동의 자유를 보장한다.

13. 누진율의 세칙을 실시한다.

14. 의무교육과 직업교육은 국가의 경비로써 실시한다.

15. 양로 육영 구제 등 공공기관을 설립한다.

16. 국적의 일체의 재산과 국내에 있는 적 일본의 공사유재산을 몰수한다.

17. 자유, 평등, 호조의 원칙에 기초하여 전 세계 피압박민족 해방운동과 연락, 협조한다.

3·1운동 이후 수립된 대한민국임시정부의「대한민국 임시헌장」의 내용과 지향을 그대로 계승하면서, 의열단의 20개조 강령, 1930년에 결성된 한국독립당의「당의」, 1927년 안창호의 대공주의, 조소앙의 삼균주의 등의 국가건설론과 유사한 사상 지형을 보여주고 있다. 좌우합작의 국가건설론이었다.

민족혁명당의 주요활동 방향은 '계급운동'이 아닌 '민족운동'을 전제로 한 토대 위에서 해외독립운동 전선과 국내 대중투쟁 세력과의 연대 투쟁으로 제시되었다. 이에 대해 민족혁명당의 지도력을 확보하고 있던 김원봉은 "한국혁명의 완성은 민족운동을 기본으로 삼고 해외보다도 국내 운동에 주력하지 않으면 안 된다. 국내조직을 진행하기 위해서는 먼저 국내의 청년층을 확보하여 이들을 핵심세력으로 하고, 다수 청년당원을 국내에 잠입시켜 농촌·공장·학교·어장 등지에 '1군 1인'씩 배치시켜야 한다"고 강조했다.

그러나 민족혁명당에는 김구의 한국국민당이 동참하지 않았고, 창당 직후 조소앙 계열이 탈당하여 만주로 돌아가 한국독립당을 재건함으로써 통일전선의 한계를 드러냈다. 민족혁명당은 창당 즉시 의열단의 조선혁명간부학교 제3기생을 인수하여 훈련시키는 한편, 정예 인원은 난징의 중국 중앙군관학교에 입교시키고, 1937년 중일전쟁이 발발하자 83명의 인원을 모집하여 군관학교 성자분교에 위탁하여 교육시키는 등 고급 전투 인력을 양성했다. 박차정은 이러한 상황에서 민족혁명당이 창당되자 부녀부 주임의 직함을 가지고 동 당의 활동에 참여했다고 하는데, 민족혁명당의 조직에서 부녀부는 찾을 수 없다. 민족혁명당 조직은 서기부, 조직부, 선전부, 군사부, 국민부, 훈련부, 조사부로 되어 있었다. 일제 관헌의 보고서 『사상휘보』 7, 47쪽의 민족혁명당의 주요 임원 명단에 박차정은 보이지 않는다. 그러나 『사회문제자료총서』 제1집, 19~24쪽에는 1936년 5월 중순 현재, 재상하이 일본영사관 경찰부 제2과의 조사보고서에 의하면 민족혁명당원의 동정을 간부와 당원으로 구분하여 보고하고 있는데, 박차정은 간부란에 기록되어 있다. 민족혁명당 창당의 주도적 역할을 한 김원봉이 서기부 부장으로 중앙집행위원회의 실질적인 지도자로 활동하는 상황에서 부인으로서 별도의 직함을 갖는 것이 조직의 부담이 될 수 있었을 것이다. 박차정은 김원봉의 활동노선을 지지하고 실행하는데 실질적인 역할을 했으리라 짐작할 수 있다. 또 당시 민족혁명당은 『우리들의 생활』, 『민족혁명』, 『반도』 등의 기관지를 발행하였는데, 이 일에도 박차정이 관여했을 가능성이 있다.

남경조선부녀회를 창립하다

1936년에 들어 민족혁명당의 활동은 점차 실천적 항일투쟁 단계로 전환해 갔다. 민족혁명당은 당 조직을 실행체제로 개편하여 서기부 산하에 당무공작부·군사공작부·특무공작부를 설치하고 군관학교 출신 청년당원을 재편성하는 한편, 김원봉이 당무·특무공작을 관장하고 이청천은 군사공작을 담당했다. 이와 함께 외곽조직으로 남경한족회南京韓族會와 남경조선부녀회南京朝鮮婦女會를 결성했다. 박차정은 1936년 7월 16일 이청천의 부인 이성실과 함께 남경조선부녀회를 창립하고 부녀자의 단결과 부녀해방을 위한 여성운동과 무장투쟁을 조직하는 활동을 하였다. 남경조선부녀회의 창립선언은 일제 강점기 독립운동의 변화와 함께해 온 여성해방운동의 목표와 활동 지향을 명백하게 보여주고 있다. 그 내용은 다음과 같다.

우리 조선의 여성은 오랫동안 전통적 속박으로 인권이 유린되어 왔고 다시 일본제국주의에 의해 생존권을 박탈당함으로써 전통적 속박에 의한 가정의 노예일 뿐만 아니라 일본제국주의의 약탈시장의 상품으로 임금노동의 노예로 전락하게 되었다. 이러한 현상 아래 선각적 여성들에 의한 활동이 있었지만, 일본 경찰의 탄압과 지도부의 불통일에 의해 운동이 활발히 전개되지 못했다. 또한 부녀 대중과 유리된 몇몇의 간부들의 운동이어서 전민족 혁명운동과 연결을 갖지 못하였기 때문에 우리 운동이 대단한 공을 거두지 못하였다.

반면에 우리 대중층의 부녀들은 모든 조건이 불합리함에도 불구하고 자신을 위해 용감히 투쟁해왔다. 즉 각지에서 일어난 부녀 노동자의 파업 운동, 전국적 여학생들의 파업시위, 제주도 폭동 등이 있다. 그러나 유감스럽게도 그것들은 자연성장적 운동에 지나지 않았기에 큰 효과를 얻지 못하였다.

고로 우리의 출발은 재래와 같은 지식층 부녀에 한하지 않고 전국적 부녀 대중에 강하게 뿌리를 두고 단결하지 않으면 안 된다. 또한 부녀의 특수 이익을 위한 부분 투쟁은 전국적 민족해방운동에 일치하여 보조를 맞추어 나아가야 한다.

우리 조선 부녀를 현재 봉건적 노예제도 하에 속박하고 있는 것도 일본 제국주의이고, 또 우리를 민족적으로 박해하고 있는 것도 일본 제국주의이다. 우리들이 일본 제국주의를 타도하지 않는다면, 우리 부녀는 봉건제도의 속박, 식민지적 박해로부터 해방되지 못한다. 또 일본 제국주의가 타도된다 하더라도 조선의 혁명이 정치, 경제, 사회 등 각 방면에서 진정한 자유, 평등의 혁명이 아니라면 우리 부녀는 철저한 해방을 얻지 못한다.

지금 해외에는 조선에서 축출된 우리 남녀 동포가 날로 격증하고, 각지의 도시에서 팔려 나온 청년 부녀의 수가 실로 놀랄만한 숫자이다. 또 혁명적 망명 군중에도 적지 않은 숫자를 점하고 있다. 이에 우리들은 일치하는 각오로 결심을 하여 해외의 조선 부녀의 총단결을 완성하여 나아가 전 민족적 통일전선을 편성하여 우리들의 임무를 충실히 수행하기 위하여 먼저 본 회를 창립한다.

남경조선부녀회의 창립선언은 조선 여성운동의 현 단계를 진단하는 것으로부터 시작하고 있다. ① 여성이 처한 억압은 전통시대 봉건적 억압과 일본 제국주의에 의한 계급적 억압 ② 초기 여성운동이 선각적 여성들의 주도했지만, 일제의 탄압, 통일된 지도부의 부재, 부녀 대중과 유리된 운동이었다고 파악하였다. 그러나 여성 노동자의 파업, 여학생들의 시위, 제주해녀 투쟁 등을 통해 여성 대중의 투쟁력이 활발해진 것을 토대로 여성운동은 재래와 같은 지식층 여성에 국한하지 않고 전국적 여성 대중에 강하게 뿌리를 두고 단결하지 않으면 안 된다고 운동의 방향과 방법을 제시하였다. 그리고 여성해방과 민족해방이 함께 가야 한다는 것, 정치, 경제, 사회 등 각 방면에서 진정한 자유, 평등의 혁명이 없이는 여성의 철저한 해방이 불가능하다는 점을 강조했다. 여

군복을 입은 박차정의 모습

성해방, 민족해방, 민주혁명을 연계하여 파악하고 있다. 이러한 여성운동의 성격과 지향을 실천적으로 실행하기 위해 여성의 총단결과 민족통일전선에 참여할 것을 운동방략으로 제시하였다. 여성해방에 대한 민족혁명당의 방침은 강령 8항 "여자는 남자의 권리와 일체 동등하다"에서 이미 제시한 바였다. 여성문제의 젠더적 관점은 독립운동이 사회적 약자에 대한 해방과 평등을 실현하는 근대지향의 역사성을 갖는다는 것을 반영하는 것이다. 남경조선부녀회의 창립선언은 근우회가 여성해방·민족해방·계급해방이라는 세 가지 과제의 동시 수행을 조선 여성운동의 과제로 파악한 것과 같은 전제 아래에서 여성운동의 당면과제와 활동방침을 설정하였다. 이는 항일독립운동이 일제의 전쟁 확대 속에서 전선이 확대되고 통일전선과 무장투쟁의 활동이 해외로 확장되었듯이, 여성운동도 국내에서 해외로 활동 공간이 확장되면서 이전의 운동 경험

을 계승하며 여성운동이 진전되는 것을 보여주었다는 점에서 의의가 있다. 박차정은 여학생 시절부터 여성의 계급적 젠더적 모순에 대한 사회의식을 키웠고, 또한 동래와 서울에서의 여성노동과 여학생 운동의 조직적 활동을 체험하고 지휘했던 경험이 있다. 그는 국내에서 1920년대 여성운동의 경험과 연륜 위에서 1930년대 해외의 민족통일전선과 무장투쟁으로서 여성운동의 진전된 실천을 전개하였다.

방송과 기고를 통해 조선민족전선연맹의 선전 활동을 하다

1937년 7월 7일 '루거우차오 사건盧溝橋事件'을 계기로 중일전쟁이 발발하면서 7월 10일 국민당 정부는 김구·김원봉·류자명을 루산盧山으로 모이게 하여 한중연합 전선의 강화를 강조했다. 7월 12일 김원봉은 민족혁명당 당원들에게 중일전쟁에의 적극 참여를 명령했다. 그리고 한인비행사 20여 명을 뤄양으로 집결시켰고 군관학교 출신 청년당원들을 중일전쟁의 전선에 파견했다. 중일전쟁으로 일제의 중국 대륙 침략이 본격화된 이후 중국 관내 한국독립운동 단체는 두 갈래로 통합, 정비되었다. 그 하나는 9월에 결성된 김구 중심의 한국광복운동단체연합회였고, 다른 하나는 김원봉의 민족혁명당을 중심으로 12월 초순에 창립한 조선민족전선연맹이다. 두 단체는 모두 난징에서 결성되었으나, 12월 31일 난징이 일본군에 함락되자 중국정부가 이동한 한커우로 옮겨갔다. 그러나 한국광복운동단체연합회는 임시정부와 함께 창사로 옮겨 가고, 조선민족전선연맹은 한커우에서 활동했다. 이곳에서 조선민족전선연맹은 기관지『조선민족전선』를 발행하며 활동을 시작했다.『조선민족전선』은 김규광, 류자명 등을 편집인으로 하여 1938년 4월 10일 창간한 반 월간지였다.

조선민족전선연맹은 창립선언문에서 "조선혁명은 민족혁명이고, 그 전선은 계급전선이나 인민전선이 아닐 뿐 아니라 프랑스나 스페인의 이른바 국민전선과도 엄격히 구별되는 …… 민족전선"임을 천명했다. 1930년대 후반기 민족협동전선운동을 이론이 아닌 실행 단계로 규정했다. 그리고 양립 국면에 처한 현실을 지적하여 "혁명운동의 확대에 수반되는 이러한 현상도 점차 감소할 것으로 확신한다. 다만 이 같은 과도기적 현상이 전 혁명에 미치는 영향이 적지 아니하므로 이 과도기를 단축시키기에 노력할" 것을 다짐한 뒤, 민족협동전선의 강화, 한중연합에 의한 항일역량의 집중, 국제적 반일세력과의 연대를 강조했다. 또 투쟁강령으로 일제 통치세력의 박멸, 협동전선의 형성, 전민족적 혁명역량의 총동원, 적극적인 군사활동의 전개, 한중연합전선의 결성, 전 세계 반일세력과의 국제적 연대형성, 부일세력의 숙청 등을 명시했다. 이와 관련하여 류자명은 조선민족전선연맹의 성격을 "주의와 사상을 달리하는 단체들이 자신의 입장과 조직을 견지하면서, 일정한 공동 정강 아래 연합형식으로 결성된" 협동전선의 전형적인 형태라고 의미를 부여했다. 또 그는 조선민족전선연맹의 위상을 전 민족적 민족협동전선의 결성을 지향하는 출발점으로 규정했다.

조선민족전선연맹의 최고기구는 이사회였고, 이사회는 각 가맹단체가 파견한 대표로 구성되었다. 집행기구로는 선전부·중국어부·국제연락부·조직부가 있었다. 1938년 1월에는 한국광복운동단체연합회와의 통합을 타진하는 한편, 무선방송을 통한 선전 활동에 주력하는 등 협동전선의 완성과 한중연합전선을 위해 바쁘게 움직였다. 그 밖에도 국민당 정부의 재정 지원을 확보하는 외에 본부를 한커우 일본조계 내에 설치하고 중국민 반만항일 단체와의 국제적 연대를 강화해나갔다.

박차정은 한커우에 머무르면서 임철애林哲愛라는 이름으로 허정숙許貞淑(일명 鄭文珠)과 함께 중국국민협회에 파견되어 방송을 통한 선전활동을 했다. 그리고 한커우에서 개최된 만국부녀대회에 한국 대표로 참가하고, 창사에 있던 임시정부에 조선민족전선연맹의 특사로 파견되어 대일본 라디오 방송을 하고, 오랜 옥고 끝에 세상을 떠난 안창호의 추도식에도 참석하였다. 그는 대일본 라디오 방송원고를 『조선민족전선』에 중국어로 번역하여 실었다. 현재 확인되는 바는 『조선민족전선』 창간호에 실린 「경고일본적혁명대중警告日本的革命大衆」과 『조선민족전선』 3, 5, 6호에 실린 「조선부녀여부녀운동朝鮮婦女與婦女運動」이라는 제목의 글이다.

「경고일본적혁명대중」에서는 일본제국주의는 중국과 조선, 일본 민중의 적이므로 함께 연대하여 공동의 적을 타도하고 진정한

경고일본적혁명대중,
『조선민족전선』 창간호

조선부녀여부녀운동,
『조선민족전선』 3호

동아시아 평화를 건설하자고 호소하였다. 그리고 나아가 중일전쟁에서 일본 제국주의를 반드시 멸망시킬 것이고, 아울러 동방의 피압박 대중들은 해방될 것이며 일본 혁명 대중들이 국내에서 혁명전쟁을 일으켜 파쇼 군벌을 타도하는 것이 자유와 해방을 얻는 길이라고 강조했다.

「조선부녀여부녀운동」에서는 앞의 조선남경부녀회의 창립선언문과 비슷한 논조로 쓰여있다. 조선 부녀의 생활은 일본 제국주의의 식민지 착취로부터 그 모순이 출발한다고 보고, 공장 여성노동자의 노동 현실, 조선여성의 교육 현실을 분석하면서 조선 여성의 법률적 구속, 정치적 압박, 사회적 불평등 등을 짚었다. 이러한 분석과 더불어 조선의 여성운동은 3·1운동 이전, 3·1운동기, 1927년 근우회 이후, 광주학생운동 이후로 시기를 나누어 그 변화 발전과정을 정리했다. 그리고 이제 중국에서 전면 항일전쟁이 시작되었으니, 여성들도 일치 단결하여 신성하고 위대한 민족해방전쟁에 참여하여 조국의 자유 회복, 동아시아의 화평, 인류의 정의를 위해 싸우자고 웅변했다. 여성 대중을 여성운동의 주체로 할 것과 여성해방운동은 민족해방운동과 결합되어야 한다는 식민지 여성운동의 성격과 특징을 강조했다.

조선의용대 부녀복무단장이 되고 전투에서 부상당하다

조선민족전선연맹은 1938년 10월 10일 항일 무력부대로 조선의용대를 우한에서 결성했다. 조선의용대는 한중연합전선 형식의 부대였다. 1938년 봄, 조선민족전선연맹은 중국 국민당 임시대표대회에 물질적·정신적 지원, 국제 반일 연합전선의 결성, 중·일 전선에의 참전을 요구했고, 국민당 정부는 조선의용대의 조직을 제안하여 7월 7일 국민당 정부 군사위원회에 조선의용대 조직을 정식 건의했다. 군사위원회에서는 모든 항일세력의 연합을 전제로 이에 동의했다. 김원봉은 한국광복운동단체연합회와 전시복무단에도 조선의용대에 합류할 것을 제안했다. 김구 계열은 이 제안을 거부했으나, 전시복무단은 수용했다. 그리하여 10월 1일 이래 김원봉·최창익·김성숙·류자명 등은 군사위원회 정치부원 5인과 함께 규약·강령을 마련하고, 경비·조직문제 등의 실무협의를 거쳐 10월 10일 우한에서 조선의용대 결성식을 거행했다. 조선의용대는 10월 13일 우한 중화청년기독교회에서 발표한 결성 선언문을 통해, "중국혁명이 완성되지 못함으로써 일제의 한국에 대한 압박·착취가 더욱 심하며, 한국민족이 해방되지 못함으로써 일제의 중국 대륙 침략이 더욱 포악해졌음이 사실이다. …… 조선의용대의 기치를 높이 달고 중국 형제들과 굳게 손잡고 …… 최후의 일각까지 분투하자"라고 하며 한중연합의 절박감을 강조했다. 조선의용대는 국민당정부 군사위원회 정치부 제2청 소속으로 편제되었고, 실제 활동은 제3청 관할 아래에서 이루어졌다.

조선의용대는 조선 민족의 입장에서 중국의 항전에 참가하여 일제 타도와 조국 해방의 임무를 완수하고자 창설되었다. 조선의용대의 임무는 ① 중국 내의 조선혁명 역량 및 조선 동포를 동원하여 중국 항전에 적극 참가 혹은 그를 지원함, ② 조선혁명의 지역적 특수 임무를 완성하고 조선혁명운동을 추동함으로써 조국을 해방시킴, ③ 일본의 군민을 쟁취하고 동양 약소민족의 반일본제국주의 군벌 투쟁을 발동시킴 등이었다. 조선의용대는 대본부와 제1, 2구대로 편성되었으며, 각 구대는 3개 분대로 조직되었다. 총대장은 김원봉, 제1구대장은 박효삼朴孝三, 제 2구대장은 이익성李益星이었는데, 제 1구대는 민족혁명당원을 중심으로 42명이었고, 제2구대는 전위동맹원을 중심으로 74명이었다. 결성 당시에는 이춘암·김성숙·최창익·류자명과 군사위원회 정치부원 2인으로 구성된 지도위원회가 설치되어 참모부 역할을 했다. 조선의용대는 창립 당시 100여 명 규모로 시작했으나, 300여 명으로 늘어나 3대로 편성되었고, 구대라는 명칭은 지대로 바꿨다. 1939년 말에는 3개 지대로 확대 개편되었으며, 1940년 2월 무렵 조직의 규모는 본부 요원 94명, 제 1지대 98명, 제 2지대 75명, 제 3지대 63명이었다.

조선의용대는 결성 직후인 1938년 11월 대본부를 광시성 구이린桂林으로 옮겼다. 구이린은 중일전쟁 발발 전에는 인구 7~8만에 불과한 소도시였다. 그러나 1938년 9월 완공된 샹구이湘桂 철도가 놓이면서 구이린은 중국의 여타 도시와 연결되었고, 1938년

조선의용대 창립 기념 사진

10월 광저우와 우한 철퇴 이후 많은 사람이 구이린으로 이동해 들어왔다. 조선의용대가 본부를 우한에서 구이린으로 옮긴 것도 이 즈음이었다. 구이린으로 온 조선의용대 본부는 동령가東靈街 1호(지금의 칠성공원)와 시가원施家園 53호에 자리하였다.

박차정은 조선의용대에서 주로 본부에서 활동한 것으로 보인다. 본부의 인원은 고정되어 있지 않았고, 충칭이나 최전방에 파견되었던 대원들이 들어오기도 하고 나가기도 해서 유동적이었다. 창립 당시에는 김원봉과 부대장 신악申岳 등 14명이 본부에서 일했고, 조직으로는 기요조, 정치조, 총무조 등이 있었다. 기요조에서는 문서 인사 조사 설계를, 정치조에서는 훈련 선전 자료수집과 보관을, 총무조에서는 서무 회계 등을 담당했다. 조선의용대 본부는 대내적으로 중국군과 일본군이 치열하게 싸우고 있던 최전방으로 진출하여 항일선전전에 참여하고 있던 제1구대와 제2구대에 대한 지휘와 감독을 책임지고 있었고, 대외적으로는 전체 조선의용대를 대표하여 외교와 일체의 교섭을 진행하는 책임을 맡고 있었다. 본부는 후방인 충칭과 제1~3구대(지대)가 활동했던 최전방 사이에 있는 전선사령부였다. 또한 기관지『조선의용대통신』『조선의용대』를 통해 선전사업을 했다.『조선의용대통신』는 열흘에 한 번,『조선의용대』는 한 달에 한 번 발행되었다. 또 미국과 유럽의 언론인들을 초청하여 조선인들의 항일의지를 선전했다. 1939년 1월 8일 조선의용대는 구이린을 방문한 프랑스의 저명한 기자 레이몬 부부와 미국의 기자 보딩을 호텔 낙군사樂群社의 서찬청西餐廳에 초대하여 활동상을 자세히 소개했다.

『조선의용대통신』에 의하면 1939년 하반기에 충칭에 있던 장수연, 장수운, 이화림李華林, 이정호, 김준 등 많은 인원이 구이린으로 왔고, 9월에는 포로 출신 31명이 도착하여 조선의용대에 가담했다. 31명의 조선인 포로 출신은 군인이 아니라 민간이었다. 그중에서 11명은 제주도 출신으로 부산에서 일본 상인에게 고용된 선원이었고, 12명은 철도가 지나는 도시에서 장사를 하다가 잡혀온 사람들이었다. 여성은 8명이었는데 절반은 상인의 가족이었고, 절반은 몸을 팔아 생계를 꾸리던 사람들이었다. 이들은 1939년 10월

조선의용대 부녀복무단원

조선의용대 창설 1주년 기념행사가 있고 나서 얼마 후에 최전방을 향해 떠났다. 인원이 증가하면서 본부 산하에 유동선전대, 편집위원회, 부녀복무단이 증설되었다. 유동선전대는 기존의 선전대를 확대한 것으로 구이린 만이 아니라 활동구역을 광시성 전역은 물론이고, 제2구대가 활동하고 있던 제 5전구로까지 넓혔던 것으로 보인다.

부녀복무단은 1939년 10월 구이린에서 설립되었는데, 이때 박차정이 단장을 맡았다. 일부 대원은 원래 조선의용대에서 복무한 여성들이었고, 또 다른 일부대원은 31명의 포로에 속해있던 여성들이었다. 부녀복무단에서는 신입 대원들에게 중국어, 조선 역사, 일반 상식 등을 교육했다. 1940년 2월에 작성된 조선의용대 편성에 의하면 단장 박차정 이하 부녀복무단원은 22명으로 구성되었

조선의용대 기관지의 판화 삽화(의열기념관)

고, 제1지대장 박효삼의 처 장수정張秀廷, 제3지대 정치지도원 양민산의 처 장위근, 유동선전대장 김창만의 애인 김위金煒, 이화림, 전월순 등이 소속되어 있었다. 부녀복무단은 전선의 의용대원을 방문하여 물품과 가족들의 소식을 전하며 대원들의 사기를 진작시키는 일과 전단과 표어, 팜플릿 등을 배포하는 선무활동을 맡았다. 박차정은 국내에서의 활동 경험과 조선민족전선연맹에서의 활동 경험을 이어서 이곳 부녀복무단의 무장투쟁 현장에서도 여성들의 활동을 발전시켜 나갔다.

조선의용대 본부는 문화적 역량을 쌓고 발휘하며 항일을 선전하고 각종 항일집회와 국제연대 활동에도 적극적이었다. 구이린에 들어오자 대본부 인원들은 곧바로 시내 담장에 항일 벽화를 그리거나 벽보를 부착했다. 1939년 1월 조선의용대가 제작한 특이한 표어와 벽보는 사람들의 눈길을 끌었고, 이를 본 사람들은 유쾌 안동 흥분 감동의 기분을 느꼈다고 한다. 1939년 3월 1일에는 구이린 각계 당·정·군 문화기관 대표 100여 명을 초청하여 호텔 낙군사樂群社 강당에서 3·1운동 20주년 기념식을 거행했다. 그리고 그날 저녁과 2일 3일에 연이어 신화희원新華戲院에서 가극 〈아리랑〉과 〈조선의 딸〉을 공연했다. 조선의용대 선전대가 한 달여 동안 준비하여 상연한 것인데, 연기자로는 조선인 외에 제5로군 총정치부 국방예술사의 중국인도 참여하여 문화예술을 통한 한중연대 강화에도 기여했다. 특히 〈조선의 딸〉은 현지에서도 연극 감상평이 크게 실리면서 일제의 압박과 이에 대한 혁명정신이 실생활 속에 자

조선의용대 창립 1주년 기념사진(1939. 10. 10.)

연스럽게 스며든 작품이라는 평가를 받기도 했다. 중국어가 서툰 탓에 전달력에는 한계가 있었지만, 전체적으로 이야기의 전개, 등장인물의 묘사 등에서는 높은 점수를 주기에 충분한 작품이라는 현지 평론가들의 평이 언론에 보도되기도 했다.

조선의용대 본부는 일본인 반전운동에도 연대 활동을 했다. 중국군사위원회에서는 일본군 포로를 획득하여 정보를 활용하고 교육시키고자 일어훈련반을 만들고, 포로를 통해 반전단체를 만들고자 했다. 일본군 포로를 이용한 일본인 반전조직 결성은 장개석, 백숭희白崇禧, 주은래 등 중국의 국·공 양측 모두 적극적이었다. 한편 중국에 와 있던 일본인 반전활동가 가지 와다루鹿地亘는 일본인 포로들로 반전조직을 만들고 이들을 일본 혁명의 동력으로 삼고자 했다. 도쿄제국대학에서 박사 학위를 취득하고 훗날 소설가로 알려진 가지 와다루鹿地亘는 조선의용대와 교류하고 있었다. 이러한 상황에서 조선의용대원들은 중국인들보다 일본어에 능통했고, 중국군사위원회와의 연대 활동을 하고 있었기 때문에 일본인 포로를 교육하고 반전조직을 만드는 일에 실질적으로 중요한 역할을 했다. 당시 구이린은 중국 군정부 제2포로수용소로 가는 길목에 위치하였고, 일본군 포로의 중간집결지였다. 1939년 6월 구이린에서 제3포로수용소를 설립한다는 것이 결정되었고, 조선의용대 간부 주세민이 관리원으로 임명되었다. 주세민은 일본군 포로 대표들에게 '일본의용대' 조직계획을 제안하기도 했다. 이러한 분위기 속에서 1939년 6월 23일 조선의용대는 일본군 포로 위로 행사를 주관했다. 낙군사 강당에 1,000여명이 모인 가운데 열린 일본인 포로 21명 위로연에는 구이린 각계 대표들이 모두 참석했다.

일본 반전활동가와 조선의용대, 특히 김원봉 부부의 교류는 이미 그 이전부터 있었다. 1938년 12월 25일 낙군사 강당에서 열린 일본반전동맹 창립대회에는 김원봉이 조선의용대 대장 자격으로 참석하여 축사를 했다. 5개월 뒤인 1939년 5월경에는 가지 와타루가 조선의용대 숙소까지 방문했고, 조선의용대가 충칭에서 운

1939년 5월 중경에서 박차정 부부와 일본 반전동맹 아오야마 가즈오, 가지 와다루
(송연옥 교수 제공)

영하는 소학교를 방문하기도 했다. 반전운동가일지라도 일본인에게 숙소를 보여주는 일은 쉽지 않았을 것이라는 점을 고려할 때 그와 조선의용대 사이는 상당히 돈독했음을 짐작할 수 있다. 아오야마 가즈오靑山和夫도 "중국 항일전선에서 가장 크고 유력한 국제 대오인 조선의용대는 일본 혁명을 목적으로 하는 우리들에게 있어서 모범이며 큰형이며 혁명 선배다. 조선의용대가 큰형으로서 중국에서 항전 중인 일본 혁명분자와 맺은 혁명적 관계는 일본 혁명투쟁 운동사상 공전의 역사적 의의가 있다"라고 조선의용대에 찬사를 보냈다.

1939년 가을, 조선의용대 내부에서는 화베이의 적 후방으로 진출하여 그곳의 조선인을 쟁취한다는 기본 전략을 수립했다. 적의 후방으로 깊이 들어가 군중을 단합시키고 조선의용대를 조선혁명군으로 확대시켜 항전의 승리를 가속화함으로써 조선의 국권을 회복할 수 있고 혁명의 최후 목적을 달성하는 것이었다. 때문에 화베이 투쟁 근거지를 구축하고 동북지방의 조선 무장군과 손잡는 일은 조선 혁명운동이 새로운 단계로 돌입하게 될 전제였다. 그리하여 1939년 말 먼저 북진지대가 결성되어 신입대원과 제1구대의 절반 인원이 합해 조선의용대 제3구대를 편성하고, 후난성 헝양衡陽을 떠나 북상했다. 화베이 지구의 조선의용대까지 지휘하기에는 구이린은 너무 남쪽에 치우쳐 있었다.

1939년 12월 쿤룬관崑崙關에서 백숭희가 이끄는 중국군 구이린 본부인 서남행영의 중국군과 일본군의 치열한 접전이 있었다. 이 쿤룬관전투에서 엽홍덕葉鴻德이 이끄는 남로공작대원들이 북상하면서 쿤룬관전투에 참여하여 적의 진지 앞에서 메가폰을 이용에 반전 선전활동을 전개했다. 중국군은 쿤룬관을 한때 수복했으나, 얼마 지나지 않아 일본군의 추가 상륙과 기습으로 밀려 다시 쿤룬관을 빼앗기고 말았다. 이 전투에서 박차정은 부상을 당한 것 같다. 현재 관련된 사료에는 기록이 없으나 가족들의 증언에 한 곤륜산전투에서 큰 부상을 입었고, 그 후유증으로 1944년 5월 27일 순국했다고 증언한 바가 있는데, 곤륜산전투가 바로 이 쿤룬관전투를 지칭하는 것 같다.

쿤룬관전투 실패 이후 중국군 구이린 본부인 서남행형도 폐지

되었다. 1940년 3월 조선의용대 본부는 구이린을 떠나 충칭으로 갔다. 충칭은 중국군사위원회의 소재지이자, 대한민국임시정부와 광복군 사령부가 머물고 있었다. 그리고 충칭에는 조선의용대의 모체라고 할 수 있는 조선민족혁명당 중앙과 조선의용대 가족들도 이미 있었고, 조선의용대를 후원하는 재중경부녀회나 3·1소년단, 조선의용대가 운영하는 소학교와 여성훈련반도 있었다. 충칭 근처에 국민당 제2포로수용소에서 조선인 포로들을 따로 집결시켜 훈련했던 수용소도 있었고, 그들 가운데 1939년 10월 31명의 신입 대원이 나오기도 하였다. 조선의용대 본부는 충칭의 남안구 탄자석 주보촌 아가원자兒家院子 마을에, 조선민족혁명당은 남안南岸 손가화원孫家花園 대불단大佛團 720에 위치해 있었다. 화베이로 진출한 조선의용대는 타이항산맥 일대의 팔로군 구역으로 들어가서 그들과 제휴 활동을 했다. 충칭에 온 조선의용대 본부는 1941년 12월 민족혁명당의 노선으로 대한민국임시정부 참여를 결정했다. 조선의용대는 1942년 5월 중국 측의 편입 명령에 따라 1942년 12월 광복군 제1지대로 편입되었고, 김원봉은 광복군 부사령관 겸 제1지대장에 취임했다.

충칭에서 박차정 부부는 손가화원에 살았는데, 이곳에는 김규식과 우강 최석순崔錫淳 등 조선민족혁명당 지도부들이 여럿이 머물렀다. 김원봉은 1944년 5월에 임시정부의 군사를 통괄하는 군무부장에 취임했다. 그러나 1944년 5월 27일 박차정은 유명을 달리했다. 쿤룬관전투에서 부상을 당한 이후 그 후유증은 오래갔다.

또한 충칭은 분지로 기후가 온난다습하고 안개가 심해서 해를 볼 수 있는 날이 1년 중 절반 정도였다. 이러한 기후조건 때문에 충칭에는 모기로 인한 학질이 성행했고, 폐결핵 환자도 많았다고 한다. 충칭의 환경은 그의 병을 더욱 악화시켰을 것으로 짐작할 수 있다. 건강이 악화된 박차정은 충칭에서 거의 활동을 하지 못했던 것 같다. 김자동은 회고록에서 어머니 정정화, 아버지 김의한과 함께 손가화원에 있던 박차정을 병문안한 사실을 밝히고 있다. 병세가 위독하다는 얘기를 듣고 찾아가 보니 침대에 누워있던 박차정은 얼굴이 하얀 종잇장 같았고, 이미 병세는 손을 쓸 수 없는 지경에 이르렀다고 한다. 김자동은 박차정이 폐병을 앓다 죽은 것으로 기억하고 있다. 부상의 후유증과 함께 지병인 관절염, 심장병, 숙환 등 그의 건강상태가 나빴던 것에 대한 다른 진술들도 있다. 독립운동을 하던 중 입은 부상과 죽음에 이르는 많은 병들이 30대 여성의 몸을 난도질하고 있었던 상황을 충분히 짐작하고도 남는다.

박차정은 해방을 1년 여 앞둔 시기에 평생을 꿈꾼 민족해방과 여성해방이 해방된 조국에서 실현되는 것을 보지 못하고 안타까운 죽음을 맞이했다. 박차정의 유해는 잠시 충칭의 강북구 상횡가 망진문 남쪽 화상산 공동묘지에 안치되었다. 1945년 김원봉이 고국에 돌아올 때 핏덩이가 말라붙은 박차정의 옷을 가져와 친가 동생 박문하에게 주었다고 한다. 그리고 박차정의 유해를 가져와 밀양의 부북면 감내마을 풍정산에 반장返葬했다. 이후 김원봉은 월북했고, 큰오빠 박문희는 한국전쟁 중에 행방불명되어 박차정을 기억할 양 집안이 냉전과 이데올로기 대립의 시대에서 고초를 겪으면서 그를 기억할 유품과 자료들도 분실되었다. 1944년 당시 그의 죽음에 대해 중국 내 항일운동가들은 깊은 애도를 했다. 미국에서 발행한 1944년 7월 9일자『독립』에는 박차정의 죽음을 애도하여 "이역에서 남편과 사업을 다 놓아두고 두 손을 뿌리쳐 애처로이 세상을 떠날 때에 우리는 한줄기 뜨거운 눈물을 흘리지 않을 수 없다"라는 애도의 글이 실렸다. 2001년 6월 항일독립군 분대장 김학철은 밀양의 박차정 묘소를 찾아와서 "살아 계실 때에 가장 철없이 굴었던 학철이가 왔다"라며 눈물을 흘리고, 군사훈련 중에서 동생처럼 챙겨주었던 누님으로 기억하며 애도했다. 대한민국 정부는 1995년 8월 15일 대한민국 건국훈장 독립장 추서했고, 부산시에서는 2001년 3월 1일 금정구 만남의 광장에 박차정 의사의 동상을 세우고 이어서 생가를 복원했다.

일제 강점기 자신의 삶을 개척해 나간 여성 박차정은 여성해방과 민족해방을 위한 이론을 모색하고 실천하면서 일제의 침략전쟁이 확대되자 항일무장투쟁의 대열에 동참하여 물러서지 않는 삶을 살았다. 근대 여성이자 여성독립운동가로 시대와 함께 불꽃처럼 살다간 그의 삶은 오늘의 우리에게 많은 기억과 울림을 주고 있다.

참고문헌

『동아일보』·『매일신보』·『중외일보』·『독립』·『思想月報』

박태원, 『약산과 의열단』, 백양사, 1947.

박문하, 『낙서인생』, 아성출판사, 1972.

김삼근 편저, 『부산출신독립투사집』, 박재혁의사비건립동지회, 1982.

독립기념관 독립운동사연구소, 『한국독립운동사 자료총서 제2집』, 1988.

국가보훈처, 『해외의 한국독립운동사료(Ⅷ)』, 1993.

한상도, 『한국독립운동과 중국군관학교』, 문학과 지성사, 1994.

동래학원, 『동래학원 100년사』, 1996.

국사편찬위원회, 『한민족독립운동사자료집』 30, 31, 53권, 1997.

김학철, 『조선의용군 최후의 분대장 김학철』 길림 연변인민출판사, 2002.

강대민, 『여성조선의용군 박차정여사』, 고구려, 2004.

염인호, 『조선의용대, 조선의용군』, 독립기념관 한국독립운동사연구소, 2009.

김영범·조범래, 『의열투쟁』, 독립기념관 한국독립운동사연구소, 2009.

신주백, 『1930년대 중국관내지역 정당통일운동』, 독립기념관 한국독립운동사연구소, 2009.

김자동, 『영원한 임시정부 소년』, 푸른역사, 2018.

이지원, 「1920년대 여성운동의 이념과 활동」, 『한민족독립운동사』 9, 국사편찬위원회, 1991.

이송희, 「박차정여사의 삶과 투쟁」 『지역과 사회』 1, 1996.

박태일, 「광복열사 박차정의 삶과 문학」, 『지역문학연구』 1, 1997.

강영심, 「항일운동가 박차정의 생애와 투쟁」, 『여성이론』 8, 2003.

박철규, 「여성독립운동가 박차정」 『문화전통논집』 14, 경성대학교 한국학연구소, 2007.

김재승, 「부산출신 의열단원 박문희의 항일활동」, 『港都釜山』 25, 2009.

대륙의 전사

이화림

김정인

3·1운동 세대로
성장하다

근대 교육을 받다

1905년 1월 1일 새해 벽두부터 일본군은 뤼순 함락에 성공했고 3월의 펑톈전투에서 승리했다. 일본이 러일전쟁의 승리를 잡기 시작하면서 대한제국의 운명은 한 치 앞을 내다보기 어려워졌다. 바로 국운이 기울어가던 1905년 1월 6일 이화림은 평양의 경창리에서 아버지 이지봉과 어머니 김인봉 사이에서 태어났다. 그녀는 부모님과 함께 오빠 두 명, 언니 한 명을 둔 막내로 초가집에서 자라났다. 어릴 적 그녀 이름은 춘실이었다. 이화림의 집은 보통강 서쪽 언덕에서 가까운 곳에 자리하고 있었다. 보통강변에 자리한 보통문은 어린 시절 그녀의 놀이터였다. 집 근처에는 기독교계 학교인 숭실학교와 숭의여학교가 자리하고 있었다. 학교 운동장 역시 어린 시절 그녀에게 나무랄 데 없는 훌륭한 놀이터였다.

이화림의 집안은 가난했다. 아버지는 날품팔이로 가족의 생계를 이어갔다. 어머니는 독실한 기독교 신자였다. 큰오빠 이춘성은 숭실학교를 다니다 2학년 때 가정형편으로 자퇴하고 말았다. 그후 그는 학교를 그만둔 뒤 돈벌이를 시작했다. 작은오빠 이춘식은 학교를 아예 다니지 못했고 형에게 글을 배웠다. 하나뿐인 언니는 학교에 갈 엄두를 아예 내지 못했고 15살 되던 해에 결혼했다. 오빠 둘과 이화림은 가내수공업으로 양말 짜는 일을 했다.

얼마 후 큰오빠가 목공기술을 배워 일하면서 집안 사정이 나아지자 그는 이화림을 공부시킬 계획을 세웠다. 아버지는 "계집애가 무슨 공부냐?"며 반대했다. 하지만 그녀의 어머니는 큰오빠가 학교 갈 준비에 필요한 돈을 건네자 곧바로 입학을 알아봤다. 당시 어머니는 미국 선교사의 집에서 가정부로 일하고 있었다. 그 선교사는 바로 숭현여학교를 경영하고 있던 마페트S. A. Moffet였다. 이화림은 마페트의 주선으로 학비 등을 면제받고 숭현여학교에 입학할 수 있었다.

숭현여학교는 1897년 마페트의 주선으로 평양에 설립된 학교다. 조선 말기 평양에 기독교가 전파되면서 교회가 설립되는 곳마다 초등교육을 실시하는 학교들이 생겨났다. 이 중 여학생을 가르치는 여럿을 통합해 세운 것이 숭현여학교로 초대 교장은 베어드W. M. Baird였다. 숭현여학교는 장대현교회 서쪽에 위치했고 한옥 2층의 교사와 기숙사를 갖추고 있었다.

이화림은 숭현여학교 시절을 '당시 학생 수는 많지 않았고 대다수 가난한 기독교인의 딸들이 다녔다'고 추억했다. 또한 미국 선교사가 설립한 학교라 3학년부터 영어를 배웠고, 그것이 자신에게 '굉장한 기쁨'이었다고 회고했다.

1919년 3월 1일의 평양, 그리고 이화림

이화림은 숭현여학교를 다니던 10대 중반에 3·1운동을 경험했다. 1919년 1월 21일 고종이 급사했다. 그리고 1919년 3월 1일 오후 1시 장로교계 학교인 숭현여학교 교사와 학생들은 숭덕학교 학생들과 함께 고종 추모식을 거행하기 위해 장대현교회 앞 숭덕학교 운동장에 모였다. 남학생은 흰옷을 입고 검은색 상장을 찼으며, 여학생도 흰옷을 입고 검은 천으로 머리를 묶었다. 숭덕학교 학생들은 태극기를 나누어주었다. 이제 막 독립만세를 외치는 만세시위가 시작될 참이었다.

3월 1일 만세시위가 일어난 7개 도시 중 평양은 가장 큰 규모의 만세시위가 일어난 곳이었다. 일제 시기 서울에 이은 제2의 도시였던 평양의 3월 1일 만세시위는 기독교와 천도교에 의해 준비되었다. 준비는 따로 했지만, 3월 1일에는 연대시위를 펼쳤다. 먼저 장로교에서는 2월 초부터 평양기독서원 총무 안세환을 중심으로 장로 윤원삼, 숭덕학교 교사 곽권웅, 청년 기독교 지도자 박인관 등이 독립운동을 모색했다. 상하이의 신한청년당이 김규식을 파리강화회의에 파견했고, 일본 도쿄에서는 「2·8독립선언서」가 발표되었다는 소식이 전해질 무렵이었다. 본격적인 준비는 2월 하순에 이루어졌다. 2월 19일 안세환, 윤원삼, 박인관을 비롯해 장로 도인권과 전도조수 정일선, 숭덕학교 교사 황찬영 등이 회의를 열었다. 이후 안세환은 윤원삼에게 준비 책임을 맡기고 서울 사정을 알아보기 위해 상경했다. 2월 24일 천도교와의 연대가 최종 합의되자 다음 날인 2월 25일에 평양으로 돌아왔다. 안세환은 길선주 목사 집에 모인 윤원삼, 도인권, 곽권응, 정일선 그리고 강규찬 목사 등에게 천도교와의 연대가 확정되었고 서울에서는 3월 1일에 독립선언식이 있을 예정임을 전했다. 이에 장로교 지도자들은 평양에서도 3월 1일에 독립선언식을 거행하기로 하고 구체적인 계획을 수립했다.

이날 결정에 따라 이튿날인 2월 26일에는 시내 각 장로교회에 3월 1일 오후 1시부터 장대현교회 옆 숭덕학교 교정에서 고종의 죽음을 추모하는 추모식을 거행한다는 통지서를 발송했다. 숭덕학교와 숭현여학교 학생들은 태극기를 제작했다. 독립선언서는 서울에서 2월 28일까지 보내준다고 했으므로 기다리기로 했다. 2월 27일에는 윤원삼, 도인권, 박인관, 정일선 등이 준비 작업을 최종 점검했다. 2월 28일에는 윤원삼이 천도교 평양대교구로부터 독립선언서를 전달받았다.

한편 감리교에서는 민족 대표인 신홍식이 시위 준비를 이끌었다. 신홍식은 2월 23일경 먼저 남산현교회 목사 김홍식, 유사 박현숙 등에게 서울에서 독립운동이 준비되고 있음을 알렸다. 그리고 2월 26일에는 이 사실을 교회 지도자들에게 알렸다. 감리교계 학교인 광성학교 학생들도 태극기를 제작하는 등 만세시위 준비에 나섰다. 주기원 목사는 광성학교 교사 송양묵을 만나 독립선언식에 학생들을 인솔해 참석해달라고 부탁했다. 3월 1일 당일에는 박현숙과 사립학교 교사 채애요라 등이 사립유치원 교사 김연실의 집에서 깃발 100여 개를 제작해 남산현교회로 가져갔다.

천도교 평양대교구는 서울의 천도교중앙총부와 연락하며 만세시위를 준비했다. 2월 하순에는 평양대교구 산하 교구장회의를 소집하고 소식을 기다렸다. 2월 28일 평양대교구는 선천교구장인 김상열로부터 평양역에 사람을 보내라는 전보를 받았다. 평양대교구장 우기주가 직접 평양역으로 나가 그로부터 독립선언서를 전달받았다. 우기주는 독립선언서를 교구장회의에 참석한 천도교 지도자들을 통해 각 지역에 배포했다. 천도교인들에게는 고종의 추모식 행사를 알린 후 급히 독립선언서를 등사했다. 그리고 장로교의 윤원삼에게 독립선언서를 보내고 태극기도 제작했다.

3월 1일 오후 1시 평양에서는 장로교, 감리교, 천도교가 각각 고종 추모식을 개최했다. 먼저, 장로교인들은 숭덕학교 운동장에 집결해 고종 추모식을 거행했다. 기독교인은 물론 지역 유지들까지 참여하면서 참석자 수는 1,000명을 훌쩍 넘었다. 마페트는 내빈석에 착석했고, 사복형사들은 좌중을 예의주시하고 있었다. 바로 이 자리에 이화림이 있었던 것이다.

추모식은 찬송가와 기도로 조의를 표하며 간단히 끝났다. 그러고는 갑자기 대형 태극기가 단상에 게양되고, 도인권이 단상에 뛰어올라 독립선포식 개회를 선언했다. 곽권응은 그 자리에 모인 기독교인들에게 태극기를 배포했다. 독립선언식은 김선두 목사의 사회로 시작되었다. 정일선이 독립선언서를 낭독했고, 김선두·강규

평양 대동문

평양 시가

찬이 연설했다. 이어 윤원삼이 독립만세를 선창하자 사람들이 따라 외쳤다. 곽권응은 애국가 제창을 지휘했다. 평양 경찰서장이 해산을 요구했지만, 운동장에 모였던 장로교인들은 불응하고 학교 밖으로 빠져나가 평양 시내로 진출했다.

감리교인들도 오후 1시에 남산현교회에서 고종 추모식을 간단히 끝내고 독립선언식을 열었다. 사회는 김찬흥 목사가, 독립선언서 낭독은 주기원 목사가, 연설은 박석훈 목사가 담당했다. 김연실, 채애요라 등은 태극기를 참석자들에게 배포했다. 이 자리에 참석했던 감리교인들은 독립만세를 부르며 평양 시내로 쏟아져 나왔다. 천도교인들도 같은 시각에 고종 추모식을 거행하고 만세행진을 벌였다. 세 곳에서 출발했지만, 시내에서는 곧바로 연대시위가 펼쳐졌다.

숭덕학교 운동장에서 출발한 장로교 시위대는 천도교회에서 집회를 마치고 진출한 천도교 시위대와 합류했다. 그들이 평양경찰서 앞에 이르자 경찰과 헌병이 가로막고 나섰다. 이때 남산현교회에서 출발한 감리교 시위대도 합류했다. 세 곳에서 시작된 만세시위가 오후 3시 쯤 평양경찰서 앞에서 하나의 대오를 형성한 것이다. 시위대는 일본인이 거주하는 신시가지로 들어가 평안남도청과 평양재판소를 지나 평양역 광장으로 향했다. 평양부청, 평양중학교, 평양형무소 앞도 행진했다.

기독교와 천도교가 연대해 만세시위를 벌인다는 소식을 듣자, 평양 인근 지역과 학교에서도 시위대를 조직해 시내로 진출했다.

해질 무렵에는 낮보다 배로 불어난 시위대가 평양경찰서 앞에 집결했다. 경찰은 소방대를 동원해 강제로 해산시키기 위해 물을 뿌렸으나 시위대는 물러서지 않았다. 오후 6시 무렵 경찰서 창문이 날아온 돌에 깨졌다. 헌병과 경찰은 공포를 쏘며 시위대 검거에 나섰다. 이에 격분한 시위대가 경찰에 달려들면서 양자 간에 충돌이 일어났다. 결국 오후 7시쯤 수비대 군인들이 출동해 시위대를 해산시켰다.

시위대가 해산된 후에도 일부 학생들은 밤늦게까지 곳곳에서 만세를 부르며 거리를 행진했다. 당시 15세의 학생이었던 김산은 그날을 다음과 같이 회고했다.

> 우리는 수천 명의 다른 학생, 시민들과 함께 대오를 이루어 노래를 부르고 구호를 외치면서 거리를 누볐다. 나는 너무나 기뻐서 가슴이 터질 것만 같았다. 모든 사람들이 환호하였다. 나는 흥분한 나머지 하루종일 밥 먹는 것도 잊어버렸다. 3월 1일에 끼니를 잊은 한국인이 수백만 명은 될 것이다.

한국인의 벅찬 감상과 달리 당시 조선총독부의 기관지 『매일신보』 1919년 3월 7일 자는 다음과 같이 '불온한 소요' 소식을 전했다.

> 3월 1일 오후 1시부터 평양 기독교 감리파와 장로파 신도는 이태왕 봉도회라 일컫고 전자는 교회당에 800명, 후자는 학교에 약

1,000명이 모여서 봉도회를 거행한 후 돌연히 선언서를 낭독하고 계속하여 각기 손에 태극기를 들고 독립만세를 불러 그 형세가 불온하므로 경찰서에서는 해산을 명하였는데 해산된 사람들은 다시 시중을 배회하였더라. 1일 저녁때에 이르러 군중은 갑절이나 늘어서 해산하기를 설유하나 듣지 아니하고 마침내 경찰서에 돌을 던져 유리창을 부수는 등 경찰서가 매우 위험하여 수비대의 보병 중위 이하 7명이 응원하러 왔으므로 드디어 해산하였는데 이날 주모자 10명과 폭행자 중 수십 명을 체포하였고 ……

평양의 3월 1일 만세시위는 기독교와 천도교의 연대로 성사되었다. 연대는 각자 독립선언식을 하고 만세시위에 합류하는 방식으로 이루어졌다. 또한 학생들은 학교 소속 기독교 계파의 종교인과 연대했다. 첫날부터 평양에서 시작된 종교 간 연대시위와 종교와 학생 간 연대시위 방식은 이후 만세시위에 영향을 미쳐 곳곳에서 연대시위가 이어졌다. 1919년 3월 1일, 이화림은 김산처럼 하루종일 독립 만세를 부르며 만세시위에 참여했다.

10대의 학생으로서 맞은 3·1운동

1919년 3월 1일 평양의 시위는 하루의 사건으로 끝나지 않았다. 3월 9일까지 평양 곳곳에서 매일 만세시위가 일어났다. 상인들은 철시를 단행했고, 학생들은 동맹휴학에 나섰다. 10대 중반의 청소년기를 겪는 학생으로서 이화림은 매일 만세시위를 목도했고 참여했고 동맹휴교에 동참했다.

3월 1일 평양의 만세시위 열기는 다음날로 이어졌다. 3월 2일 평양 시내에는 독립의식을 고취하고 집회 참여를 독려하는 광고, 권유문, 통고문 등 다양한 격문들이 시내에 배포되었다. 독립단 명의로 '3월 3일 오전 10시 숭덕학교 교정에 집합하라'는 내용의 권유문이 시내에 배포되면서 다시 만세시위가 고조될 조짐을 보였다. 같은 날 노동자인 정영업은 '조선 독립에 관한 지급고문至急告文' 수천 매를 배포했다. 인쇄업자 박치록은 숭덕학교 교사 황찬영의 긴광고繁廣告 2,000매, 김창수의 급광고急廣告 1만 매를 인쇄했다. 한편 군수, 경찰서장 등의 이름을 사칭해 이장 등에게 '조선은 이미 독립했다'는 내용의 문서가 발송되는 사건도 일어났다.

월요일인 3월 3일에는 오전부터 평양 곳곳에서 만세시위가 일어났다. 3월 1일 만세시위 이후 첫 등교일이던 이날, 평양고등보통학교 학생들은 '이럴 때 학습하는 것은 독립을 위해 휴업하고 있는 사람들에게 부끄러운 일이니 등교하지 말자'고 주장하며 등교 거부 운동을 전개했다. 평양경찰서장은 숭덕학교 교장인 모우리E. M. Mowry에게 학생들의 시위를 막을 것을 압박했다. 경찰과 군인들이 아침부터 경계를 펼쳤으나 숭덕학교에서는 아무 일도 일어나지 않았다. 그런데 오전 10시부터 평양감옥의 북쪽, 평양신학교 뒤편

언덕 등 곳곳에서 수백 명이 모여 만세를 불렀다. '돌을 던지거나 일본인에게 폭력을 사용하지 말 것'을 요청하는 전단도 뿌려졌다. '폭력행위를 하면 한국의 독립에 해가 될 것'이라는 우려 때문이었다. 만세시위가 이어지자 보병 1개 중대가 출동하여 강제해산에 나섰다. 이후 시위대는 군인들과 대치하면서 흩어졌다가 모이기를 반복하며 시위를 이어나갔다.

3월 4일에도 평양에서는 만세시위가 이어졌다. 오전 11시경 신양리의 미국인 저택 부근에서는 여성 200여 명이 독자적으로 만세시위를 벌였다. 오후 3시에는 평양성 밖에서 약 1,000명이 모여 시위를 전개했다. 평양신학교 언덕에서도 만세시위가 일어났다. 이날 마페트는 일본인 시학관과 함께 숭실학교를 둘러보고 시내로 가면서 곳곳에서 많은 사람들이 만세시위를 벌이는 가운데 군인과 경찰이 수십 명의 여학생을 체포해 끌고 가는 것을 목격했다. 그는 시위 도중 부상당한 젊은이를 부축해 병원에 데려다 주기도 했다.

다음날인 3월 5일에 1,500여 명이 모여 만세시위를 이어가는 가운데 평양의 사립학교 학생들이 동맹휴학에 들어갔다. 관공립학교의 한국인 학생 중에는 약 반수가 결석했다. 3월 6일에는 공립인 평양고등보통학교와 평양여자고등보통학교 학생들마저 동맹휴학을 단행했다. 이화림이 다닌 숭현여학교도 3월 5일부터 동맹휴학에 가담했다.

3월 초순 평양에서 매일 만세시위가 일어나는 가운데 경찰은 3월 2일 오후부터 본격적으로 주동자와 참여자 체포에 나섰다. 검

1919년 3월 1일 평양에 배포된 독립선언서(사토 마사오 기증, 독립기념관 소장본)

거 선풍은 3월 8일까지 이어졌다. 400여 명이 체포되었고, 이 중 48명이 기소되었다. 당시 평양에서의 검거 상황을 『매일신보』 1919년 3월 18일 자는 다음과 같이 보도했다.

> 이번 소요 사건은 조선 전도를 통틀어 평안남도가 가장 격렬하였는데 검거 인원은 날로 증가되는 바 지나간 14일까지 평양경찰서에서만 검거한 인원인 503명의 다수에 달하였더라. 그중 처결된 자가 216인이요 검사국으로 보낸 자가 75인이요 그 나머지는 취조 중인데 평양경찰서만 검거 인원이 이같이 다수가 된즉 평안남도 내를 통산하면 넉넉히 3,000여 인의 검거 수가 되리라 하더라.

3·1운동 초기 북부지방은 만세 시위의 분화구였다. 열흘간 전국에서 발발한 만세시위의 70퍼센트 이상이 북부지방에서 일어났다. 평양에서도 3월 1일 첫날부터 대규모 연합시위를 벌이며 매일 만세시위를 일어나갔다. 이렇듯 매일 거리에서 만세시위를 경험하고 동맹휴학에 동참했던 이화림. 3·1운동의 세례를 받은 그녀의 삶은 이전과 다를 수 밖에 없었다. 그녀만이 아니었다. 그녀의 가족의 삶에도 변화가 찾아왔다. 오빠들은 민족운동에 투신했고 어머니는 대한민국임시정부에 보낼 군자금을 모금하는 활동을 전개했다. 이화림도 오빠와 어머니의 활동을 거들었다. 문건을 전달하고 전단지를 배포하는 일을 맡았다.

10대 중반, 청소년기의 이화림이 겪은 3·1운동은 그녀의 삶에 큰 영향을 미쳤다. 3월 1일 하루종일 굶으며 만세시위에 가담했던 김산은 3·1운동 직후 많은 혁명가들의 피난처인 도쿄로 유학을 떠났다. 평양에서 3·1운동을 겪은 10대의 이화림과 김산에게 3·1운동은 삶의 변곡점이었다. 1919년, 만세의 봄을 겪은 3·1운동 세대인 두 사람은 민족운동가로 성장했다.

사회주의를 익히다

3·1운동의 열기가 식어갈 무렵 이화림의 두 오빠는 만주로 건너갔다. 이어 1923년 아버지가 벌이를 찾아 만주로 건너가 푸순

에 정착했다. 오빠들이 떠난 후 생활이 어려워지면서 이화림은 숭현여학교를 자퇴했다. 그리고 유치원 교사를 양성하는 숭의여학교 유아반에 입학했다. 이곳에서 그녀는 반나절은 자수를 놓는 일을 하며 학업을 지속했다. 숭의여학교를 다닐 무렵 이화림은 평양고등보통학교 학생들이 주도하는 비밀결사인 역사문학연구회에 참여했다고 한다. 여기서 이화림은 처음으로 사회주의 사상을 접했다.

1927년 3월 이화림은 숭의여학교 유아반을 졸업하고 전라북도 군산의 유아원에 교사로 부임했다. 그해 8월에는 함경북도 청진에 있는 유아원으로 자리를 옮겨 일했다. 그런데 이화림은 이 무렵 역사문학연구회에서 알고 지내던 김문국의 소개로 보통학교에서 국어와 음악을 가르치던 엄선생을 만나 조선공산당에 입당했다고 회고했다. 김문국은 역사문학연구회에서 함께 활동했고 1929년에 숭실전문학교에 입학한 인물이었다. 이화림이 엄선생이 조선공산당원인 것을 알고 그에게 당원 가입 의사를 밝혔고 마침내 그해 11월에 조선공산당에 가입할 수 있었다는 것이다.

하지만, 조선공산당 가입을 비롯해 이화림의 만주로 가기 전까지의 행적에 대한 객관적 자료는 부재하다. 그녀의 회고록에 의존할 수밖에 없는 실정이다. 이화림의 회고담은 두 개가 있다. 1987년에 나온 『중국의 광활한 대지 우에서』(조선의용군발자취 집필조)에 실린 「진리의 향도 따라」와 1995년에 발간된 『정도征途』가 그것이다. 전자에서는 자신을 조선공산당으로 이끈 이를 염씨로 기억했으나, 후자에서는 엄씨로 회고했다. 당시 사회주의자들이 지하활동을 위해 가명을 여러 개씩 쓰던 시절이었으므로, 이화림을 조선공산당에 추천한 사람이 누구인지를 알기란 현재로선 사실상 불가능하다. 그녀 역시 이춘실이라는 본명 대신 이경환, 이암, 이성실, 이복실, 이동이라는 가명을 쓰며 활동했다고 한다. 그런데 1927년 11월이면 사회주의자들이 신간회에서 활동했던 시절이고 1928년 2월 제3차 조선공산당 검거사건이 일어나기 직전이었다. 이처럼 1925년에 창당된 조선공산당의 활동이 정점에 이르렀던 시기에 조선공산당에 가입했음을 주장하면서도 신간회를 비롯해 조선공산당의 활동, 그리고 계파에 대한 언급이 전혀 없어 조선공산당 가입의 진위 여부를 확인하기가 쉽지 않다.

그럼에도 이화림의 두 회고에 근거해 만주로 건너 가기 직전까지 활동을 재구성해보면 사회주의 단체의 조직원으로서 그녀는 평안남북도 일대의 조직원에게 활동 관련 문건을 배포하고 수령하는 임무를 맡았다. 학생과 종교인을 대상으로 하는 사업에도 종사했다. 하지만 평안북도 정주와 평안남도 안주 등지로 근거지를 옮겨가며 활동했음에도 경찰의 감시망을 피하기란 어려웠다. 늘 신경을 곤두세우면서 긴장한 나날을 보내야 했고, 사나흘 건너 한두 끼씩 굶는 일은 예사스러운 일이어서 늘 허리띠를 조이고 나다니곤 했던 이화림은 결국 허약해진 몸으로 집으로 돌아와 요양을 해야 했다. 하지만 얼마 후 김문국이 황해도에서 활동해 줄 것을 요청했고 이화림은 그에 따랐다. 그 사이 1928년 7월부터 제4차 조선공산당 검거사건이 일어났고 코민테른은 '조선의 농민 및 노동자의 임무에 관한 테제(12월 테제)'를 발표해 조선공산당을 해체하고 농민과 노동자 중심으로 재건할 것을 지시했다.

1929년 봄 이화림은 김문국의 고향이기도 한 황해도 해주에서 보통학교 교사로 일했다. 하지만 더이상 조선공산당원으로서의 임무가 부여되지 않았다. 김문국은 1928년에 조선공산당이 해산되었고 엄선생이 체포되었다고 전했다. 결국 이화림은 1930년 벽두에 다시 집으로 돌아왔다. 그리고 만주로 건너가 푸순에서 일하던 아버지가 사망했다는 소식을 들었다. 큰오빠가 군관학교를 졸업하고 독립군으로 활동한다는 소식도 전해졌다.

이처럼 이화림은 자신이 조선공산당원이라 믿었고 실제로 조직이 부여하는 임무에 충실한 활동가로 살았다. 이를 통해 조선공산당에 대해 우리가 알고 있는 '진실' 대부분이 중앙 차원의 활동에 국한된다는 점을 새삼 깨닫게 된다. 그래서 이화림이 조선공산당원이었는지의 진위 여부를 가릴 잣대조차 부재하다. 분명한 것은 이화림은 조선공산당이 해체된 이래 자신이 속한 조직에서 더이상 임무를 부여하지 않자 중국으로 건너갈 계획을 세웠다는 사실이다. 그렇게 그녀는 숭현여학교를 다니면서 학생비밀결사 활동을 하고 평안도와 황해도 일대에서 교사로 살면서 조직 활동에 헌신하며 20대 초반에 사회주의를 익히고 사회주의자로서의 정체성을 갖게 되었던 것이다.

중국으로 건너가
민족운동에 뛰어들다

한인애국단원으로 활약하다

이화림은 1930년 3월 기차를 타고 만주로 향했다. 하지만 신의주역에서 경찰에 쫓기면서 행로를 바꿔 인천으로 향했다. 인천에서 천주교 성당에 두 달 동안 몸을 숨긴 끝에 다시 기차를 타고 신의주까지 가는 데 성공했다. 압록강을 건너 단둥까지 갈 때는 나룻배의 짐짝에 몸을 숨겼다.

이화림은 단둥에서 출발해 선양과 톈진을 거쳐 상하이에 도착했다. 상하이에서 이화림에 제일 먼저 찾아간 사람은 김문국이 소개해 준 김두봉이었다. 김두봉은 1928년부터 인성학교 교장을 맡고 있었다. 한글학자였던 그는 3·1운동 직후 중국으로 건너갔다. 상하이에 자리를 잡은 김두봉은 대한민국임시정부의 임시의정원 의원을 지냈으며 이동휘의 고려공산당에 입당했다. 한글 연구도 병행하면서 1924년부터는 한인 자녀들의 교육을 맡고 있던 인성학교에서 교사로서 국어와 역사를 가르쳤다. 이화림은 김두봉과의 첫 만남에서 그와의 인연이 한 번에 끝나지 않고 해방 이후까지 이

중국 상해 황포탄

어질 것이라는 점을 전혀 예상치 못했다. 그런데 이화림은 1987년의 회고에서는 김두봉을 '김선생'이라 칭하면서 실명을 드러내지 않았다. 김두봉이 북한 김일성 체제에서 숙청당한 사실을 의식했기 때문일 것이다.

김두봉은 자신을 불쑥 찾아온 이화림이 상하이에서 살 수 있는 방도를 친절히 알려주었다. 우선 상대적으로 신변이 안전한 프랑스 조계에 방을 구하고 적당한 일자리를 찾아 생계를 유지하며 관망하라고 충고했다. 이화림은 다락방을 하나 구하고 장아찌 장사를 시작했다. 그리고 가끔 김두봉을 찾아가 대화를 하며 서로 신뢰를 쌓아갔다. 그녀는 김두봉에게 자신이 사회주의자로서 민족운동에 투신하고 싶다는 의지를 밝혔다. 그런데 1년이 넘게 이화림을 지켜본 김두봉의 선택은 의외였다. 1931년 가을 김두봉은 이화림이 사회주의자임을 알리지 않고 김구에게 소개했다. 김구는 시간을 들여 이화림을 지켜본 끝에 그녀를 한인애국단 활동에 가담시켰다.

한인애국단은 대한민국임시정부 국무령인 김구의 주도로 1931년에 만들어진 비밀결사였다. 김구는 "1년 전부터 임시정부 운동이 매우 침체한 즉, 군사공작을 못한다면 테러공작이라도 하는 것이 절대 필요하다"는 판단에서 한인애국단을 결성했다. 김구는 임시정부 국무회의에서 한인애국단의 책임자로 임명된 후 임시정부로 들어오는 수입의 반을 한인애국단 활동비로 사용했다. 임시정부가 국무회의 의결을 거쳐 별도의 기구를 조직한 경우는 한인애국단이 최초였다. 국무회의는 한인애국단의 활동이나 인물 선정 등 모든 권한을 김구에게 일임하고 다만 결과만 보고하도록 했다. 한인애국단의 정확한 인원과 명단은 극비였다. 조선총독부 정보기관은 약 80여 명으로 추정했고 핵심단원은 10여 명인 것으로 파악했다.

김구가 이화림을 받아들인 경위를 그녀는 이렇게 이해했다.

본래 한인애국단은 여성을 받아들이지 않았다. 그러나 이곳 상하이에 온 일본 비밀요원들은 상인으로 변장을 하거나 천지를 방문하는 것으로 위장을 했는데 그중 많은 수가 여성이었다. 김구 선생은 그런 여자 비밀요원을 대응하기 위해서는 여성이 나을 것이라고 생각했다.

한인애국단 단장 김구와 윤봉길 의사

한편, 이화림이 사회주의자라는 정체성을 갖고 있으면서 한인애국단원이 된 것은 이 주의요 저 주의요, 이 파요 저 파요 하는데 신물이 났고 또 무엇보다도 행동이 필요한 그때 애국단도 일본침략자의 괴수를 암살하고 군경기관을 폭파하는 데 이름높은 의열단과 마찬가지인 폭력조직이라고 믿었기 때문이었다. 하지만 이 선택은 1960년대 중국 문화대혁명 과정에서 그녀를 궁지로 몰아넣는 빌미가 되고 만다.

한인애국단원으로서 이화림은 조선에서 상하이로 파견된 여성 밀정을 탐문하는 일을 맡았다. 이동해라는 가명을 사용하며 한 칸짜리 방에서 자수를 놓으며 생계를 잇는 여성으로 위장했다. 김구의 신임이 깊어지는 가운데 그녀는 여성 밀정을 탐문하는 데 그치지 않고 때론 처단하는 임무를 수행했다.

> 나는 연속하여 세 명의 의심되는 인물을 만났고 그들과 함께 동거동식하면서 각종 방법으로 그들의 활동 상황을 파악했고 수시로 한인애국단에 보고했다. 그리고 마지막에는 한인애국단에서 결정을 내리면 그들을 처치했다.

이화림은 때론 신분이 발각될 위험에 빠지기도 하면서 꿋꿋하게 활동을 이어나갔다. 그녀는 상하이에서의 활동을 이렇게 회상했다.

상하이는 너무 컸다. 정말 대상하이였다. 그것은 혁명가가 숨기에 좋은 장소이자 비밀작업을 하기에도 좋은 장소였다. 그 길지 않은 시간 동안 나는 많은 단련을 했다. 원래 밤길도 잘 걷지 못했던 처녀가 동분서주하는 청년으로 변했고 혁명의 세례를 받았다.

1931년 만주 지린성 창춘현에서 비극적인 만보산사건이 일어났다. 수로 공사를 둘러싸고 한국인과 중국인 간에 갈등의 골이 깊어지는 가운데 7월 1일 일본 영사관 경찰들이 중국인에게 무차별 발포를 하면서 3자 간에 충돌이 일어났다. 그런데 조선에서 언론이 한국인의 피해를 과장하는 오보를 내면서 한국인들이 중국인을 배척하는 운동이 거세게 일어났다. 이로 인해 100명이 넘는 중국인이 죽임을 당하고 400여명이 부상을 당했다. 이 사건의 여파로 중국에서는 배일운동이 일어나는 동시에 한국인을 백안시 하는 풍토가 확산되었다. 상하이에서도 중국인이 한국인을 대하는 태도가 냉담해졌다. 한국인은 한동안 방을 빌리기조차 어려웠고 일본인의 아류라는 뜻의 '얼구이쯔'라는 욕을 감내해야 했다. 대한민국임시정부도 곤혹스러운 처지에 놓이게 되었다.

한인애국단은 의열투쟁을 통해 돌파구를 찾고자 했다. 1932년 1월 8일 한인애국단원인 이봉창이 도쿄 사쿠라다문 앞에서 일본 천황 히로히토에게 폭탄을 던지는 의거를 일으켰다. 비록 폭탄이 터지지 않는 바람에 실패하고 말았지만, 일본인은 물론 한국인과 중국인에게 미친 파장은 대단했다. 이때 이화림은 직접 도쿄에 가지 않지만 폭탄을 운반하는 일에 가담했다. 이봉창은 일본인들이 다리 사이에 차는 훈도시를 이용해 폭탄을 운반했다. 이 훈도시를 만든 이가 이화림이었다. 이화림은 이봉창에게 받은 첫인상을 이렇게 떠올렸다.

> 적동색 얼굴빛, 짙은 눈썹 아래의 정기 넘치는 두 눈, 툭 삐져나온 높은 관골, 우뚝한 코마루, 갸름하면서도 선이 굵은 얼굴 생김새는 퍽이나 패기있고 당찬 인상을 주었다.

1932년 1월 28일 일본은 상하이사변을 도발했다. 1931년 9월 일본이 만주사변을 일으킨 이후 반일감정이 고조된 가운데 상하이에서 일본인 승려들이 중국인들에게 폭행당하는 사건이 발생했다. 그러자 일본 해군 육전대 및 항공부대가 교민 보호를 구실로 상하이만에 상륙했던 것이다. 일본군은 중국군 19로군과 한 달간의 전투 끝에 승리했다. 이 기간 동안 한인애국단은 상하이 부두에 세워진 일본군의 무기 탄약고와 비행기 격납고를 파괴할 계획을 세웠다. 이화림은 윤봉길과 정찰 임무를 맡았다. 하지만 장제스가 국제연맹의 주선에 따라 정전협정을 추진하면서 이 계획은 수포로 돌아갔다. 공식적으로 정전협정이 체결된 것은 5월 5일이었다.

1932년 4월 29일 상하이 훙커우공원에서는 일본의 상하이사변 승리와 일본 히로히토 천황의 생일인 천장절을 축하하는 행사가 거행되었다. 한인애국단은 이날 행사장에 폭탄을 투척할 계획

을 세웠고 그 일은 윤봉길에게 맡겨
졌다. 그날, 윤봉길은 일본 국가가
울려 퍼지는 가운데 도열한 군인들
틈을 내달려 행사장의 단상을 향해
폭탄을 던졌다. 폭탄은 폭음과 함께
터졌고 시라카와白川義則 군사령관,
우에다植田謙吉 육군대장, 노무라野
村吉三郎 해군중장, 시게미쓰重光葵
공사 등 7명이 죽거나 다쳤다.

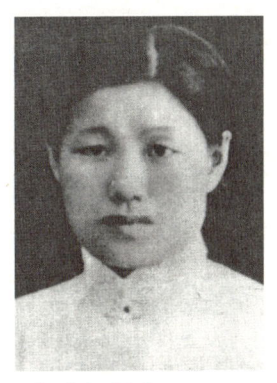

젊은 날의 이화림

이화림은 윤봉길 의거의 계획 단계부터 가담했다. 당초 계획은 윤봉길과 이화림이 부부로 위장해 홍커우공원 행사에 함께 참가하는 것이었다. 이 계획에 따라 그녀와 윤봉길은 미리 홍커우공원을 답사하고 행사 동선을 예측하고 일본군의 검문 예상 지점 등을 점검했다. 그리고 시라카와의 사진과 일장기 한 장을 샀다. 하지만 거사 직전에 김구는 윤봉길 단독 의거를 결정했다. 이화림이 일본어를 잘하지 못해 발각될 위험이 있었기 때문이었다. 그녀도 윤봉길은 분장을 제대로 하면 일본인으로 위장이 가능하지만 자신은 어렵다는 점을 인정했다. 4월 29일 아침 이화림은 홍커우공원 입구에서 좀 떨어진 곳에서 상황을 살폈다.

나는 윤봉길이 양복을 입고 어깨에 군용 물병을 메고 손에는 납제 도시락을 들고 의젓하게 일본사람 가운데 서 있는 것을 보았다. 일본 경비는 그가 한국인이라는 것을 알아채지 못했다. 그는 아무 장애 없이 홍커우 공원 식장으로 들어갔다. …… 나는 윤봉길이 순조롭게 공원에 들어가고야 약간 안심했다. 그러나 여전히 그의 상황에 대해 마음이 조마조마했다. 얼마 지나지 않아 가랑비가 내렸다. 이후 비는 점점 굵어졌다. 나는 공원 내 많은 사람들이 우산을 펴고 밖으로 나가는 것을 보았다. 나도 이 기회를 틈타 홍커우 공원을 떠났다.

이화림은 오전 11시가 넘어 홍커우공원쪽에서 들리는 폭발 소리를 들었다. 윤봉길 거사가 성공했음을 확인한 그녀는 서둘러 경비구역을 벗어나 집으로 돌아왔다.

혁명의 도시, 광저우로 가다

이화림은 윤봉길 의거 이후 두문불출한 생활을 했다. 대한민국 임시정부의 일원이 아니었기에 감시의 시선은 피할 수 있었다. 하지만 한인애국단의 정상적인 활동은 불가능했다. 그녀는 사상적 고민에도 빠졌다. 때마침 광저우에 많은 민족운동가들이 활약하고 있다는 소식을 들었다.

그곳에 있는 많은 이들은 일찍이 황푸군사학교에서 공부를 한 적이 있고, 또 어떤 이는 광저우봉기에 참가했었으며, 어떤 이는 아직 대학교를 다니고 있었다. 그리하여 나는 광저우에 가서 학문을 더 닦아 앞으로 한국의 독립운동에 더 큰 역할을 할 수 있는 준비를 하기로 결심했다.

1932년 여름 이화림은 김구와 결별하고 광저우로 갔다. 김구는 광저우에는 주로 사회주의자들이 활동하고 있다며 그녀를 만류했다. 이화림은 "마음 속 깊이 김구 선생을 매우 존경하고 그의 애국심에 탄복하고 있었다. 하지만 그의 혁명 투쟁 방식에 의문이 생겼고 더 이상 그가 이끄는 길을 가고 싶지 않아졌다"고 한다. 이때 김구를 떠난 이화림이 그를 다시 만난 것은 7년 후인 1939년 봄, 그녀가 충칭에 있을 때였다. 1939년 4월 26일 김구의 어머니인 곽낙원이 숨을 거두었다. 장례식을 마치고 김구는 이화림과 조우했다. 그는 이화림을 한인애국단 시절 이름인 '동해'라고 부르며 이렇게 물었다. "너는 아직 공산당원이지, 공산주의자 맞지!" 그러자 이화림은 "저는 공산주의를 믿어요. 저는 공산주의자예요!"라고 대답했다. 김구는 "그럼 앞으로 우리 다시 만나지 말자!"라며 절교를 선언했다. 이날 이후 김구와 이화림은 다시 만난 적이 없었다.

1932년 가을, 이화림은 광저우에 발을 내딛었다. 이때도 김두봉이 그녀에게 새로운 길을 제시해주었다. 그는 이화림과 작별하면서 의학을 배울 것을 권했다. 이화림은 광저우에 자리한 중산대학을 찾아가 김두봉이 소개해 준 이두산을 만났다. 이때부터는 이

광저우 중산대학

동해가 아닌 이화림이란 이름을 썼다. 그녀는 중산대학 의과대학 부속병원에 견습 간호사로 일하면서 간호사과정에 합격했다.

광저우에서 이화림은 같은 고향인 평양 출신으로 6살 아래인 진광화와 동지로서 가까이 지냈다. 진광화는 본명이 김창화로 숭덕학교 중등부를 다니던 중 1929년 광주학생운동 때 동맹휴학을 주동하고 경찰의 체포를 피해 중국으로 건너왔다. 1933년에 난징의 오주중학교를 졸업하고 광저우로 건너와 중산대학에서 교육학을 전공하고 있었다. 진광화는 한국인 학생단체인 용진학회에서 집행위원으로 활동하는 등 광저우의 민족운동가 중에 단연 두각을 나타냈다. 1935년에는 중국 공산당과 연계된 중국청년항일동맹에 가입했고 그해 12월에 중산대학생 3,000여 명이 참가한 항일시위로 시작된 광저우학생시위에서 지도자로 활약했다. 이듬해에는 중국 공산당에 입당했다. 이화림에게 진광화는 민족운동과 사회주의 운동의 길로 이끌어 주는 든든한 후배였다.

가정이라는 굴레를 벗다

이화림은 광저우에서 바쁜 나날을 보내는 가운데 상하이의 김두봉 집에서 만난 적이 있고 당시에는 중산대학 법학부에 다니고 있던 김창국과 재회했다. 둘은 연애 끝에 1933년 봄에 결혼을 했다. 그런데 이화림은 진광화와 함께 활동할 무렵 임신 중이었다.

그녀는 임신한 몸으로 매일 조직활동에 전념했다. 자연스럽게 가정주부로서의 역할을 제대로 해내지 못했다. 이로 인해 남편과 잦은 마찰을 빚었다. 아들인 김우성을 낳은 후 둘 사이가 다소 좋아지는 듯했다. 하지만 이화림이 진광화 등과 어울려 활동을 지속하면서 다시 갈등이 불거졌다. 김창국은 아이를 돌보고 음식을 만드는 등 가사를 분담하며 이화림을 이해하려고 노력했지만 그녀에 대한 불만은 점점 커져갔다. 이화림은 이에 대해 보통의 한국인 남자와 다를 바 없는 그의 가부장주의를 비판하며 응수했다.

한국 남자들의 가부장주의는 매우 심하다. 어릴 때 아버지는 한 번도 밥을 짓거나 옷을 빨다거나 아이를 업어준 적이 없었다. 어머니는 집안일을 하는 것을 불변의 진리로 여기는 것 같았다. 아버지는 그저 장작을 패거나 했는데 이는 이상한 일이 아니었다. 만약 아버지가 옷을 빨다면 남들 눈을 견디지 못했을 것이다. 우리는 비록 고향을 떠난 환경에서 지냈지만 이러한 관념은 여전히 변하지 않았기에 그가 아이를 보고 가사를 도와주는 것은 그에게 있어 이미 엄청난 양보였다.

이화림은 일을 포기하고 집에서 아이만 돌볼 생각이 없었다. 그녀는 남편과 아이도 원하지만 일과 활동이 더 중요하다는 점을 분명히 했다. 그녀에게 "일은 생명"이었다. 두 사람 간의 균열은 더 깊어갔다. 마침내 이화림은 여자가 가사와 아이를 돌보는 것 외에 다른 일도 할 수 있다는 것을 증명하기로 결심했다. 하지만 그녀는 이런 고충을 누구에게도 토로할 수가 없어 고통스러웠다.

결국 이화림의 결혼생활은 3년 만에 끝이 났다. 1935년 겨울 조선민족혁명당은 이화림에게 난징에 있는 본부에서 일할 것을 요구했다. 그녀가 여기에 응하면서 그동안 불안했던 가정생활이 막을 내렸다. 이화림은 자신이 왜 중국으로 망명했는지를 다시 짚었다.

나는 오직 한 가지 길만을 선택할 수 있었다. 나는 내게 있어 일이 가장 중요하다고 생각했다. 내가 한국에서 천신만고 끝에 중국에 온 것은 작은 가정의 행복을 위한 것도 아니고, 내 개인의 원한을 위해서도 아니었다. 내 심장을 불태우고 있었던 것은 한국인의 해방이었다. 나는 조국을 위해 개인의 모든 것을 포기할 수 있었다.

결과는 이혼이었다. 갓 돌이 지난 아들과 헤어져야 했던 고통은 이후 한참 동안 그녀를 괴롭혔다.

전사로서
무장투쟁에 뛰어들다

조선민족혁명당에 가입하다

1935년 가을 이화림은 운명적인 순간을 맞는다. 진광화의 소개로 의열단 지도자이자 조선민족혁명당 간부인 윤세주를 만난 것이다. 윤세주는 경상남도 밀양 출신으로 3·1운동 당시 고향에서 만세시위를 주도한 후 만주로 건너갔다. 곧바로 신흥무관학교를 다녔고 같은 밀양 출신으로 친하게 지내던 두 살 위의 형인 김원봉과 함께 조선의열단을 결성했다. 이때가 19살이었다. 국내에 폭탄 등을 밀반입하는 등의 활약을 보이던 중 1920년에 서울에서 체포되어 1927년에 출옥했다. 그리고 고향에서 신간회 활동 등을 벌이며 지내다 1932년 다시 중국 난징으로 건너가 조선혁명간부학교에 들어갔다. 이후 1935년 7월에 결성된 조선민족혁명당의 모체라 할 수 있는 한국대일전선통일연맹을 결성에 참여하는 등 김원봉과 같은 행보를 걸었다.

조선민족혁명당은 조선의열단·한국독립당·신한독립당·조선혁명당·대한인독립당이 연합해 만든 민족통일전선격인 정당이었다. 1931년 만주사변을 기화로 일본의 중국 침략이 본격화되자 만주와 중국 관내에서 활동하던 민족운동가들은 민족운동 진영의 통일과 항일 역량의 규합을 도모하는 데 나섰다. 이러한 노력의 일환으로 1932년 10월 상하이에서 한국독립당 대표 이유필·송병조·김두봉, 조선혁명당 대표 최동오, 한국혁명당 대표 윤기섭·신익희, 조선의열단 대표 한일래·박건웅, 한국광복동지회 대표 김규식 등이 여러 차례의 준비 회의를 갖고 한국대일전선통일동맹을 조직했다. 이듬해에는 재미대한독립당·대한민족총회·뉴욕대한인교민단·하와이 대한인국민회·하와이 대한인동지회·재미 대한인국민회총회 등 재미한인단체들이 한국대일전선통일동맹에 가입했다. 한국대일전선통일동맹은 중국 국민당과도 제휴해 중한민중대동맹을 조직했다.

석정 윤세주

1932년 1월 일본군이 상하이를 침공하는 상하이사변을 일으켜 승리하자 한국대일전선통일동맹은 활동무대를 난징으로 옮겼다. 그런데 한국대일전선통일동맹이 각 단체 간의 연락과 협의를 위한 기관의 역할에 그치고 있어 민족운동의 통일기관이 되기에는 한계가 있음이 점차 드러났다. 그러자 김원봉이 이끄는 조선의열단에서 결속력 있는 새로운 정당조직을 만들 것을 제안했다. 다른 단체들이 이 뜻에 따르면서 1935년 7월 5일 조선의열단·한국독립당·신한독립당·조선혁명당·대한인독립당이 연합한 조선민족혁명당이 창당되었다. 주석은 김규식, 총서기는 김원봉이 맡았다.

1935년 가을, 윤세주는 조선민족혁명당을 선전하는 활동을 위해 광저우에 왔다. 그의 연설을 들은 이화림은 조선민족혁명당을 민족운동 발전에 순응하는 조직으로서 "과거 각 당파의 보수와 편협주의를 극복했고 성숙한 사상과 목적이 생겼으며 각 당파 조직의 지혜를 융합시키는 데 유리"하다고 판단했다. 그리고 곧바로 조선민족혁명당에 가입했다. 윤세주에 연설에 감명받아 이혼을 불사하며 자신의 인생의 행로를 바꾼 이화림. 그 사실을 알고 있던 윤세주의 유족들은 해방 이후 줄곧 중국 어딘가에 살아있을 이화림과 그녀에 대한 기록을 찾아다녔다고 한다. 노력 끝에 이화림이 죽기 직전에 서로 통화를 하는 데까지 이르렀으나, 아쉽게도 만남이 성사되지 못했다.

1936년 1월 이화림은 조선민족혁명당 본부가 있는 난징으로 건너갔다. 그녀는 조선민족혁명당 부녀국에서 일했다. 부녀국 국장은 김원봉의 부인인 박차정이었다. 이화림의 회고에 따르면 부녀국의 임무는 항일선전선동사업을 하며 한국인 여성을 조직하고 지도해 중국인 여성들과 연합통일전선을 결성하는 데 있었다. 이 무렵 이화림은 김원봉의 측근인 이집중과 재혼했다. 하지만 이집중 역시 이화림이 당사업에만 몰두한다면서 불만을 토로했다. 그녀는 자신은 매일같이 여성의 지위와 권리가 반드시 남성과 평등해야 한다고 선전하는 일을 하고 있는데 정작 자신의 집에서는 평등한 대우를 받지 못하는 것을 괴로워했다.

조선의용대 부녀복무단 단원으로 활약하다

1937년 7월 중일전쟁이 발발했다. 그해 11월 난징에서는 조선민족혁명당과 조선민족해방운동자동맹, 조선혁명자연맹이 연합해 조선민족전선연맹을 결성했다. 조선민족전선연맹은 중국 국민당 정부 및 장제스계의 특무기관으로부터 월 3,000원의 원조를 받았다. 당시는 중국 국민당과 중국 공산당이 합작해 항일전쟁을 벌이던 시기였으므로 조선민족전선연맹은 중국 국민당만이 아니라 중국 공산당이 이끄는 단체들과의 연계도 꾀했다.

한편, 중일전쟁이 일어나면서 한국인들이 중국인들과 함께 조직적으로 항일전에 참가할 수 있도록 군사 조직을 결성해야 한다는 목소리가 높아졌다. 마침내 1938년 10월 10일 우한에서 김원봉이 이끄는 조선의용대가 창립했다. 중국 관내에서 처음 결성된 한인무장단체인 조선의용대는 한중연대를 기치로 내건 끈질긴 협상의 산물이었다. 여기에는 일본인으로서 중국에서 반전활동을 펼치고 있는 아오야마 가즈오青山和夫의 도움도 컸다. 김원봉은 그와 협조해 한인 군대 창설안을 중국 국민당 정부에 제시하고 압박했다. 조선의용대가 출범하면서 조직과 운영은 지도위원회가 담당하도록 했는데 한국인 대표가 절반을 차지했다. 지도위원회의 상위 기구는 정치부였고 정치부는 중국군사위원회 산하에 있었다. 조선의용대의 경비와 무기는 정치부에서 제공했다. 즉 조선의용대는 중국 국민당 정부 산하 군사위원회 → 정치부 → 지도위원회 → 조선의용대 대본부라는 지휘체계하에서 움직여야 했다. 조선의용대에게는 일본군과 중국군, 그리고 중국인에 대한 선전 활동의 임무가 부여되었다.

창설 당시 조선의용대 대장은 김원봉이었다. 조선민족혁명당원으로 구성된 제1구대 43명의 구대장은 박효삼이 맡았다. 조선청년전위동맹원으로 구성된 제2구대 41명의 구대장은 이익성이었다. 조선청년전위동맹은 1938년 반김원봉 계열의 조선민족혁명당원들이 만든 조선청년전시복무단의 후신으로 결국 다시 조선민족혁명당이 주도하는 조선민족전선연맹에 합류했다. 조선의용대는 대본부 인원까지 합쳐 전체 대원수가 97명이었다. 그리고 조선의용대원 수가 늘어나면서 김세광을 구대장으로 하는 제3구대가 생겨났다. 그리고 이후에는 구대 대신 지대라는 명칭을 사용했다. 조선의용대원들은 중일전쟁의 최전방에 진출해 선전전을 감행했다. 한편 조선민족혁명당 대본부 직원과 조선의용대원의 가족들은 중국군사위원회의 소재지이자 후방인 충칭으로 이동했다. 이때 이화림도 100여 명을 이끌고 충칭으로 갔다. 그곳에서 그녀는 중국 국민당 정부가 마련해 준 거주지에서 환자들을 돌보는 일을 맡았다. 당시 충칭에는 조선의용대를 후원하는 재중경부녀회나 3·1소년단이 있었다. 조선의용대는 충칭에서 소학교와 여성훈련반을 운영했다.

1938년 10월 말 우한이 함락되면서 조선의용대 대본부는 충칭이 아닌 광시성 구이린으로 이동했다. 이곳은 전방과 후방 사이에 있는 중국군사위원회 서남행영이 자리한 곳이었다. 구이린에 들어온 대본부 인원은 대장 김원봉, 기밀주임 신악, 정치조장 김성숙, 총무조장 이집중을 비롯해 13명이었다. 부서별로는 기요조가 문서·인사·조사·설계를 담당했고 정치조는 훈련·선전·자료 수집과 보관, 총무조는 서무·회계 등을 담당했다. 한편 정치조에는 선전대장 김창만을 두어 가요 및 연극 공연을 담당하도록 했다.

1939년 7월에 들어 충칭으로부터 40여 명의 인원이 구이린으로 와서 대본부에 배치되었다. 이때 이화림도 대본부에 합류했다. 조선의용대는 인원이 보강되자 유동선전대·편집위원회·부녀복무단을 증설했다. 부녀복무단은 1939년 10월 경에 결성되었다. 그리고 이듬해 가을 의용대는 부녀복무단을 창설했다. 부녀복무단 단장은 박차정이, 부단장은 장수연이 맡았다. 1904년 2월에 작성된 조선의용대 편성에 따르면 부녀복무단원은 박차정 단장을 포함해 장수연, 이화림, 한태은, 김위, 전월순 등 22명으로 구성되어 있었다. 이화림은 부녀복무단의 활동 중 가무단을 꾸려 연극 등을 공연하는 선전사업에 대해 이렇게 회고했다.

우리의 주요 임무는 본부의 요구에 근거하여 적극적으로 항일선전을 해서 부녀자들로 하여금 반파시즘 투쟁의 중요 역량이 되게 하는 것이었다. 선전 활동에 활기를 불어넣고 그 효과를 더 높이기 위해 우리들과 문학단이 같이 단막극을 편성해 선전활동을 했다. 우리들은 노래로도 항일 운동을 했으며 투항을 반대했는데, 종종 길거리에서도 공연을 했다. 간단한 도구를 이용해 진지한 감성으로 조선의용대의 목표를 선전해 사람들의 항일의지를 고무시켰다. 우리들의 공연은 많은 사람들을 끌어들였으며 공연이 최고조에 이를 때면 관중들의 구호 소리가 끊이질 않았다.

1939년 가을 조선의용대는 화북지방을 차지한 일본군의 후방으로 진출해 그곳의 한국인을 확보한다는 기본 전략을 수립했다. 이에 따라 1939년 말 북진지대가 결성되어 북상을 시작했다. 그런데 일본군이 광시성을 침략하면서 1940년 3월 조선의용대 대본부는 구이린을 떠나 충칭으로 이동해야 했다. 조선의용대 대본부의 충칭으로의 이동 결정은 조선의용대의 분화라는 결과를 낳았다. 1940년 3월 김원봉이 주도하는 충칭으로의 이동에 반대하는 조선의용대원들이 뤄양으로 선견대를 파견했다. 이화림도 선견대의 일원으로 뤄양으로 향했다. 뤄양에 도착한 20여 명의 일행은 임평을 대장, 호철명을 부대장으로 한 조선의용대 뤄양지대를 구성했다. 마침내 그 해 겨울 조선의용대의 주력부대들까지 뤄양에 도착했다. 그곳에서 부대 재편성과 대원 재훈련을 끝마친 조선의용대원 80여 명은 1941년 봄에 세 그룹으로 나뉘어 타이항산으로 북상을 시작했다. 이제껏 김원봉과 단짝처럼 행보를 같이하던 윤세주, 그리고 김원봉과 황포군관학교 동기동창생인 박효삼이 조선의용대원의 타이항산행을 이끌었다.

이화림은 본래 두 번째로 출발하는 그룹에 속했다. 하지만 그녀가 일본군 여성 포로를 한국광복군에 인계하는 임무를 끝내고 돌아오니, 두 번째 그룹은 이미 출발하고 없었다. 결국 그녀는 세 번째로 출발하는 그룹의 일원이 되어 타이항산으로 향했다. 중국 공산당이 길잡이를 파견해 안전한 길을 안내했다. 세 번째 그룹은 전투력이 약한 편이라 공산당 선전 관련 서적과 간행물을 소지하지 말라는 지시를 받았다. 문화선전공작단만은 공연 물품을 소지하도록 했다. 중국 국민당군에 발각되지 않기 위해 조선의용대 공연팀으로 위장해야 했기 때문이었다. 1941년 5월 이화림을 비롯한 조선의용대원들이 중국 국민당군, 일본군, 그리고 만주국군의 봉쇄선을 넘어 타이항산에 도착했다. 조선의용대가 타이항산에 오자 중국 공산당 산하 팔로군 최전방 사령부는 환영회를 열어주었다. 당시 타이항산에는 조선의용대가 북상하기 전인 1941년 1월 중국 공산당에 속한 한인당원을 중심으로 결성된 화북조선청년연합회가 있었다. 조선의용대는 타이항산에 도착한 직후인 1941년 7월 조선의용대 화북지대(이하 화북지대)로 개편되었다.

조선의용대가 무장선전활동을 하는 법

이화림은 조선의용대 시절을 회고하면서 조선의용대의 무장선전활동 방식에 대해 자세히 쓰고 있다. 그녀가 '따발수'라고 부르는 조선의용대원이 하는 함화, 즉 일본군 진지 코 앞에서 일본군을 향해 연설하는 일이 가장 적극적인 선전활동이었다. 따발수들은 한밤중에 일본군과 가장 가까운 참호로 가서 유창한 일본어로 "일본 형제들이여, 일본 군벌이 중국에서 전쟁을 일으킬 이래로 불쌍한 일본의 백성은 중국에 끌려와서 싸우고 있고 일본 군벌은 당신들이 아내와 함께 할 수 있는 기쁨을 박탈하고 있소…"라고 큰 소리로 연설했다. 일본 지배세력의 침략욕에 일본 국민들이 희생양이 되고 있음을 강조했다.

> 형제들이여, 명절이 되었소. 모두 한데 모여 단란하게 지낼 때인데 여러분들은 누구를 위해 여기서 이렇게 목숨을 거는 거요? 생각해보시오. 당신들의 집, 아내 그리고 아들, 딸들을…….
>
> 봄이 왔군요. 당신들의 군벌과 재벌은 지금 여인들을 품에 끼고 벚꽃을 감상하고 있어요! 여러분들의 가족은 벚꽃 아래서 눈물을 흘리고 있어요!
>
> 당신들이 행복하게 살고 싶다면 반전만이 진정한 민주국가를 다시

건립할 수 있습니다……

그리고 일본 군인을 회유하고 반전가를 불렀다.

병사들이여, 연합해서 일어나시오. 우리들의 적은 일본 군벌이오! 투항하면 죽이지 않을 것이고 포로는 특별 우대할 것이요!

우리는 모두 침략전쟁에 반대한다. 싸우지 말자, 군벌을 위해 목숨 걸지 말자! 일본 형제들이여, 깨어나시오! 군벌을 반대하고 전쟁을 반대합시다!……

때로는 투항한 일본군 반전 활동가들이 조선의용대원들과 함께 연설하며 선전활동을 벌였다.

일본 형제들이여! 혹시 거기에 니가타현 시바타 사람 있소? 지난 봄에 창링 지역에서 여러분들은 2천여 명의 형제들을 잃었는데, 당신네 상관은 150여 구의 시체를 포기했소. 이 전사자들이 너무나 불쌍하지 않습니까! 지금 우리가 그들을 다 잘 묻었으니 당신들이 고향으로 돌아가게 되면 그들의 부모와 처자식에게 우리 보호 아래 편히 잠들었다고 전해주시오!

전쟁터에서 연설과 함께 곳곳에 표어를 붙이는 것도 조선의용대의 주요한 선전활동 중 하나였다. 일본어로 된 "군부 폭력파 상관을 사살하자!", "침략전쟁을 혁명으로 전환하자!", "반침략전쟁의 선봉인 조선의용대의 호소에 호응해 주세요!", "우리들의 전선에 와서 적국인 일본 군벌을 같이 무찌릅시다!" 등의 표어를 일본군들이 볼 수 있는 곳에 내걸었다. 전단지를 뿌릴 때는 여러 가지 기법이 동원되었다. 200미터가 넘는 연줄을 가진 연을 이용해 전단지를 날리기도 했고, 5장 혹은 10장의 전단지를 돌에 묶어 던지기 편하게 만든 일명 '수류탄 전단지'를 만들어 적진 가까이 가서 던졌다. 강물에 전단지를 띄어 보내거나 나무 위에 거는 법도 활용되었다.

그런데 조선의용대 대본부가 구이린에 있던 시절에 이화림은 부녀복무단 단원으로 활동했기 때문에 조선의용대원들이 전쟁터에서 벌인 무장선전활동에 참여하거나 목도한 적이 없었다. 그녀가 처음 무장선전활동을 경험한 것은 조선의용대원들이 타이항산으로 이동하던 때였다. 그리고 타이항산에서 결성된 화북지대가 적극적인 무장선전활동을 벌이면서 이화림도 이에 가담했다.

중일전쟁이 우한 함락을 계기로 속전속결전에서 지구전으로 옮겨가면서 선전전의 비중이 커졌다. 팔로군은 일본과의 정면충돌을 피하고 적후방지역 중국인에 대한 장악력을 증대하고 일본군을 무력화시키는 데 집중했는데, 그 기초 활동이 바로 무장선전활동이었다. 화북지대는 두 번에 걸쳐 무장선전활동을 조직했다. 제1차 무장선전활동은 1941년 9월 5일부터 10월 20일까지 전개되었다. 화북지대는 대적 선전활동 경험이 있고 중국어를 잘 하는 30명으로 무장선전대를 조직하고 대장에 왕자인을 임명했다. 제2차 무장선전활동은 1941년 11월 초부터 1942년 3월 말까지 전개되었다. 이화림은 왕자인이 이끄는 제3대에 속해 팔로군 타이항군구 제6분구의 샤허, 싱타이, 우안 등 3개 현에 걸쳐 활동했다. 그녀는 주로 의료 업무를 맡았다.

화북지대의 무장선전활동은 먼저 중국 인민을 대상으로 했다. 중국 공산당은 중국 인민을 획득하기 위한 선전에 사활을 걸었다. 중국 공산당은 '선전은 작전보다 중요하고, 모든 공작의 발단이며 인민동원의 가장 유력한 무기'라며 산하 기구들을 동원해 선전활동을 펼쳤다. 이에 화북지대도 중국 공산당 및 팔로군과의 관계를 강화하고 인민 선전의 방법을 터득하고자 무장선전활동에 적극적으로 참여했다. 중국 인민에 대한 선전활동은 좌담회와 군중집회, 그리고 선전물 배포 등의 방식으로 이루어졌다.

한편, 화북지대는 무엇보다 일본군에 대한 무장선전활동에서 큰 활약을 보였다. 대원 대부분이 일본어에 능숙하고 일본 사정을 어느 정도 알고 있고, 조선의용대 결성 이후 줄곧 일본군에 대한 선전활동을 벌인 전력을 갖고 있기 때문에 팔로군에게는 더없이 유용한 존재였다. 화북지대는 일본군의 통신선과 교통로를 파괴하는 무장활동과 함께 전단을 살포하거나 함화선전을 펼쳤다. 이화림이 속한 제3대는 1942년 1월 14일 팔로군과 함께 싱타이의 중매화에서 일본군에 대한 함화를 전개했다는 기록이 남아 있다. 한 시간에 걸친 함화에 일본군은 기관총 사격으로 응수했다.

화북지대는 무장선전활동만이 아니라 일본군과 직접 전투를 치르기도 했다. 제2차 무장선전활동 기간에 팔로군과 함께 10여 차례의 전투를 치렀다. 호가장전투와 읍성전투에서는 화북지대가 단독으로 일본군과 전투를 벌이기도 했다. 왕자인이 이끄는 제3대원으로서 이화림은 읍성전투가 벌어진 현장에 있었다. 읍성에서 제3대가 무장선전활동의 일환으로 군중대회를 열고 있을 때 일본군이 기습을 가하면서 전투가 시작되었다. 제3대원들은 총과 수류탄으로 맞서며 세 갈래로 나눠 돌격해 탈출에 성공했다. 다행히 대원 황신오만 경상을 입었다. 이화림은 회고록에서 황신오의 이름을 기억하지는 못했지만 그를 치료한 후 들것에 오르라고 하자 "나는 다리 한쪽으로도 일본놈 몇 명은 더 죽일 수 있어요"라고 큰소리를 친 것을 기억했다.

조선의용군 부녀국 대장이 되다

타이항산에서 이화림은 화북조선청년연합회를 이끌고 있던 진광화와 반갑게 상봉했다. 이때 만난 진광화를 그녀는 이렇게 회고했다.

호리호리한 몸매, 가느다란 목, 쌍꺼풀진 커다란 두 눈, 둥그스르한 얼굴, 맑고 듣기 좋은 남성 중음은 변함이 없었으나 워낙 가무스름

한 얼굴빛은 거친 태항산의 산바람에 쐬어서인지 좀 거칠어졌고 손가락도 더 세진 듯했다. 그때 그는 젊은이치고는 상당한 책임적 위치에서 사업하는 축이었지만 명랑하고 쾌활한 성격만은 여전히 그대로였다.

진광화는 이화림에게 간부훈련반 교육을 제안했다. 화북지대는 1941년 8월 16일 간부훈련반을 개설했다. 본래 간부훈련반은 화북지대 내 신입대원 30명을 교육해 하급간부로 양성하기 위해 마련된 것이다. 진광화는 이화림이 교육학과 의학을 알고 있으나 마르크스주의 철학과 중국 혁명 역사를 잘 모르고 있다는 점을 지적하면서 조선의용군의 정치적 소질을 높이기 위해서는 누구나 마르크스주의 이론 학습을 해야 한다고 설득했다. 20대 젊은이들 사이에서 공부하기를 꺼렸던 이화림이었지만 그의 말에 수긍하고 간부훈련반에 들어갔다고 한다. 1942년 4월에는 조선민족혁명당 대표 김두봉이 타이항산에 왔다. 펑더화이 팔로군 부총사령관이 직접 환영연을 열어 대접했다. 그렇게 이화림은 다시 김두봉과도 만났다.

1942년 5월 일본군은 3만명을 동원해 타이항산 소탕작전에 들어갔고 중국 팔로군과 화북지대는 곧 포위당했다. 팔로군과 화북지대는 일본군에 맞서 '반소탕전'을 전개하였다. 반소탕전은 옌안지대에 있는 중국 공산당의 운명을 결정짓는 대회전이었다. 5월 28일에 일어난 펜청전투가 가장 치열했다. 이 전투에서 팔로군은 부참모장인 줘취안을 잃었다. 화북지대에서는 윤세주, 진광화 등 핵심 지도자를 비롯해 11명이 목숨을 잃었다. 당시 윤세주는 연로한 김두봉과 폐렴으로 앓아누워 있던 진광화 등과 함께 숲속에 은신하고 있다가 일본군 수색대와 교전하게 되었다. 이때 부상당한 진광화는 수십 길 벼랑 아래로 굴러 떨어져 전사했다. 한편 윤세주는 다행히 즉사하지 않았으나 워낙 출혈이 심한 까닭에 끝내 눈을 감고 말았다. 이 펜청전투 이후 팔로군은 중국 공산당의 지시에 따라 화북지대에 최전방에서 일본군과 직접 싸우는 일을 삼가고 군사훈련을 통해 전투력을 갖추는 데 주력할 것을 요구했다.

1942년 7월 화북조선청년연합회는 김두봉을 위원장으로 하는 조선독립동맹으로 개편되었다. 화북지대 또한 팔로군에서 활약하던 무정을 대장으로 하는 조선의용군으로 개편되었다. 조선의용대는 타이항산 근처에 본부를 두고 화북 각지에 지대를 두었다. 본부와 각 지대는 팔로군의 지휘 아래 활동했다. 이화림은 새롭게 개편된 조선의용군에서 부녀국 대장으로 활동했다.

조선의용군은 화북지대와 마찬가지로 일본반전단체와 연대한 대일본군 선전활동에 주력했다. 1939년에 중국 공산당의 항일근거지에서 결성된 일본인사병각성연맹은 화북지방 최초의 일본인 반전운동단체였다. 1941년에 개교한 일본공농학교는 팔로군 정치부 소속의 일본인 포로 교육기관이었다. 설립목적은 일본인 포로들이 일본의 침략전쟁을 성전聖戰으로 받아들이는 인식을 개조하고 나아가 포로 중 일본군을 상대로 정치공작을 담당할 간부를 양성하는 데 있었다. 1942년에는 일본인민반전동맹 옌안지부와 일본인사병각성연맹이 일본인민반전동맹화북연합회로 통합되었고 1944년에는 이름을 일본인민해방연맹으로 바꿨다.

그런데 일본군 포로를 담당한 것은 이들 일본인 반전운동단체가 아니라 조선의용군이었다. 처음엔 일본인 반전운동단체에 맡겼으나 일본군 포로들이 이들을 배반자로 간주하고 반발해 조선의용군을 투입했던 것이다. 조선의용군은 일본에 능통한 사람들이 많았으므로 주로 일본군 포로에 대한 심문·호송·인계 업무를 담당했다. 또한 조선의용군은 일본인반전단체와 함께 선전 전단지를 제작해 일본군을 상대로 한 반전 선전 활동을 펼쳤다.

복잡하고도 위험한 이런 투쟁 속에서 조선 동지들은 팔로군 동지들과 손잡고 뛰어난 성과를 올렸다. 조선동지들 외에 또 일본해방연맹의 동지들도 이 투쟁에 참가하였다. 그들은 일본말이나 조선말로 일본군에게 편지를 쓰고 구두선전을 하였으며, 표어를 써 붙이며 서정적인 노래를 불러 적군의 사기를 와해시켰다. 때로는 일본군 부대로 가장해 토치카 안에까지 들어가 일본 군대를 사로잡기도 하였다.

중국 공산당 항일근거지를 무대로, 팔로군의 지휘와 지원 아래 이루어진 조선의용군과 일본인 반전운동단체의 연대는 항일과 반전을 동시에 추구했기에 가능한 연대였다.

혁명의 근거지, 타이항산에서의 삶

이화림은 1941년 봄부터 1944년 봄에 옌안으로 떠날 때까지 3년간 타이항산에 살았다. 그녀는 궁핍했지만 즐거웠던 타이항산에서의 삶, 즉 생활의 면모를 상세히 회고했다. 그녀의 기억 속의 타이항산은 혁명의 땅이었다.

이화림에게 타이항산의 삶은 결코 녹록한 것이 아니었다. 늘 물자가 부족했지만 특히 식량이 부족해 옥수수면에 겨를 섞어 먹었다. 어떤 때는 옥수수면도 없어 겨만 먹기도 했다. 조선의용군은 식량과 물자 부족을 자급자족의 생산운동을 통해 돌파하고자 했다. 우선 황무지를 개간했다. 그런데 조선의용군에는 농사 경험이 없는 학생 출신들이 많았다. 그들은 돌멩이를 손으로 파내 생긴 피멍울의 고통을 참고 열심히 개간했다. 이화림은 이렇게 일하는 동안 잠시 쉬는 시간을 갖고 노래 시합을 벌였던 기억을 특별히 떠올렸다. 아마도 오늘날까지 중국에서 불리는 '중국인민해방군 군가'를 작곡하고 당시는 '옌안송' 작곡가로 널리 알려졌던 정율성이 함께 했기 때문일 것이다. 정율성은 노래 시합 때마다 독보적인 모습을 보여줘 모두에게 열렬한 박수를 받았다. 정율성은 "열정적이고 대범했으며 그가 노래를 부를 차례가 되면 종종 연기자처럼 노래를 불렀다. 모두들 명실상부한 음악의 거장이라고 칭찬했다"고 한다. 이화림도 중국 민요의 곡조를 이용해 다음과 같은 가사를 가진 합창곡을 만들어 불렀다고 한다.

타이항산 조선의용군 옌안주둔지 기념비(독립기념관 국외독립운동사적지 홈페이지)

타이항산 윤세주 진광화 초묘(독립기념관 국외독립운동사적지 홈페이지)

남자 동지들은 총과 괭이를 메고
타이항산의 도랑을 돌아다니면서
땅속에 있는 돌과 나무뿌리를 캐내고
옥수수와 호박 그리고 감자를 심는다
어야디야 어기여차
승리의 노래는 영원히 끝나지 않네.

이화림은 조선의용군 부녀국 대장으로서 남자 대원들과 함께 황무지 개간에 참여하는 동시에 여성 대원들과 함께 매일 나물을 채취했다. 나물은 유용한 저장식품이기도 했다.

우리 여자 동지들이 캔 산나물은 평소에도 먹었을 뿐만 아니라 말린 후에 비축해 놓고 겨울에도 먹었다. 채소를 해결하긴 했지만 산에서 소금이 매우 부족해 우리들은 짠맛 나는 돌을 갈아서 나물과 섞어 먹을 수밖에 없었다. 타이항산에서 기름은 소금과 똑같이 중요했기에 우리들은 피마자기름을 콩기름 대용으로 썼고 그것으로 채소를 볶으면 맛이 꽤 괜찮았다. 우리들은 산에 채집한 도토리를 갈아서 면으로 만든 다음 다시 옥수수면과 섞어서 워워터우를 만들었는데 이것도 정말 향기롭고 맛있었다. 전사들은 우리들이 채집한 것들로 만든 반찬들을 매우 배불리 먹었으며 칭찬을 아끼지 않았다.

한편, 조선의용군 본부는 팔로군 본부가 관할하는 병원과 거리가 멀어 환자가 발생하면 다니기가 불편했다. 그런데 조선의용군에는 의학을 전공한 사람들이 적지 않았다. 조선의용군은 1943년 3월에 타이항산에 대중병원을 설립했다. 병원은 내과와 외과 및 약품제조실로 나뉘었고, 일본군으로 출전했다가 포로로 잡혀온 백은도가 병원장 겸 내과를 맡았다. 김상현은 부원장 겸 외과를 맡았다. 약제사 김희원은 일본군에서 탈출한 한국인이었다. 간호사로는 김화순이 있었다.

1943년 5월 조선의용군 대장 무정은 이화림에게 대중병원에서 일할 것을 지시했다. 그녀는 대중병원에서 간호사 겸 의사 조수로 일을 했다. 병원은 크지 않았으나 타이항산 깊은 산속에서 유일하게 누릴 수 있는 의료 혜택이었다. 의사와 간호사들은 약재 부족을 우려하며 야생 약초를 이용한 치료제 연구에 힘썼다. 그리고 전염병 예방을 위해 예방접종을 실시했다. 가난한 사람은 무료로 치료를 받을 수 있었고 전사자의 유가족에게는 건강검진을 실시했다. 1943년 말에 중국 공산당이 세운 변구 정부는 대중병원을 우수병원으로 평가해 백은도에게 노동영웅 칭호를 주었고 간호사인 김화순과 이화림에게 노동 모범의 칭호와 함께 상금을 수여했다.

한편 조선의용군은 타이항산의 물자난을 해결하기 위해 삼일상점을 운영했다. 식량, 소금, 비누, 성냥개비 등을 팔았다. 삼일상점은 해마다 명절이 되면 전사자 가족과 빈곤한 농민에 구호품을 보내주었다. 또한 조선의용군은 이발소를 세워 대원들과 농민들의 머리를 잘라 주었다.

이처럼 모든 게 풍족하지는 않았지만 서로 도우며 공동체를 이뤄 살아가던 타이항산에서의 삶에 대해 이화림은 이렇게 평가했다.

우리는 타이항산에서 생활하면서 진정한 타이항산 사람이 되었고 혹독한 환경 속에서 더욱 단단해졌다. 타이항산의 민심과 산세는 우리들을 타이항산의 자식으로 만들어 주었고 이 신성한 토지는 우리를 기르고 단련시켜 주었다.

성차별을 딛고 전사로 살아가다

김학철, 그는 1916년 원산에서 출생해 서울에서 보성고등보통학교 4학년에 재학 중이던 1935년 중국으로 건너갔다. 1938년 황포군관학교를 졸업하고 조선의용대에 입대해 1941년 타이항산 전투에서 일본군과 교전 중 다리에 총상을 입고 포로가 되어 일본의 나가사키 형무소에서 4년간 복역했다. 1945년 해방이 되자 귀국해 서울에서 창작활동을 벌이다가 1946년 월북하고, 다시 1951년 한국전쟁 중에 중국으로 건너가 문필가로 활동했다. 그가 타이항산에서 함께 싸운 전우들을 회고하며 이화림을 대했던 자신을 반성하는 글을 남겼다. 이 글에는 무장투쟁에 나선 여성들이 남성들로부터 어떻게 부당하고 차별적인 대우를 받았는지가 적나라하게 드러나 있다.

    김학철이 이화림을 처음 만난 것은 1936년 난징에서였다. 그는 당시 조선민족혁명당 기관지 『앞길』의 경비를 조달하기 위해 상하이에서 일본인 부자들을 습격하는 행동대원으로 활동하고 있었다. 그러다가 일본경찰을 피해 난징으로 피신해 있던 중 조선민족혁명당에서 활동하는 허정숙, 조명숙, 이난영 등과 함께 이화림을 만났다. 그는 이화림이 이집중의 부인이라는 소개를 받았기에 초면에 이집중의 부인이라는 뜻으로 '미세스 리'라고 불렀다가 무안을 당했다. 당황한 그가 다시 '아주머니', '누님' 등으로 호칭을 바꿔 부르자 이화림은 자신을 '화림 동무'라고 부를 것을 요구했다. 하지만 그때까지 김학철은 여자를 동무라고 불러본 적이 없었다고 한다. 그렇게 난징에서 김학철 등의 피신 생활을 돕던 이화림은 김치를 담갔는데, 속성에 더운물로 담가 맛이 '괴상야릇'했다. 김학철 등은 막걸리 김치, 처녀작 김치, 벼락김치라고 부르며 이화림이 요리도 제대로 못한다고 비아냥댔다. 그런데 정작 그들이 절대 이해하지 못하는 것은 여성 '직업혁명가'들이 자신의 나이를 밝히려 하지 않는 문화를 갖고 있다는 것이었다. 그것을 이해하지 못하는 한 '그들'과 '그녀들'의 성차별에 기반한 문화적 거리는 멀고도 멀 수밖에 없었다.

    나중에 알고 보니 그녀들은 다 살림이란 걸 해보지 못하였었다. 선머슴 같은 여자들이었다. 세상에서 일컫는 직업혁명가들이었다. 그런데 이것도 나중에 알게 된 일이지만 그 여류혁명가들은 김치를 담그는 재주가 손방이라는 공통점 외에도 또 한 가지 공통점이 있었으니 그것은, 나이를 절대로 (죽어도) 바로 대지 않는 것이었다. 우리 남자들처럼 춘하추동이 한 바퀴 돌면 한 살을 더 먹는다는 자연법칙이 그녀들에게는 절대로(죽어도) 적용되지 않았다. 나이가 해마다 제자리에서 답보를 하는 것쯤은 예상사였다. 3년 4년 지어는 한 5년까지 걸려서 겨우 한 살을 더 먹기도 일쑤였다.

1937년 12월 일본군의 폭격기들이 난징을 공습할 때 중국군의 고사포탄에 맞은 일본군 폭격기가 추락했다. 이때 이화림은 김학철에게 격추된 폭격기의 잔해를 보러 가자고 권했다. 김학철이 거절하자 그녀는 진가명과 함께 폭격기 추락 현장에 달려가 비행기 날개 한 조각을 갖고 왔다. 그리고는 일본군 시체가 '벌거숭이 송장'이 되었다고 알려주었다. 이 말에 김학철 등은 "저게 여자야 남자야", "남녀추니가 아니야?", "이집중한테 한번 물어봐야겠군" 하며 낄낄거렸다. 당시 김학철에게 이화림은 정체를 딱히 알 수 없는 여자였다.

김학철이 이화림을 다시 만난 것은 1939년 구이린에서였다. 이 때 이화림이 김학철을 만나 전선의 사정에 대해 미주알고주알 물었다. 이화림은 '함화'가 가능한 거리가 얼마인지 일본군 포로는 많은지, 우리 측 사상자는 많은지를 추궁했다. 김학철은 마지못해 짧게 대답했다. 1940년 이화림은 조선의용대의 선견대에 포함되어 김학철 등과 함께 뤄양으로 이동했다. 그런데 김학철은 이때 "아무도 그녀를 환영하지 않았다"고 회고했다. 이화림에 대한 남성대원들의 인식은 반여성적이고 차별적이었다.

> 이화림의 타고난 결함은 여자다운 데가 없는 것이었다. 아무리 몸에다는 군복을 입었더라도 여자는 여자다운 맛이 있어야 하겠는데 그것이 결여된 까닭에 그녀는 남성 동지들의 호감을 통 사지 못하는 것이었다.

무장투쟁에 함께 뛰어든 여성 동지에게 '여자다운 맛'을 요구한 김학철은 이화림이 자신의 내복을 빨아주자 기겁을 하고는 "이화림은 동지들에게 일껏 호의를 베풀고도 냉대를 받기 일쑤였다"고 회고했다. 하지만 김학철이 보기에 이화림은 이러한 성차별을 아랑곳하지 않았다. 앞에서 이화림은 일본 여성포로 문제를 처리하느라 조선의용대원들이 뤄양에서 타이항산에 갈 때 자신이 속한 부대원들과 함께 가지 못했다고 회고했다. 그런데 김학철의 회고에 따르면 남성대원들이 일부러 이화림을 떨궈 놓은 것이었다. 하지만 몇 달 후 이화림이 타이항산에 나타나자 남성대원들은 "저게 또 따라왔네!"라고 하며 키득거렸다고 한다. 이화림이 개고기를 못 먹는다고 할 때도 남성대원들은 "그 주제에 또 개고길 못 먹어?"라며 비웃었다. 이화림에 대한 남성대원들의 배제는 이후에도 이어졌다. 조선의용군이 부대를 재편성할 때 이화림을 데려가려는 곳이 없어 그만 그녀는 '개밥에 도토리' 꼴이 되고 말았다. 조선의용군 지도자 박효삼은 전원을 모아놓고 엄숙히 비판했다.

> 전쟁 마당에서 한 동지를, 한 전우를 어떻게 이렇게 대할 수 있는가! 하물며 여성 동지를

김학철은 이화림이 1944년 타이항산에서 옌안의 의학전문학교로 가게 된 것도 배척을 당한 셈이라고 회상했다. 그리고 이화림에 대해 다음과 같이 평가하며 자신의 과오를 반성했다.

> 이화림은 일생을 두고 혁명에 충직하였다. 여성의 몸으로 수없이 많은 간난신고를 겪었고 또 그 간난신고를 하나하나 다 이겨내었다. 그녀는 쩍말없는 여전사였다. 정직하고 강의한 여류혁명가였다. 하건만 그녀의 사사로운 생활은 계속 고적하고 처량하기만 하였다. …… 이화림은 동지들의 테두리 안에서 수십 년 동안 옳은 평가를 받지 못하고 살아왔다. 그 옳은 평가를 하지 않은 사람들 가운데는 —유감천만하게— 나 이 김학철도 들어 있다.

이화림에 대한 멸시와 배척은 비단 이화림에만 국한된 비극이 아니었을 것이다. 무장투쟁에 뛰어든 여성은 누구든 이화림과 같은 노골적인 차별을 받으며 그것을 감내해야만 했을 것이다. 김학

철이 이화림에 대한 자신의 차별적 인식과 대우를 반성한다고는 하지만 그녀의 사적인 삶에 대한 평가에 여전히 드러나는 차별적 인식으로 볼 때 한계가 분명해 보인다.

정든 타국,
중국에서 생을 마치다

마침내 옌안으로 가다

1943년 12월 중국 공산당은 조선의용군은 일부만 타이항산에 남고 대부분은 옌안에 가서 훈련을 받으라는 명령을 내렸다. 옌안에 조선의용군을 위한 군정학교를 설립해 2년 주기로 정식 훈련을 받으라는 것이었다. 이화림도 옌안으로 가는 명단에 들어 있었다. 그녀는 남성대원들의 차별과 배제가 작동한 결과인 줄도 모르고 '혁명의 성지'인 옌안에 가는 것을 기뻐했다. 옌안에 가서 공부할 수 있게 된 것을 자기의 능력을 향상시킬 수 있는 좋은 기회라고 생각했다. 하지만 이로 인해 남편과의 갈등의 골이 깊어지면서 결국 이집중과 헤어졌다. 그녀는 "생명은 고귀하고 사랑의 가치는 더 높지만 자유를 위해서라면 이 두 가지 다 포기할 수 있다"라고 다짐했다.

이화림은 박효삼이 이끄는 200여 명의 조선의용군 및 호송을 맡은 팔로군과 함께 옌안으로 향했다. 타이항산에서 옌안으로 가는 길목은 일본군과의 교전지역이었다. 행군의 규칙은 누구든 말을 해서는 안 되고 반드시 경계심을 늦추지 않고 잠복하는 것이었다. 또한 일본군을 만나면 교전하지 말고 돌아가야 했다. 낮에는 야영하고 어둠을 틈타 이동했다. 옌안으로의 이동 중에 이화림은 간호사 역할을 해야 하기에 제때에 밥도 먹지 못하고 제대로 쉬지 못했다. 병자를 치료해야 했고 발에 물집이 터진 많은 사람들을 돌봐야 했다.

1944년 4월 조선의용군이 옌안에 도착했다. 그리고 박효삼의 지휘로 조선혁명군정학교 설립에 뛰어들었다. 교사와 학생들은 직접 17개의 토굴을 파서 기숙사를 만들었다. 타이항산에서처럼 황무지를 개간해 자급자족의 기반도 마련했다. 이화림은 여기서도 여성대원들과 함께 산나물을 캐는 작업을 맡았다. 마침내 1년 후에는 황무지 개간의 성과로 양식을 수확할 수 있었다. 조선의용군은 타이항산에서의 자급자족하던 생활을 십분 활용해 목탄을 만들고 채소 농사를 지었다. 벽돌과 기와를 생산하고 설탕을 제조하고 양말을 짜서 팔아 돈을 벌기도 했다. 자그마한 상점도 경영했다.

이러한 자급자족의 생활을 발판으로 1944년 12월 학교가 완성되었고 1945년 2월 5일 마침내 조선혁명군정학교가 정식으로 개학식을 거행했다. 조선혁명군정학교는 "민주 독립을 실현하고 자력갱생의 혁명전통을 발양하자"는 구호를 내세웠다. 교장은 김두봉이 맡았다. 교감 박일우는 학교 정치위원과 조직부장을 겸했고 허정숙은 선전부장을 맡았다. 주덕해는 총무부장을 맡았고 정율성은 구락부 주임 겸 음악 선생님을 맡았다. 조선혁명군정학교는 군사학·정치학 등에 대한 교육과 함께 자급자족의 생산 활동을 병행하도록 교육과정을 편성했다. 이화림은 조선혁명군정학교에 근무할 당시 자신의 생활을 이렇게 회고했다.

> 나는 농업생산대에 참가하여 농장에 가서 일하다가 호미를 씻게 되자 군정대학에 돌아와 방직조의 동무들을 도와 나무껍질을 우린 물로 실에 물감들이는 일을 하다가 교장 백연 선생(김두봉)의 수하에서 자료 간사로 있으면서 자료를 수집하고 정리하는 일을 도왔다.

의사의 길을 가다

1945년 이화림은 무정의 주선으로 중국의과대학에 입학했다. 그런데 나이가 많아 8살을 줄여 겨우 들어갈 수 있었다고 한다. 학교에서는 매일 8시간의 수업을 받았다. 강의가 중국어로 진행되어 내용을 제대로 소화하지 못하는 경우도 있었다. 그녀는 의과대학을 다니며 농촌에서 위생과 방역 지식을 선전하는 활동에 참여했다. 이렇게 의과대학에서 공부하던 중 이화림은 해방을 맞았다. 그녀는 그 소식을 듣고 한걸음에 조선혁명군정학교로 달려갔다.

> 모든 조선의용군 전사들은 명절을 지내는 것처럼 한복을 입고 대운동장에서 노래하며 춤추고 있었다. 모두들 내가 온 것을 보고 나에

게 달려들었다. 그리고 내 이름을 부르면서 나를 안아 높이 들어 올렸다. 나도 가슴속의 흥분을 억제하지 못했다. 이때 진광화 동지, 석정(윤세주)과 손일봉 동지 생각이 났다. 만약 그들이 지금 같이 있으면 얼마나 기쁠까. 동지들은 내게 비통함을 힘으로 승화시키라고 충고했다. 나는 내 눈물이 행복의 눈물이라는 것을 알고 있었다. 나는 동지들의 환희에 같이 전염되어 그들이 노래 부르고 춤추는 행렬에 들어가 조선의용군 전사들과 함께 행복한 저녁 시간을 보냈다.

그렇게 해방이 되고 조선의용군은 만주를 향해 출발했다. 하지만 이화림은 무정으로부터 학업을 마무리하고 부대로 돌아오라는 명령을 받고 의학 공부를 계속했다. 무정은 조선의용군을 이끌고 옌안을 떠나며 이화림에게 이렇게 약속했다.

조직에서 너를 의대에 보낼 때에는 심사숙고해서 결정한 것이다. 이것은 혁명사업에 필요한 것이다. 비록 현재 항일전쟁이 이미 승리했을지라도 우리들 앞에는 더 어렵고 복잡한 혁명사업이 기다리고 있다. 무산계급혁명은 하루아침에 이뤄지지 않는다. 혁명 승리 후 막중한 건설 사업이 여전히 우리를 기다리고 있다. 우리 국가는 전문적으로 훈련받은 의사를 필요로 하고 있다. 이 때문에 너는 의학 공부를 절대 중도에서 포기하면 안 된다. 반드시 열심히 공부해서 나중에 다시 부대로 돌아와야 한다. 그때 만약 다른 사람이 너를 놓아주지 않는다면 내가 반드시 너를 데리러 오겠다!

조선의용군은 9월 중순에 떠났고 옌안에 남아 의학공부를 계속하던 이화림은 또다시 국공내전의 전화 속으로 들어갔다. 국민당군의 공격이 예상되자 중국의과대학은 학습과 생활을 전시체제로 개편했다.

1945년 10월 중국의과대학 학생들은 만주국이 남긴 의무 부분의 업무를 접수해 관리하는 임무를 맡았다. 학생들은 만주국의 각종 병원, 특히 군대 관련 의료기관을 접수해 관리하고 의무종사자들을 통제하는 일을 맡았다. 이는 곧 국공내전에 대비하는 길이기도 했다. 학생들은 한 달의 행군 끝에 1946년 1월 장자커우에 도착했다. 장자커우에는 의학원이 있었지만 원장은 도망쳤고 학교는 어수선했다. 그래서 이 의학원과 팔로군의 전쟁터를 누비며 활약하던 미국인 의사 노먼배순이 세운 의학원을 합병해 노먼배순의과대학을 세웠다. 1946년 중국 국민당의 공격이 시작하자 중국공산당은 장자커우를 비롯해 100여 도시를 포기했다. 노먼배순의과대학은 노먼배순이 생전에 거주하던 장저커우의 거궁촌으로 이사했다. 여기서 이화림은 학교 관리에 힘썼고 이러한 활동을 인정받아 1946년 11월 중국 공산당원이 되었다.

1947년 1월 중국의과대학 지도자들은 학생들에게 일부 학생만 노먼배순의과대학에 남아 일을 하고 나머지는 두 팀으로 나눠 국공내전에 참여하라고 지시했다. 제1대는 네이멍구를 돌아 만주로 진격했다. 1947년 6월 이화림이 포함된 제2대는 만주로 진격해 칭다오에서 배를 타고 다롄을 거쳐 선양으로 가 그곳에서 다시

하얼빈을 지난 싱산에 도착해 제1대에 합류할 예정이었다. 그런데 선양이 국민당에 점령당하는 바람에 다롄에서 소련군과의 교섭을 거쳐 비밀리에 소련 배를 타고 진남포항에 도착해 다시 기차를 타고 북상했다. 이때 이화림은 기차 안에서 잠시나마 자신의 고향인 평양을 눈에 담을 수 있었다.

중국의과대학을 졸업한 이화림은 중국의과대학 제1분교에 배치되었다. 그녀는 정병진, 강순구 등을 이끌고 대표로서 간호사를 양성하는 제1분교가 있는 룽징으로 출발했다. 그런데 1948년 가을부터 만주에서 치열한 전투가 벌어지면서 전선에서는 많은 의사나 간호사를 필요로 했다. 하지만 이화림은 국공내전에 참여하지는 못했다. 그 대신 1948년 2월 8일 북한에서 창설된 바 있는 인민군에 들어갔다. 1949년 7월 조선의용군 제1지대 후신인 중국인민해방군 제166사단 병력 10,321명과 조선의용군 제3지대 후신인 제164사단 병력 10,821명이 북한으로 들어가 조선인민군이 되었다. 그 중 방호산이 이끌던 제166사는 조선인민군 제6사단으로 재편되었다. 이화림은 제6사단에 소속된 의무장교였다.

한국전쟁에 참전하다

1950년 한국전쟁이 발발하자 이화림은 의무장교로 참전했다. 그녀는 주로 산속 동굴에서 부상병을 치료했다.

산속 동굴은 전방의 병원이었다. 나는 부상자들의 상처를 꽉 싸매고 간단한 수술을 해 몸속의 탄피를 뽑아냈다. 어떤 전사들은 출혈이 과다했으나 전선에서 수혈을 할 수가 없었다. 많은 부상자들은 붕대감기와 같은 간단한 처방만 받고 급히 후방병원으로 후송되었다. 전투가 격렬할 때는 병원의 일부 사람들을 데리고 가 부상자를 싣고 왔다.

이화림은 중국어를 하기에 중국군이 참전한 이래 통역 역할도 맡았다. 그런데 그녀는 중상자들을 후방병원으로 후송하는 임무를 수행하던 중 미군기의 폭격으로 왼쪽 다리에 총알 두 개가 박히는 부상을 입었다. 1년 가량 함경북도에 자리한 후방병원에서 치료를 받았지만 다시 전선으로 돌아가지는 못했다.

이화림은 1952년 여름 만주 선양으로 이송된 후에야 탄피를 뽑을 수 있었다. 부상으로부터 회복된 후에는 랴오닝성 왕파뎬 캉푸병원의 기술과장을 맡았다. 이때를 시작으로 고위직 관리이자 중국 공산당원으로서 탄탄대로를 걸었다. 1953년에는 선양의사학교 부교장으로 임명되었다. 이듬해부터는 지린성 정부에서 위생 관리한 부처의 과장으로 활약했다. 1955년에는 중국 공산당 간부를 양성하는 교육기관인 중앙당교에 입학했다. 이듬해 7월 중앙당교를 졸업하고는 다시 지린성으로 돌아와 위생 관련 부처에서 근무했다. 1950년대 후반부터는 옌볜조선족자치주 정부에서 위생국 부국장과 국장 등으로 일했다. 중국 공산당 간부로서 옌볜조선족자치주의 인민대표, 당대표, 인민정치협상회의와 당위원회의 상무위원 등을 역임하기도 했다.

문화대혁명으로 곤혹을 치르다

1966년 중국에서 문화대혁명이 발발했다. 문화대혁명은 1966년 5월부터 1976년 12월까지 마오쩌둥이 이끈 정치·사회·사상·문화 개혁 운동이었다. 중국 공산당의 중앙위원회 주석이었던 그는 공산당과 사회 곳곳에 여전히 남아있는 부르주아 계급의 자본주의와 봉건주의, 관료주의를 제거할 것을 주장했다. 그리고 청년 학생들과 민중들이 주체로 나서 낡은 사상, 낡은 문화, 낡은 풍속, 낡은 관습을 파괴하는 투쟁에 나설 것을 촉구했다. 그렇게 학생 청년들은 홍위병이 되어 4개의 낡은 것, 즉 사구四舊로 간주되는 모든 것을 파괴 대상으로 삼았다. 그들은 타도 대상이라 여기는 기성세대에게 심문과 고문을 자행했고 그들의 구타와 폭행을 못견딘 사람들은 자살을 선택했다. 마오쩌둥과의 권력투쟁에서 밀린 덩샤오핑도 소위 '재교육' 과정을 세 번 거쳐 엔진공장에서 일했다.

문화대혁명의 혼란 속에 이화림도 홍위병에 잡혀 심문을 받았다. 홍위병은 그녀의 두 가지 행적을 문제삼았다.

먼저, 홍위병이 태어나기 전에 이화림이 전개한 항일투쟁에서 상하이 활동을 문제삼았다. 왜 만주의 동북항일연군에서 활동하지 않고 서양의 조계지였던 상하이에서 뭘 했냐는 것이었다. 동북항일연군은 1936년에 결성되었으므로 이화림이 상하이에서 활약하던 시절에는 존재하는 않는 조직이었다. 그들에게 한인애국단과 김구에 대해 이해시키는 것은 사실상 불가능한 일이었다.

"이화림, 당신의 30년대에 조선에서 중국으로 와서 뭐했지?"
"항일구국과 조선독립을 위해서 싸웠습니다"
"왜 동베이 항일연군에 참가하지 않고 굳이 상하이로 갔지?"
"지하당 조직을 찾아야 했기 때문입니다"
"당신은 왜 김구의 품으로 들어갔지?"
"저는 그가 이끄는 한인애국단에 참가했습니다"
"애국단이 뭐지? 어떤 조직이야?"
"암살조직입니다"
"암살조직? 누구를 암살해? 공산당원을 암살하는 거냐? 혁명인민을 암살하는 거냐?"
"아닙니다. 일본천황을 암살하고 일본대장을 암살하는 겁니다"
"상하이에 천황이 있었느냐? 상하이에 일본대장이 있었으냐?"
"당신들은 모릅니다 이봉창 …… 윤봉길 ……"

이화림이 홍위병의 심문에 안타까움을 드러내자 홍위병은 "우리는 모른다. 우리는 아무것도 모른다. 우리같은 혁명소장들은 아무 것도 모른다는 거지?"라고 화를 내며 "혁명은 무죄이고 반역에는 그만한 이유가 있다. 당신이 투항하지 않으면 당신을 곧 없애버리겠다!"고 협박했다.

두 번째로 한국전쟁에 참여했다가 중도에 선양으로 돌아온 것을 문제삼았다. 탈영병이라는 것이다.

"이화림, 당신은 왜 조선전쟁터에서 도망쳐 나왔지?"
"왼쪽 다리가 폭격기에 맞아 부상을 입었기 때문입니다"
"가벼운 부상으로는 전선에서 퇴각하지 않는다. 당신은 왜 퇴각했지?"
"제 왼쪽 다리에서 이미 두 개의 탄피를 뽑아냈습니다"
"당신, 거짓말을 하고 있어. 당신이 자유롭게 걷는 걸 내가 봤어"
"당신은 어째서 상처가 다 나은 후에도 전선에 나가지 않았지?"
"상부조직에서 제게 남으라고 해서 저는 명령에 따랐습니다"
"당신은 탈영병이고 거짓 혁명을 했어. 왜 랴오닝에 있지 않았지? 옌볜에 와서 뭐한 거지?"
"저는 혁명을 위해 모든 것을 바쳤습니다. 저의 생명도 당에 바쳤습니다. 제가 혁명에 참가할 때 당신네들은 태어나지도 않았습니다"

이화림의 항변은 통하지 않았다. 이화림은 여러 차례 지역을 옮기면서 소위 반혁명분자로서 비판대에 서야 했다. 그리고 '국민당 스파이, 조선 스파이, 주자파' 같은 큰 모자를 쓰고 조리돌림을 당해야 했다. 여기서 주자파는 자본주의 노선을 걷는 자라는 뜻이다. 이화림은 외양간에 갇혀 비극적으로 3년을 보내야 했다. 1970년

만년의 이화림

부터는 57간부학교에서 노동을 했다.

문화대혁명은 1976년에 끝났지만 이화림은 금새 자기 자리로 돌아가지 못했다. 10년이 넘는 고난의 시간이 흐른 1978년에 가서야 원로혁명가로서의 위상을 회복할 수 있었다. 그해에 그녀는 다롄에 정착해 정치활동을 재개했다. 다롄시찰실의 시찰원과 다롄시 인민정치협상회의 상무위원, 조선족노년협회 명예회장으로 살았다. 1984년에 퇴직했지만 1988년에 창춘시 조선족 사회과학종사자협회의 고문에 임명되었다. 정든 타국 중국에서의 이화림은 삶은 1999년 2월 95세를 일기로 타계하면서 막을 내렸다. 그녀는 자신의 회고록의 마지막을 이렇게 끝을 맺었다.

나의 마음은 희망으로 충만해 있다. 나는 우리들의 국가가 번영하길 희망한다. 나는 머지 않은 날에 조선이 평화적으로 통일되길 희망한다. 나는 미래가 찬란하기 희망한다. 나는 미래가 더 아름답길 희망한다!

대륙의 전사, 노혁명가로서의 삶과 투쟁에 대한 자부심을 느낄 수 있는 대목이다.

참고문헌

강영심, 「이화림, 조선의용대 여성 대원」, 『여/성이론』 11, 2004.
리화림, 김환 정리, 「진리의 향도 따라」, 『중국의 광활한 대지 우에서』, 연변인민출판사, 1987.
염인호, 『조선의용군의 독립운동』, 나남출판, 2001.
염인호, 『조선의용대·조선의용군』, 한국독립운동사연구소, 2009.
이선이, 「중국 이주 여성독립운동가 이화림의 생애에 대한 고찰」, 『여성과역사』 31, 2019.
이화림 구술, 장촨제·순칭리 엮음, 박경철·이선경 옮김, 『이화림회고록』, 차이나하우스, 2015.
조선의용군발자취편집조, 『중국의 광활한 대지우에서』, 연변인민출판사, 1987.
하성환, 「코뮤니스트 항일여전사 이화림」, 『진보평론』 80, 2019.

독립을 쟁취하기 위한 여정

한국광복군 여성대원들

한승훈

90살을 넘긴 여성 독립운동가의
마지막 꿈

2013년 8월, 나이 80을 훌쩍 넘긴 할머니가 있었다. 할머니에게는 보훈대상자 복지카드가 있었다. 그 카드만 가지고 있으면 버스를 무료로 탈 수 있다. 나라의 독립을 위해 헌신했기에 가능한 대우였다. 그런데 할머니는 그 카드가 불편하다고 호소했다. "여자가 이런 거 안될텐데"라면서 툴툴거리는 버스 기사들 때문이다. 그렇다고 할머니는 버스 기사를 원망하지 않았다. 그동안 가르쳐 주거나 이야기해 준 사람이 거의 없다는 것을 알기 때문이다. 그래서였을까? 할머니는 한 가지 바람을 이야기했다.

남녀평등 시대인데 여성 광복군이 부각되고, 교과서에도 제대로 실렸으면…… 「광복의 꽃 피운 '한국의 잔 다르크'들」, 『여성신문』, 2013. 8. 7.

할머니의 이름은 오희옥. 오희옥은 항일 전선에 직접 뛰어 들었다. 독립을 쟁취하기 위해서였다. 언제부터 광복군으로 참여했는지는 분명하지 않다. 다만 광복군이 창설될 1941년 당시 오희옥의 나이는 13살이었다. 언니 오희영이 1942년 16살의 나이로 광

2017년 광복절 행사에서 오희옥의 애국가 독창 장면
(출처 : 대한민국 역사박물관 아카이브)

복군에 들어간 것도 깜짝 놀랄 일이었던 만큼, 오희옥도 16세에 해당하는 1944년을 전후로 주로 충칭重慶에서 광복군의 일을 도우면서 광복군 대원이 되었던 것으로 보인다.

다행이라면 다행일런지, 영화〈암살〉은 항일무장투쟁에 나선 여성의 존재를 각인시켜 주었다. 2017년 광복절 기념식에서 오희옥은 애국가를 독창함으로써 여성 독립운동가에 대한 관심을 증대시켰다. 2019년 새로 나온『고등학교 한국사』교과서에는 여성 광복군이 등장하였다. 오희옥의 바람이 이루어진 것이다.

물론 아쉬움도 있다. 모든 교과서에 소개된 것은 아니었다. 소개된 내용 역시 사진과 사진에 등장하는 인물에 대한 간략한 소개일 뿐이다. '지청천의 딸 지복영' 정도로 말이다. 교과서에 수록된 내용을 틀렸다고 말할 수는 없다. 지복영은 광복군 총사령관 지청천의 딸이었다. 김정숙, 김효숙 자매의 아버지는 대한민국임시정부(이하 임시정부)의 국무위원 김붕준이었다. 조순옥은 광복군 총사령부 부관 조시원의 딸이었다. 임시정부에서 활동한 신건식 역시 광복군에 입대한 딸 신순호가 있었다. 오희영, 오희옥 자매의 아버지도 독립군 출신으로 임시정부에서 활약한 오광선이었다. 민영주는 김구 주석의 판공실장을 맡았던 민필호의 딸이었다.

한 손이 아쉬운 임시정부였기에 딸들이 광복군에 입대하는 것은 당연하게 보일 수 있다. 그래서 그랬을까? 한국 사회에서는 여성 광복군보다 장준하와 김준엽을 광복군으로 기억한다. 1944년 일본부대를 탈출해서 충칭의 임시정부까지 6,000리에 이르는 대장정을 감행한 용기가 해방 이후 그들의 실천적 삶과 어우러졌기 때문이다.

그런데 김준엽과 장준하 일행을 충칭의 임시정부까지 인솔했던 여성 광복군 오희영을 아는 사람은 거의 없다. 김준엽과 장준하와 같은 학병이 일본군부대에서 탈출을 감행할 수 있도록 분위기를 조성한 광복군의 초모활동을 아는 사람도 드물다. 그러기에 1942년 오희영이 16세의 나이로 23살의 지복영과 함께 적진 부근에서 일본군에 편입된 한국인을 탈출시키거나 일본군의 사기를 저하시키는 심리전을 수행했다는 사실조차 생소하다.

여성 광복군에는 임시정부 요인들의 딸들만 있지 않았다. 조선혁명당 산하 조선혁명군의 일원으로 일본군과 싸웠으며, 광복군으로 입대해서 17살의 오희영과 23살의 지복영을 인솔해서 적진에 뛰어들었던 오광심도 있다. 1931년 만보산사건으로 부모를 잃은 박금녀도 있었다. 독립운동을 하다가 종적을 감춘 남편을 찾아서 어린 아들을 국내에 남겨둔 채, 중국으로 건너가서 광복군이 된 신정숙도 있었다. 안타까운 가정사를 간직한 채 독립을 이루겠다는 의지만으로 한국 여성들이 광복군에 모였던 것이다.

현재까지 대한민국 정부에서 광복군으로 업적을 인정해서 훈장을 수여한 여성 광복군은 31명이다.

김봉식, 김숙영, 김영실, 김옥선, 김정숙, 김정옥, 김효숙, 민영숙, 민영주, 박금녀, 박기은, 백옥순, 송영집, 신순호, 신정숙, 안영희, 오광심, 오희영, 유순희, 윤경열, 이옥진, 이월봉, 임소녀, 장경숙, 전월순, 전흥순, 정영순, 조순옥, 지복영, 최이옥, 한영애
※ 오희옥은 한국광복진선청년공작대에서 활동한 이력만이 공훈으로 인정받음으로써 31명의 명단에서는 제외되었음.

31명의 명단을 확인한 것도 다행일 수 있지만, 아쉬움이 많은 숫자 임에 분명하다. 여성 광복군 김효숙의 증언을 보노라면 각 지대별로 30여 명의 여성이 있었다고 한다. 100여 명 내외의 여성이

광복군에 참여했음을 추정할 수 있다.

현재까지 확인된 30여 명 중에서 기록을 남긴 경우는 거의 없었다. 그나마 다행인 사실은 몇 명의 여성 광복군이 기록을 남겼다는 점이다. 오희옥은 언니 오희영과 함께 광복군으로 걸어온 삶을 구술과 책으로 남겼다(박숙현, 『여성독립운동가 오희옥 지사의 마지막 증언』, 이하 『마지막 증언』). 지복영은 노년의 나이에 미완의 회고록을 남겼다(지복영, 이준식, 『민들레의 비상』, 이하 『민들레의 비상』). 안영희는 동료 교수들과 제자들의 헌신 덕분에 생전에 스치듯 이야기했던 광복군으로의 삶을 남길 수 있었다(광복군안영희선양사업위원회, 『광복군 갔다고 말 전해 주소 : 여성 광복군 안영희의 삶』). 2000년대부터 사회 및 학계의 관심 속에 여성독립운동가를 포함해서 여성 광복군을 조명하는 작업이 진행되었다. 그러면서 여성으로 광복군에서 활동한 내용부터 그들의 삶을 입체적으로 조명할 수 있는 계기가 되었다.

이 글은 광복군에 참여한 여성들의 이야기를 담아내고자 했다. 어릴 적 이야기부터 광복군에 들어가기까지의 과정, 입대 훈련 과정, 적진에서 작전을 수행하는 내용, 그리고 해방 이후 이야기까지 모두 말이다. 여성 광복군으로서 조국광복이라는 원대한 꿈도 있었지만, 그들에게는 한 인간으로 성취하고픈 삶도 있었다.

간혹 그들이 바라는 삶이 독립운동의 뜻과 일치하지 않은 경우도 있었다. 세상을 탓하기도 했다. 독립투쟁에 헌신하는 아버지를 원망하기도 했다. 한국의 독립운동가들은 항일을 위해서 중국과 협력했지만, 중국인으로부터 망국인으로서의 차별과 설움을 겪기도 했다. 해방 이후 사회의 일원으로 묵묵히 지내면서 어릴 적부터 키워온 꿈을 실현하기 위해서 노력한 삶도 있었다. 이 글은 여성 광복군의 삶을 다각도로 조명함으로써, '여성 광복군'이라는 한 줄 이력이 갖는 삶의 무게를 재조명해보고자 한다.

여성 광복군으로
거듭나기 위한 여정

조선혁명당의 유격대원, 한중 연합 무장투쟁에 나서다

1910년 평안북도 선천군에서 한 여자아이가 태어났다. 여자아이는 부모를 따라서 남만주로 이주하였다. 언제, 왜 이주했는지는 모른다. 그때는 그렇게 이주한 사람들이 많았다. 일본군의 대토벌 작전을 피해서 만주로 온 의병들도 있었다. 일본의 한국 병합 이후 집안 재산을 다 처분하고 가족과 함께 온 이들도 있었다. 관리들의 과도한 세금을 피해서 왔던 농민들도 있었다.

하지만 만주는 고통의 땅이었다. 청산리전투와 봉오동전투에서 패배한 일본군은 만주에 사는 한국인들을 무자비하게 학살했다(경신참변). 일본에 협력한 중국 군벌들도 한국인들을 괴롭혔다. 마적단은 한국인들의 재산과 목숨을 빼앗아 가기도 했다.

그럼에도 한인들은 희망을 키워 나갔다. 학교를 만들었다. 일본과 싸우고 언젠간 되찾을 나라에서 일할 인재를 양성하기 위함이었다. 1927년 정의부正義府는 남만주 홍경현興京縣의 왕청문旺淸門에 화흥중학化興中學을 설립했다. 부모의 손에 이끌려 남만주로 이

주했던 여자아이도 그 학교의 사범과에 입학했다. 여자아이 이름은 오광심이었다.

1929년 화흥중학 사범과를 졸업한 오광심은 통화현通化縣에 위치한 배달학교倍達學校의 교사가 되었다. 배달학교는 남만주의 한인 독립운동기관이었던 한족회韓族會에서 설립한 초등학교였다. 오광심은 배달학교의 교사로 재직하면서 조선혁명당에 가입하였다. 1931년에는 유하현柳河縣의 삼원포三源浦에 있는 동명중학東明中學 부설 여자국민학교로 옮겼다. 동명중학은 화흥중학과 마찬가지로 정의부 소속 학교였으며, 당시 유하현은 만주 내 한인들의 항일투쟁 근거지였다. 이러한 연유로 오광심은 유하현에 위치한 동명중학으로 자리를 옮긴 것으로 보인다.

오광심은 동명중학 부설 학교에서 한인 2세 여학생들의 민족교육을 담당하였다. 하지만 교사생활은 그리 오래가지 않았다. 일본은 대륙 침략을 노골화하기 시작했다. 1931년 일본은 만주를 침략한 후, 그 곳에 자신들의 괴뢰국인 만주국을 세웠다. 만주가 사실상 일본의 식민지가 되면서, 한인들이 만주에서 터전을 세웠던 독립운동 기지는 위태로운 상황에 직면하였다.

1930년부터 조선혁명당에 가입했던 오광심이었기에, 자연스럽게 대일 항전에 투신할 수 있었다. 오광심은 조선혁명당 산하의 조선혁명군의 사령부에서 군수처 일을 시작으로 유격대의 일원으로 활동하는 한편 한중 연합 항일전에 참여하기도 했다. 그때 오광심이 맡은 주요 임무는 지하 연락이었다.

오광심과 김학규

　오광심이 조선혁명군에서 활동할 무렵에 김학규를 만났다. 김학규는 조선혁명군 양세봉 총사령 밑에서 참모장으로 활약하던 인물이었다. 그 이전에는 신흥무관학교新興武官學校를 졸업하고 동명중학의 교사로 재직하기도 했다. 그러다가 1929년 국민부의 중앙 소재지인 홍경현洪京顯으로 가서 국민부 중앙집행위원에 취임하는 한편 조선혁명당 산하의 조선혁명군으로 활동하였다. 오광심은 조선혁명군으로 함께 활동하면서 김학규와 백년가약을 맺게 되었다.
　한편 조선혁명군은 1929년 4월 이후 정의부를 주축으로 하여 국민부가 조직됨에 따라 정의부 소속 독립군 부대를 주축으로 하여 새롭게 개편된 것으로 알려져 있다. 조선혁명군은 만주의 한인 보호와 친일파를 숙청하고, 국내 진입작전을 통해 조선총독부 산하 지방 관청을 파괴하고 일본 관헌 및 악덕 부호를 응징하는 것을 주요 활동으로 삼았다. 아울러 무장투쟁을 통해서 독립국가 건설을 궁극적인 지향점으로 삼았다. 이를 위해서 조선혁명군은 만주 국경과 인접한 함경남도와 평안북도에 대원을 비밀리에 파견해서 임무를 수행하도록 했다.

오광심이 조선혁명군에 들어갈 무렵은 일본이 만주에 침공을 본격화 한 1931년이었다. 그 어느 때 보다 만주 내 한인들과 중국인들이 항일 항전을 위한 연합이 필요한 시기였다. 1932년 3월 초에 조선혁명군 총사령 양세봉은 중국 대도회 세력이 이끄는 의용군과 함께 항일 전선에 나서기로 합의하였다. 한중연합의용군을 만든 조선혁명군과 중국항일의용군은 신변현 일대에서 만주국 공안대를 상대로 전투를 했다. 조선혁명군은 요녕농민자위단의 일원으로 대일 항전을 전개하였다.

한편 중국 국민당 요인들은 중국 국민당의 동북군 대장 장학량張學良의 후원 아래 요녕구국회遼寧救國會를 조직하였다. 산하에는 요녕민중자위군을 두었다. 그리고 요녕농민자위단을 하위 부대로 편성함으로써, 조선혁명군도 자연스럽게 요녕민중자위군의 산하가 되었다. 하지만 조선혁명군 참모장 김학규는 한중 연대의 의의를 잃지 않되, 한국 독립군으로의 지위 또한 유지하고자 했다. 이에 김학규는 요녕민중자위군 총수 당취오唐聚五와 협상을 통해서 조선혁명군은 중국의용군과 함께 대일항전을 전개하되, 압록강을 건너 한국 본토 작전을 수행하겠다는 뜻을 분명히 밝혔다.

조선혁명군은 1933년까지 중국의용대와 연합해서 남만주 일대에서 일본군, 만주군과 싸웠다. 국내 진격전도 전개함으로써 식민지 기관에 타격을 주는 한편, 군자금 모금과 함께 항일 투쟁을 할 동지의 규합에 나서기도 했다. 하지만 일본군과 만주군의 토벌작전이 거세게 전개되는 과정에서 조선혁명군은 점차 세력이 약화되기 시작하였다. 1934년 9월에는 총사령관 양세봉이 밀정에 의해서 암살당하기도 했다.

그 무렵 조선혁명군은 임시정부의 김구로부터 제안을 받았다. 조선혁명군을 중국 관내로 이동해 달라는 것이었다. 이는 윤봉길 의사의 홍커우 공원 폭탄 의거 후, 임시정부가 중국 국민당과 합작해서 독립군 양성을 위한 군관학교 설립을 합의한 과정의 후속 조치이기도 했다. 이 후속 조치에 의해서 조선혁명군과 한국독립군 일부는 만주에서의 당장의 전투보다는 중국 관내에서 후일을 도모하도록 했던 것이다.

하지만 조선혁명군 본진에서는 만주에 남아서 싸우기로 했다. 그 대신 임시정부로부터 인력과 물자를 지원받기 위해서 조선혁명군 대표를 임시정부가 있는 난징南京으로 파견하기로 했다. 그때 조선혁명군은 김학규에게 그 임무를 부여했으며, 오광심으로 하여금 김학규와 동행하도록 했다.

난징으로 가는 길은 쉽지 않았다. 비밀 공작원의 도움이 있었지만, 일본군의 점령지대를 피하기란 쉽지 않았다. 농부로 변장을 하고 부부는 난징으로 갔다. 그 때 오광심은 〈님 찾아가는 길〉이라는 제목의 노래를 만들기도 했다.

비바람 세차고 눈보라 쌓여도
님 향한 굳은 마음은 변할 길 없어라
님 향한 굳은 마음은 변할 길 없어라
어두운 밤길에 준령을 넘으며
님 찾아가는 이 길은 멀기만 해라
님 찾아가는 이 길은 멀기만 해라
험난한 세파에 괴로움 많아도
님 맞을 그 날 위해 끝까지 가리라
님 맞을 그 날 위해 끝까지 가리라

난징에 도착한 오광심과 김학규는 한인들이 남경 중앙군관학교와 낙양군관학교에서 군사훈련을 받는 현장을 목격하였다. 중국 관내의 임시정부, 의열단, 신한독립당, 조선혁명당 등의 독립운동 세력들이 한국대일전선통일동맹을 결성하고 활동하는 모습을 확인하였다.

김학규는 남만주에 있는 조선혁명군 본부에 이 사실을 전하기 위해서 보고서를 작성했다. 문제는 보고서를 남만주까지 전달하는 일이었다. 더군다나 김학규가 작성한 보고서는 난징을 중심으로 형성된 한국 독립운동 세력들이 연합해서 항일 무장투쟁을 준비하는 일련의 내용들이 담겨 있었다. 일본 측에 넘어가면 절대로 안 되는 일급 비밀들로 가득 차 있었다.

중국 관내 한인들의 독립운동 및 무장투쟁에 관한 내용을 망라

한 김학규의 200쪽에 달하는 보고서를 전달하는 임무는 오광심이 맡았다. 오광심도 보고서가 일본의 손에 넘어가면 절대로 안되는 내용들로 가득차 있다는 점을 잘 알고 있었다. 그래서 오광심이 선택한 방법은 200여 쪽 분량의 보고서를 통째로 암기하는 것이었다. 일본 관헌이나 밀정에게 잡혀도 그 보고서를 빼앗길 염려는 없어 보였기 때문이었다.

1934년 7월 오광심은 보고서를 통째로 암기한 상태로 난징을 출발하였다. 조선혁명당 본부로 돌아가는 길은 험했다. 천신만고 끝에 오광심은 남만주에 위치한 조선혁명당 본부에 도착했다. 조선혁명당 동지들에게 김학규가 작성한 보고서 전체 내용을 알려주었다. 오광심은 위험천만한 임무를 완수한 것이다. 하지만 위험은 조선혁명당 내에 존재하였다. 변절자가 있었던 것이다. 그 변절자는 조선혁명당 본부로 사용한 한인 집을 방화했다. 오광심은 겨우 목숨을 건졌지만, 심한 화상으로 3개월 동안 만주 산간의 바위굴에서 숨어서 치료받아야 했다.

오광심에게는 주저할 시간이 없었다. 조선혁명당 본부에서 김학규의 보고서를 비준했다는 사실을 난징에 있는 한인 독립운동가들에게 알려야 했기 때문이다. 1935년 1월 오광심은 아픈 몸을 이끌고 난징으로 향했다. 오광심의 활약 덕분에 조선혁명당 대표 김학규와 최동호는 한국독립당, 의열단, 한국독립당, 미주 대한인독립단과 통일전선운동을 전개할 수 있었으며, 그 결과 1935년 7월 난징에서는 민족혁명당이 탄생하였다. 오광심은 민족혁명당에서 부녀부 차장으로 활동하였다.

1937년 중일전쟁이 발발했다. 일본은 상하이를 거쳐서 난징을 점령했다. 난징에 머물던 오광심도 임시정부 및 한인 독립운동가들과 함께 일본의 침략을 피해서 난징을 떠났다. 1937년 11월, 중국 국민당 정부의 이동과 함께 임시정부도 후베이성 한커우漢口를 거쳐, 1938년 2월에는 후난성 창사長沙로 옮겨갔다. 일본군의 침공 위협을 받게 되자 임시정부는 7월에 다시 광둥성 광저우로 옮겨갔다. 일본군이 광둥 지역에 상륙해 광저우를 위협하자 10월에는 다시 서쪽으로 철수해 난하이南海를 거쳐 11월에 광시廣西성 류저우에 도착했다.

1939년 2월 류저우에서 한국광복진선청년공작대韓國光復陣線靑年工作隊가 탄생했다. 청년공작대의 주 임무는 반일정서의 확산과 항일의지를 중국 전역에 알리는 것이었다. 청년공작대에는 34명의 한인이 모였다. 여성이 11명이었다. 11명 중에는 30세의 연미당도 있었지만, 11살의 엄기선, 12살의 오희옥, 14살의 오희영, 17살의 신순호, 19살의 지복영도 청년공작대의 일원으로 활동하였다. 그리고 그들 중심에는 만주 일대에서 한중 연합으로 항일전을 수행했던 오광심이 있었다. 오광심의 지도 아래 청년공작대에서는 미래의 여성 광복군들이 성장하고 있었다.

독립운동가의 딸, 이역만리에서 꿈을 키우다

만주에서 삶의 터전을 마련하다

1939년 한국광복진선청년공작대에 참여한 엄기선, 오희영, 신순호, 오희옥은 10대 초반의 소녀였다. 그나마 나이가 많았던 지복영도 19살이었다. 그들의 아버지는 대부분 임시정부에서 역할을 한 경우가 대부분이었다. 엄기선의 아버지는 임시정부 선전부장 엄항섭이었다. 오희영과 오희옥의 아버지는 만주와 중국 관내에서 대일 무장투쟁에 헌신하고 임시정부의 군대 양성에 일조한 오광선이었다. 신순호의 아버지는 임시정부 재무부차장을 지낸 신건호였다. 지복영의 아버지는 광복군 총사령관 지청천이었다.

부모가 독립운동을 했기에 임시정부 요인들의 자식들이 대를 이어서 독립운동에 투신했다고 생각하기란 어렵지 않다. 하지만 부모가 독립운동을 했기에, 자식도 독립운동을 하기란 쉽지 않다. 부모가 독립운동을 했다는 것은 자식에게는 어려운 유년시절을 물려주는 것이기 때문이다. 더군다나 아버지는 독립운동을 한다고 만주로 떠난 경우도 있었다. 그 아버지를 찾아서 만주로 떠나기란 쉽지 않은 여정이었다. 그나마 오희영, 오희옥 자매는 아직 태어나기 전이었기에 그 힘든 여정은 어머니 정정산이 오롯이 져야 했다.

정정산은 시아버지 오인수를 모시고 오광선이 있다는 만주로 향했다. 국내에서 만주로 가는 길은 쉽지 않았다. 압록강을 지키던 일본 관헌은 망명객 차림의 조선인을 보면 체포하기 일수였다. 정정산은 압록강에서 일본 관헌의 체포를 피해서 탈출했던 일을 다음과 같이 회고하기도 했다.

> 밖이 소란하기에 내다봤더니 마구 잡아가는 것이었어요. 위험을 무릅쓰고 뒤 창문으로 뛰어내려 축대를 어떻게 기어올랐는지도 모르게 필사적으로 도망쳤지요. 이불이며 옷가지도 모두 놔둔 채 그날 밤으로 압록강을 건넜지요. 『마지막 증언』, 58쪽

정정산은 시아버지를 모시고 남편 오광선을 만나기 위해서 길을 재촉했다. 배고픔과 싸워야 했다. 군데군데 해골들도 그들을 기겁하게 했다. 천신만고 끝에 만주 합니하 강변에서 오광선과 극적으로 상봉하였다. 이들 부부는 눈물을 흘리며 다시는 헤어지지 말자고 다짐했다.

만주에서의 삶은 녹록지 않았다. 영하 40도에 육박하는 추위는 사람들의 활동을 어렵게 했다. 한국에서는 꽃피는 봄이었지만, 만주는 여전히 긴 겨울이기도 했다. 일제에 맞서 만주에 왔건만, 한국인들은 잔인한 추위와도 싸워야 했다.

만주는 농사짓기 퍽으로 힘들었다. 평상시였다면 힘쓰는 농사는 남자들의 몫이었다. 하지만 만주는 그렇지 못했다. 가장들은 일본군과 싸워야 했다. 그러면서 농사는 집안에 남겨진 아내이자 어머니, 그리고 아주 어린 아이들의 몫이었다. 지복영은 만주에서 어머니와 함께 농사를 짓던 삶을 다음과 같이 회상하기도 했다.

> 우리 모녀는 그 해 농사를 그르치지 않으려고 차례가 돌아오는 밤이면 물꼬를 지키고 앉아 밤을 새우다시피 했다. …… 초벌 김매기도 끝나기 전에 앞서 매어 놓은 논에 어느 틈에 독사풀과 피가 자라 올라 다시 손을 대야만 했다. 세 벌 김을 거푸 매는 동안 내 열 손가락의 손톱은 닳아 못해 나중에 다빠져버리고 노상 피가 줄줄 흘렀다. …… 풍년이 들어 곡가가 폭락하는 바람에 우리 모녀가 한 해 동안 고생한 보람인 그 알곡들이 고스란히 도조 값으로 다 들어가고 말았다.
>
> 『민들레의 비상』, 141~143쪽

지복영은 지청천의 부재 속에 어머니와 함께 악전고투 해야 했다. 흉년이 들건 풍년이 들건 어렵기는 마찬가지였다. 모자른 곡식 등을 중국인 지주에게 빌리는 통에 가을 추수가 끝난 다음에는 별로 남는 것이 없기도 했다. 퍽이나 어려운 삶이었다.

그럼에도 한국인들은 억척같이 살았다. 정정산도 그러했다. 집안일은 거의 모두 정정산의 몫이였다. 오광선은 신흥무관학교에서 학생들을 가르치랴, 독립군으로 일본군과 싸우느라 정신없었다. 정정산 앞에는 농사짓기도 버거운 황무지가 있을 뿐이었다. 낮에는 황무지를 논밭으로 만들어야 했다. 밤에는 중국인들 밑에서 허드렛일을 했다. 마음 좋은 중국인들이 먹을 거리가 되는 빵이나 밀가루를 주기도 했다.

고된 노동은 절대적 안정을 요하는 산모에게도 예외는 아니었다. 정정산은 배 속에 아이를 임신하고 있었다. 그 아이는 10대의 나이에 광복군에 들어가는 오희영이었다. 오희영의 탄생은 드라마틱했다. 당시 이웃에 살던 6살의 지복영이 기억할 정도였다.

> 오광선씨 부인은 첫딸 오희영을 낳았는데 농사일에 바쁘다보니 산기가 있어도 얼른 쉬지를 못하고 소여물을 주다가 외양간에서 해산을 하고 말았다. 그런데 그 소 외양간에서 낳은 딸이 훗날 자라서 나와 형이야 아우야 친하게 되고, 또 1942년에는 함께 광복군 동지가 되어 일선 지구 부양阜陽까지 가서 초모공작을 하였다.
>
> 『민들레의 비상』, 46쪽

지금으로서는 상상도 할 수 없는 일화였지만, 그만큼 만주에서의 삶은 힘들고 고되었다. 한 생명이 탄생하는 순간까지 산모와 막 세상에 빛을 본 아이들은 보호를 받지 못했던 것이다.

고된 노동이었지만 보람은 있었다. 어느덧 가족들이 먹고도 남을 만큼 논밭을 일구기 시작했다. 일군들을 고용하지 않고서는 농사를 짓기 어려울 정도였다. 백여 마리의 닭도 길렀다. 돼지도 키웠다. 한국에서의 삶이었다면, 아마도 대지주가 되었을 것이다. 오희영의 딸 신영신은 어머니에게 들은 당시 일화를 다음과 같이 전해주기도 했다.

> 만주에서 제일 부자가 됐어. 하루에 일꾼을 일곱 명씩 둬서 농사를 지었어. 그리고 어머니가 하루에 열 두 가마솥 불을 때서 독립군 뒷

바라지를 했어. 우리 어머니 밥을 먹지 않은 독립군은 없다고 할 정도였지. '만주의 어머니'라고들 했어. 그 때는 닭도 백 마리 기르고, 돼지도 기르고 했어.
『마지막 증언』, 87쪽

만주에서 '부자'가 되었지만, '부자'가 된 것은 순전히 독립운동을 돕기 위한 의무감에서였다. 정정산은 일본군과 싸우느라 정신이 없는 독립군들을 먹여 살리기 위해서 농사를 졌다. 정정산이 해준 밥을 먹지 않은 독립군이 없을 정도였다.

풍족한 삶은 오희영, 오희옥 자매에게도 좋았다. 오희영, 오희옥 자매에게는 아무나 신을 수 없는 고무신이 있었다. 정정산은 자매들에게 스웨터도 입혔다. 만주에서의 고된 삶이었지만, 그녀의 노력 덕분에 딸들은 잠깐이나마 남들보다 좋은 환경에서 유년 생활을 보낼 수 있었다.

역경 속에서 학교를 다니다

독립운동가 집안의 아이들도 학교에 다녔다. 지복영도 6살부터 소학교에 다니기 시작했다. 독립운동으로 가정을 돌볼 형편도 되지 않았지만, 모두들 교육이 중요하다는 사실은 알고 있었다. 자녀의 앞으로의 삶을 위해서도 그러했고, 독립운동을 위해 후진을 양성해야 했기 때문이다. 그래서 만주의 한인 마을에는 한인 학교가 설립되었다.

어려운 환경 속에서 만든 학교였기에 제대로 된 교과서도 없었다. 그럼에도 정규 교과과정으로 국어, 산술(수학), 역사, 지리를 편성하였다. 학교 선생님 태반은 독립운동의 경력이 있는 사람들이었다. 선생님이 칠판에 써 준 내용을 학생들이 갱지로 적으면 그것이 교과서가 되었다. 나뭇가지는 훌륭한 산술(수학) 교재가 되기도 했다.

만주에서 학교 다니기란 퍽 쉽지 않았다. 학생들이 공부에 전념하기 위한 환경이 조성되지 않았다. 정규 교육은 오전에만 주로 있을 뿐, 오후에는 학교 공동의 논밭에서 농사짓기 일수였다. 새벽이나 저녁에는 군사교육을 받기도 했다. 한참 교련교육을 받는 데 산속에서 군인들이 내려와서 학생들과 교사들을 향해서 총을 겨누기도 했다.

학교 선생님들은 독립운동가 자제로서의 삶을 강조하기도 했다. 모든 행동에서 절제가 요구되었다. 일본과 싸우기 위해서 모든 것을 내려놓는 아버지가 있기에 당연하게 받아들여야 했다. 하지만 여섯 살 어린 아이에게는 이해하기 어려운 일상이었다. 지복영은 학교 급식시간에 자반 연어가 다 떨어지자 자반 연어를 달라고 떼를 쓰기도 했다. 그러자 선생님은 "독립군의 자식으로 어찌 자반 연어만 찾느냐?"하고 지복영을 혼내기도 했다. 나중에 어머니가 선생님의 부인에게 이야기를 하면서 오해가 풀리긴 했지만, 여섯 살에게는 이해하기 어려운 독립운동의 삶이기도 했다.

독립운동가들이 모인 동네의 학교여서인지, 특별한 날에는 특별한 행사를 열었다. 8월 29일 한일병합조약이 체결된 국치일을 맞이하여 마을 전체에서는 하루 단식으로 그 날의 치욕을 기억하고자 했다. 학생들은 교련 훈련의 결과를 마을 사람들에게 선보이기도 했다. 그날 밤 학교에서는 공연이 열렸다. 지복영은 여섯 살의 나이로 연극에 참여하였는데, 그 연극은 아버지가 독립운동을 위해 떠나자 어린 형제가 아버지를 찾아서 집을 떠난다는 내용이다. 지복영은 집을 떠나려는 오빠들을 잡는 여동생 역할을 맡았다. 연극이 시작하자 지복영은 연극에 몰입한 나머지 실감나게 오빠들을 부여잡고 울었다. 그러자 모두가 눈물을 훔치면서 연극을 봐야 했다.

상하이의 인성학교도 그러했다. 인성학교에서는 3·1절 행사를 할 때 모두 한복을 입었다. 김정숙은 그 날 행사를 다음과 같이 회고하였다.

> 중국옷 입기도 하고 그냥… 저… 뭐라 그럴까… 양복… 우리 한복은 3·1절만 입었어요. 행사도 하고… 3·1절 날 저녁엔 여흥회라고 할까? …그런게 있었어요. 그래서 우리 인성학교에서도 그… 뭐라 그러나… 가극도 하고 연극도 하고 꼭 밤에 행사가 있었어요. 우리가 상해에 있을제에는요, 크리스마스날 같이 밤에 교포집에 가서 3·1절 노래부르고 그랬어요. 『독립유공자증언자료집』 2권, 14쪽

그러면서 김정숙은 "참 기쁘구나, 3월 하루 독립이 비췄구나, 3월 하루를 기약하며 우리의 원수를 잊지마라"라는 3·1절 노래를

불렀다. 해외의 한인들은 일제의 침략과 민족적 항거일을 기억하면서 항일투쟁의 정신을 일깨웠던 것이다. 그 속에서 한인 자제들도 자연스럽게 항일의식을 키워갈 수 있었다.

만주의 한국인들은 독립운동을 하랴, 삶의 터전을 만드느라 어렵게 생활했다. 일본의 침략정책이 가속화되면서 어려움은 더해갔다. 그렇기에 일본의 침략을 피해서 이주해야 했다. 그 과정에서 새롭게 정착한 지역에서 다시 시작해야 했다. 지복영이 살았던 층허에서도 한국인들은 자식 교육을 위해서 학교도 세우고 하얼빈에서 선생님을 모시기도 했다. 그 덕택에 지복영도 학교에 다닐 수 있었다.

새롭게 학교도 열고 선생님도 모셔왔건만, 교과서도 없을 정도로 학업 환경은 열악했다. 그 어려움 속에도 학생들은 학교에 다녔다. 학생들에게는 어려움을 느끼는 과목이 있었다. 지복영은 주산(주판으로 수를 세는 산술 과목)이라는 새로운 과목과 만나야 했다. 선생님이 빠르게 숫자를 불러주면 학생들은 주판으로 정답을 맞춰야 했다. 지복영은 주판을 다루는 것이 어려웠다. 그래서 암산으로 주판질의 어려움을 극복하곤 했지만, 그럼에도 주산 과목이 다른 과목보다 부진했음을 고백하기도 했다.

음력 10월 3일 학교에서는 개천절을 맞이하여 방학식을 겸해서 잔치를 했다. 학부형들뿐만 아니라 동네 주민들도 학교에 모였다. 그 자리에서 지복영은 최우등 상을 받았다. 학교에서는 백로지 한 필, 붓, 연필, 먹, 연등 등을 선물로 주었다. 함께 한 학부형들은 지복영의 어머니에게 "따님이 공부를 잘하니 얼마나 기쁘십니까?"라고 칭찬을 아끼지 않았다.

그날 행사를 마치고 지복영의 어머니는 지복영이 부상으로 받은 연등에 불을 키고 집으로 향했다. 어머니는 지복영이 자랑스러운 나머지 오빠보고 지복영을 업으라고 했다. 집에서 주는 상이었다. 그러고는 다음과 같이 이야기했다.

오늘만은 복영이 좀 업어줘라. 오늘은 정말 더 기특해 보이는구나. 집안일에도 게으름 안부리고 공부도 최우등까지 해서 식구들 모두 기쁘게 했으니, …… 그렇게 하고 싶은 공부를 한 동안 못했으니 제 속인들 얼마나 탔겠니? 김창도 선생님 말마따라 계집애라도 공부는 제대로 시켰으면 좋으련만. 원 세상이 앞으로 어찌 되려는지 ……

『민들레의 비상』, 103~104쪽

한 치 앞도 내다볼 수 없는 현실 속에서 어떻게든 딸아이를 공부시키고픈 마음은 오죽했을까? 공부를 잘했지만, 상을 받지 못한 학생도 있었다. 상하이 인성학교에 다녔던 김정숙이 그러했다.

근데 교포들이 있으니까 교포자녀들 교육시키기 위해서 교장… 3대 교장인가 그랬어요. 제가 그때 어렸을제 아버님 학교할적에 저도 가서 공부하고 그랬는데 매달 시험을 쳤어요 지금 생각하니까 그러면 매달 상을 주는 거예요 상은 대개 공책 연필 머… 그치 아님… 연필

넣는 필통을 주거든요 근데 어렸을 적 제가 공부는 좀 잘했나봐요. 우리 아버님 교장하실 적에 다들 상을 주는데 난 상을 안줘요. 그래서 왜 난 안줘요? 그러고…(웃음)　『독립유공자증언자료집』 2권, 16쪽

교장을 아버지(김붕준)로 둔 덕분에 김정숙은 본의 아니게 역차별을 받았던 것이다. 그나마 지복영과 김정숙 등은 나은 축에 속했다. 한인 사회에서는 여자에게 교육을 시킬 필요가 없다는 풍조가 있었다. 지복영이 씨허즈에서 처음 학교에 다닐 때, 태순이라는 동네 친구가 있었다. 그런데 태순이의 할아버지는 손녀가 공부를 하는 것을 격렬하게 반대하였다. 태순이를 호위하고 학교에 함께 가려는 친구들을 향해서 "이 녀언!"이라고 크게 고함을 외치면서 작대기를 높게 들기도 했다. 결국 태순이는 학교를 다닐 수 없었고, 평생의 한으로 남기도 했다.

1933년 지복영 집안은 일본의 침략을 피해서 베이징으로 이주하였다. 지복영은 베이징에서 소학교 학생부터 대학교 학생까지 학교를 다니는 모습을 보면서, 학교 다닐 꿈을 다시 꾸기 시작했다.

특히 북경대학이나 청화대학 학생들이 겨드랑이 밑에 책을 끼고 당당하고 멋있게 걸어가는 모습을 보면서 나는 오랫동안의 배움에 대한 목마름을 더욱 심하게 느꼈다.　『민들레의 비상』, 151쪽

하지만 지복영에게는 현실적인 어려움이 있었다. 베이징에는 한국인 학교가 없었다. 만주에서 한국인 학교만 다녔던 지복영으로서는 중국인 학교 밖에는 대안이 없었다. 15세 지복영에게는 고급소학교 1학년, 즉 소학교 5학년만큼의 중국어 실력이 있어야 했다. 그래야지 입학시험을 볼 수 있었다. 지복영에게는 신학기가 시작하는 9월 이전인 7, 8월에 있는 입학시험을 치루려면 6개월의 시간밖에 없었다. 지복영은 베이징에서 오래 살았던 이웃 조성환의 도움을 받아서 중국어를 배우기 시작했다.

열심히 했지만, 입학시험의 벽을 넘기란 쉽지 않았다. 상식 과목에서 손문의 출생지, 출생일, 사망일을 적는 문제도 지복영에게는 쉽지 않았다. 한국독립운동을 위해서 한국역사를 배운 그에게 중국의 국부 손문은 익숙하지 않았다. 시험에서 낙방했지만 좌절하지 않았다. 지복영의 어머니는 지복영과 함께 북경사범대학의 윤 모 교수 집을 갔다. 딸의 진학을 부탁하기 위함이었다. 윤 모 교수는 한국의 명문가 출신으로 일본 유학을 다녀왔으며, 병합 이후로는 중국으로 망명해서 중국사범대학의 교수가 된 사람이었다. 지복영 어머니가 간곡히 딸의 진학을 부탁하자, 윤 모 교수는 흔쾌히 지복영이 개신교 계열 학교에 무시험으로 입학할 수 있도록 주선해 주었다. 그 학교 교장 역시 "훌륭한 아버지에 훌륭한 딸"이라고 하면서 무시험 입학을 허가해 주었다.

그럼에도 지복영은 만족하지 않았다. 결국 집 근처에 있는 사립학교에 응시하였다. 그 학교는 평위샹馮玉祥이 세웠는데, 가난하지만 공부를 잘하는 학생에게는 학비 면제부터 학업에 필요한 학용품과 교복을 제공해주었다. 비록 무시험으로 학교 입학 허가를 받았지만, 18원의 입학금이 부담스러웠던 지복영은 응시를 하게 되었던 것이다.

어머니는 지복영의 도전을 반대했다. 떨어지면 받을 충격을 걱정한 것이다. 지복영은 천둥 번개에 장대비가 쏟아지는 가운데 학교 입학시험을 보러 갔다. 입학시험의 경험이 있어서인지, 차분하게 한 문제 한 문제를 풀었다. 그리고 "공부를 왜 하는가?"라는 문제의 작문 시험에서도 "개인으로는 모든 이치를 깨달아 아는 사람이 되고 나아가서는 사회와 국가를 위하여 큰일을 할 수 있는 제목이 되어야 한다"라고 마무리를 하였다.

그런데 그만 작문 시험의 답안지에 이름을 적지 않았다. 눈앞이 캄캄했지만, 일단 부딪히는 심정으로 시험감독관에게 사정을 이야기했다. 시험감독관은 필적 조회를 한 후 이름을 적지 않은 지복영의 작문 시험지를 찾아서, 이름을 쓰게 했다. 그렇게 지복영의 두 번째 도전은 끝이 났다.

시험 합격자 발표날이 다가왔다. 지복영은 용이 물위로 솟아올라 하늘로 가는 꿈을 꾸었다. 용꿈을 꾼 것이다. 어머니는 지성이면 감천이라면서 네 정성에 하늘도 감동하셨나보다 면서 지복영을 안심시켰다. 하지만 어머니는 합격자 발표 현장에 언니와 주인집 딸을 대신 보냈다. 집에 돌아온 언니는 지복영을 부둥켜 안고 울었다. 합격자 명단에 '이복영' 이름을 확인한 것이다(지청천은 중국에서 흔하지 않은 '지'씨 성을 사용하면 일본군에 노출될 것을 우려해서 '이'씨로 성을 바꾸었으며, 지복영 역시 아버지의 뜻을 따라서 '이복영'이라는 이름을 사용함).

그렇게 지복영은 치유즈求知소학교 5학년에 입학할 수 있었다. 중국어를 속성으로 배웠기에 중국어 작문 수업이 두렵기도 했다. 하지만 첫 번째 글쓰기에서 나쁘지 않은 평가를 받게 되면서, 때로는 좋은 성적을 받게 되면서 더 이상 중국어에 대한 두려움은 사라져 갔다. 치유즈 소학교에는 도서관이 있었다. 지복영은 학교 도서관에서 도서 대출을 보조하는 일을 하기도 했다. 해방 이후 지복영이 도서관 사서로 삶을 살았던 것을 보면, 치유즈 소학교에서의 경험은 소중한 것이었다.

한국광복진선청년공작대에 참여하다

1937년 9월 중일전쟁이 발발했다. 일본의 침략 속에서 중국 관내도 안심할 곳이 못되었다. 임시정부는 중국 국민당 정권의 수도 이전과 함께 충칭으로 이전해야 했다. 임시정부 요인들의 가족들도 마찬가지였다. 중국 정부의 지원이 있었지만, 일본의 폭격의 위험 속에서 이주를 해야 했다. 지복영, 오희영, 오희옥 등은 역시 어쩔 수 없이 정붙이고 적응한 학교를 떠나야 했다.

일본군의 침략을 피해서 이주하는 일은 쉽지 않았다. 그래도 그들은 광서성 류저우에 도착하였다. 류저우에서 한국의 젊은이들이 모였다. 젊은이라고 칭했지만 10대부터 20대까지 다양한 나이 분

1938년 3월 1일 장사에서 거행된 3·1절 기념 공연 후 기념 촬영. 앞줄 왼쪽에서 네 번째는 엄기선이며 여덟번째는 오희옥이다. 뒷줄 왼쪽에서 다섯 번째는 민영주, 일곱 번째는 신순호, 여덟 번째는 민영숙, 열 두 번째는 오광심, 그 옆에는 김효숙이다.

포를 보였다. 일본의 침략을 겪으면서 류저우에 도착한 한국인들이었기에 그들은 일본의 침략에 맞서 무엇인가 해야 한다는 생각을 가졌다. 특히 일본의 침략을 겪지 못한 후방의 중국인들에게는 항일의 필요성을 느끼게 해 주어야 했다.

한국의 10대, 20대는 항전가요를 연습하고 거리로 나가서 중국인들을 상대로 항전가요를 불렀다. 벽보를 제작해서 거리에 붙이기도 했고, 전단지를 작성해서 중국인들에게 나누어주기도 했다.

조소항의 장남 조시제는 대형 선전 그림을 그리면서 그림 실력을 뽐내기도 했다. 그렇게 일본을 향한 항전의식을 일깨우기 위해 노력하였다.

이러한 보람은 1939년 2월 광복진선청년공작대라는 이름으로 결실을 맺게 되었다. 단장은 대원 중에서 가장 연장자인 고운기가 맡았다. 그리고 피난 와중에 학교를 다니지 못했던 청년과 청소년, 어린이들까지 모였다. 지복영은 "인력의 결핍을 크게 느끼던 때라서 학교에도 가지 못하고 놀고 있었던 소년, 소녀들까지 모두 참여해서 일을 도왔다"고 회고하였다. 이남영, 엄기선, 엄기순, 오희옥 등이 어린이 축에 끼었다. 오희옥은 광복진선청년공작대에서의 활동을 다음과 같이 이야기했다.

<blockquote>
언니와 나는 한국광복진선청년공작대에 가입했어. 일본군 정보 수집, 지원병 모집 활동도 하고, 그 때 한중 합작해서 노래, 무용, 연극도 했어. 수익금은 군자금으로 썼지. 종이로 확성기를 만들어서 길거리의 중국인들에게 일본군의 만행을 알리는 가두선전도 했어. 어른들이 시키는 대로 따랐어. 『마지막 증언』, 117쪽
</blockquote>

그들은 〈국경의 밤〉이라는 제목의 연극도 했다. 그 연극은 한국과 중국 연합군의 연대투쟁을 주제로 했다. 일본의 침략에 맞서 한국과 중국의 항일 연대의식을 중국인들에게 심어주기 위해서 만든 작품이었다. 예술 작품이 사람들에게 주는 감동을 통해서 항일활

1939년 4월 4일 한국광복진선청년공작대가 류저우를 떠나기 직전 중국의 각 단체 대표들과 찍은 기념 사진

동을 전개하고자 했던 것이다.

  연극을 준비하는 청년공작대는 뜻밖의 암초를 만나기도 했다. 연극을 하려면 젊은 여성과 남성들이 함께 연기를 연습해야 했다. 임시정부 내 중년 이상의 한국인 남성들은 젊은 남녀가 모인 연극을 마음에 들어하지 않았다. 결국 청년공작대는 중국청년공작대의 여성대원들에게 부탁해서 공연을 해야 했다.

  어린아이들도 한 몫을 했다. 오희옥과 엄기선은 막간을 이용해서 방은희의 지도 아래 배운 러시아 사마귀춤을 선보였다. 어린아이들은 〈반달〉을 불렀다. 어린 동생들에게 노래를 가르쳤던 지복영은 다음과 같이 회고하였다.

> 많은 별들이 보석처럼 반짝이는 파란 하늘을 배경으로, 하이얀 깃털 옷에 파란 별을 하나씩 머리 위에 얹은 어린이들이 천사처럼 나란히 반달 모양의 은빛 배를 타고 무대 위로 올라 노를 저으며, 맑고 고운 목소리로 반달 노래를 가지런히 부르니 관중들은 모두 매료되어 탄성을 질렀다. 『민들레의 비상』, 202쪽

류저우에서 항일의식을 직접 보여준 청년, 그리고 청년이라고 하기엔 어린 청소년들과 어린아이들이 있었다. 그들은 류저우에서 짧은 시간을 마감하고 다시 이동해야 했다. 임시정부가 중국 정부의 수도 충칭으로 이동한 것이다. 이는 일본군과 본격적으로 싸우기 위해서 충칭보다 안정적인 거처를 마련하기 위한 일환이기도 했다.

충칭에서 유학생으로 학업을 재개하다

충칭에서도 류저우에서의 특별한 활동을 이어가고자 했다. 충칭에서의 삶이 심심하기도 했지만, 무엇이든 해야 한다는 사명감에서 학업을 다시 하기에 어려운 환경에서 의기투합한 것이다. 한인 교포들이 주로 활동하는 공간에 시사 이외에 산문, 시, 그림, 혹

은 이야기를 적어서 붙였던 것이다. 한인들의 호응도 좋았다. 하지만 그들은 학생이기에 다시금 학업을 이어갈 기회가 주어졌다. 임시정부에서 중국 교육부와 협의를 한 끝에 내려진 결과였다.

신분도 위장한 중국인에서 한국인 유학생으로 신분이 바뀌었다. 기숙사에서 생활하면서 학업을 이어갔다. 학교에서의 우수한 성적으로 중국인 선생으로부터 귀화를 제의받기도 했다. 그때 지복영은 "한국은 국토가 아름답고 국민들이 모두 순후합니다. 이 다음 한국이 독립한 뒤에 저는 오늘 들은 말을 선생님께 되돌려 드리겠습니다"라면서 선생님에게 한국으로 귀화를 권유하기도 했다.

전시였기에 학업에만 전념할 수 없었다. 지복영은 토요일, 일요일, 각종 기념일마다 선전공작을 했다.

제일 흥미로웠던 것은 피난민으로 가장하여—사실 모두 피난 학생이지만 큰 길가나 인가 처마 밑에서 하는 연극이었다. 일본군의 잔학성을 폭로하고 우리가 왜 항전을 해야 하며 꼭 이기기 위해 싸워야 하는가를 역설했다. 그러노라면 보고 듣는 사람이 모두 동정하여 감동하고 분개하면서 피난민 배역에게 위로를 아끼지 않았다. 선전효과는 거의 100퍼센트였다. 다만 어려운 것은 각색을 자주 바꿔야 하고 내용도 때에 따라 바꾸어야만 하는 것이다. 우리 가운데 그런 소질과 재능이 있는 친구들이 몇몇 있었다.

『민들레의 비상』, 211쪽

지복영은 선전활동보다 농가를 돕는 일이 재미있고 쉬웠다고
했다. 만주에서의 혹독했던 농사 경험이 충칭에서는 큰 도움으로
다가왔던 것이다. 중국인 농가도 사정은 다르지 않았다. 남자들의
부재 속에서 여성이 혼자 힘으로 농사 짓고 아이들을 키우는 경우
가 많았다. 만주에서 아버지의 부재를 경험했기에, 남일 같지 않았
던 것이다. 그 덕 때문이었는지, 지복영이 속한 조는 다른 조보다
좋은 성적을 거둘 수 있었다.

오희옥은 충칭에서 160킬로미터 떨어진 곳에서 학교를 다녔다.
시험을 합격했기에 가능했다. 그 학교에서는 기숙사 생활을 했다.
침대는 군대에서 쓰던 것이었다. 모기장을 치고 잠을 자야 했는데,
"탱크같이 줄서서 팔에 피"를 빼는 빈대 때문에 잠을 이루기 어려
운 환경이었다. 모두가 열심히 한 것은 아니었다. 오희옥은 열심히
공부한 덕분에 89점의 성적으로 졸업시험을 마무리했다.

그러다가 집이 있는 토쿄에 청화중학교가 개교했다. 오희옥도
청화중학교로 학교를 옮겼다. 청화중학교에서는 수영 선수로 있
었다. 오희옥은 "마땅히 연습할 곳도 없이 강물에서 놀고 그랬던
게 도움이 되었다"고 회상하였다. 달리기도 유독 잘했다. 1학년으
로 2, 3학년을 이길 정도였다. 그림도 잘 그리고, 영어도 잘했다고
회상하였다. 물론 모든 과목을 잘 하는 아이는 아니었다. 오희옥도
"체육 연습하느라 수업 참석을 못하니까 수학 같은 건 성적이 조금
씩 떨어졌어"라고 고백하기도 했다. 그래도 어머니는 대인배였던
지, 성적이 떨어지는 오희옥에게 혼을 내지는 않았다.

중국에서의 어린시절은 마냥 좋지만은 않았다. 20세기 전반기 한국인들은 중국과 함께 힘을 합쳐서 일본의 침략에 맞서 싸웠지만, 중국 내에서는 한국인들을 경멸하는 인식이 있었다. 일본의 식민지가 되었기 때문이다. 그렇기에 중국인들은 한국인들을 무시했으며, 아이들 역시 그 무시를 받아야 했다. 오희옥은 당시를 다음과 같이 회상하기도 했다.

> 언니하고 같이 강가에서 목욕하고 나오면 중국 애들이 '가오리빵쯔' — 한국인들이 빨래할 때 방망이를 쓴다고 중국인들이 한국인을 지칭한 말 — 라고 불렀어. 너희 땅에서 못 살고 나와서 산다고 해서. 그러면 우리 언니가 화를 내곤 했어. 언니는 성격이 명랑하고 쾌활한 편이었어. 우리를 업신여기는 그런 사람들을 보면 독립하고 싶은 마음이 더 커졌어.
> 『마지막 증언』, 125~126쪽

중국 아이들은 이역 땅에서 살아가는 한국인 아이들을 업신여겼다. 중국인들과 싸운 이도 있었다. 김정숙은 중국 학생과 싸웠던 일화를 남기기도 했다.

> 우리가 바라는 게 뭐 있어요. 해외 나가서 교육받는 게 우리나라 찾는 거 우리나라 좋다는 거 그런데 거기서 당하는 거는 어렸을 제는 아주 저… 중국사람이 우릴 깔봤어요… 그래서… 고려망국노라고… 이제… 아이들이 쌈하잖아요 중국애들이 하고 혹시 쌈하게 되

면은… "고려망국노야 너" 그러면 얼마나 분해요. 그래서 한 때는 저… 그게 화제 거리가 됐었어요. 어떤 애가 막 때려서… 너무 분하니까.

『독립유공자증언자료집』 2권, 23쪽

한국인에 대한 중국인들의 업신거림은 학교 선생들한테에서도 나왔다. 오희영의 딸 신영신은 다음과 같이 어머니의 일화를 들려주기도 했다.

저희 엄마가 성격이 활발하고 바른말 하고, 아주 논리정연하게 말을 잘해서 변호사해도 된다고 선생님들이 '야 너 변호사해 변호사해' 할 정도였고 외국어도 몇 개 국어에 능통해서 엄마에 대한 기대가 엄청 컸었대요. 근데 어느 날, 그날따라 한국 학생이 뭐가 잘못하니까 중국 선생님이 욕을 했대요 '저따위로 하니까 나라가 없지' 그래서 거기에다 대고 '선생님, 지금 무슨 말씀 하시는거냐'고 그랬더니 당돌하다고, 대들었다고 그러더래요. 그래서 그래, 너희한테 안 배워, 우리가 왜 나라가 없어, 나라가 없는데 나라 찾겠다고 이국만리 와서 이러고 있겠냐고. 아주 불의를 보면 못 참죠. 그러고는 자리를 박차고 나와 그 길로 여성 광복군에 지원했대요.

『마지막 증언』, 126쪽

이와 같이 어린 학생들에게 나라없는 서러움은 큰 상처이자, 독립을 쟁취하기 위해서 싸워야겠다는 굳은 결심의 계기가 되었다.

이는 침략자 일본에 맞서 싸워야 하겠다는 마음과 어우러졌다. 그렇게 광복군에는 나라 잃은 서러움을 느끼면서 성장했던 어린 여자아이들이 모이기 시작하였다.

전쟁의 참상을 직접 경험한 경우도 있었다. 1940년 지복영은 여름방학을 맞이하여 충칭으로 돌아갔다. 지복영이 충칭에 머물 때, 일본군은 중국 수도 충칭을 폭격하였다. 일본군의 폭격에 방공호로 대피하기를 자주하는 가운데 지치기도 했다. 어느 날 새벽 3시경에는 방공호로 가지 않으려다가 '일본군 폭격기'라는 외침에 방공호로 대피하려고 했다. 그 때 큰 폭발음 소리와 함께 방공호는 아수라장이 되었다. 그 와중에 지복영은 처참하게 시신으로 변한 젊은 처자와, 그럼에도 '악을 쓰듯 울어대며 엉금엉금 그 여인의 가슴위로 기어오르고' 있었던 젖먹이 어린 아기를 목격하였다. 그녀의 침실에는 커다란 폭탄 파편 조각이 떨어져 있었다. 지복영이 살던 곳과 그 일대가 일본군 폭격으로 처참하게 파괴된 것이다.

지복영은 구사일행으로 살아남았지만, 그때의 충격은 너무나 컸다.

일주일이 넘도록 나는 먹지도 못하고 잠도 잘 수 없었다. 눈을 떠도 감아도 그 이름 모를 아낙의 처참한 모습과 하늘땅을 부르듯 숨이 컥컥 막히는 어린아이의 울음소리가 겹쳐서 도처히 건딜 수가 없었다. …… 부당한 떼죽음이 생겨나고, 침략자들은 저렇게 미쳐서 날뛰는데, 아무리 생각해도 전과 같이 공부에만 전념할 수 없을 것

같았다. 그리고 설사 내가 이 다음에 학사, 박사가 된다한들 이 세상이 사람 살 만한 세상이 되지 않는다면, 그 학문이 옳게 쓰일 데가 없다면, 그건 하나의 겉치레 장식품밖에 더 되겠는가?

『민들레의 비상』, 220~221쪽

지복영의 삶에서 일본의 침략은 일상다반사였기에 훌훌 털어버릴 수도 있었다. 하지만 이번만큼은 그렇지 않았다. 일본의 팽창야욕이 전쟁과 무관한 사람들의 삶을 송두리째 망가뜨리는 현장을 직접 체험한 것이었다. 결국 그토록 공부를 하고 싶어했던 지복영은 가을 새 학기에 학교로 돌아가지 않았다. 그리고 1940년 9월 임시정부에서 광복군을 창설하자, 광복군의 일원이 되기로 결심하였다.

인절미와 참외, 그리고 아버지

여성 광복군의 회고를 보노라면, 독립운동을 하느라 집안을 비우기 일쑤인 아버지를 마주하게 된다. 독립운동을 위한다지만, 어린 딸들은 태어날 때부터 아버지의 부재를 경험해야 했다. 그 당시 아이들이 태어나면 이름을 짓는 일은 아버지의 몫이었다. 하지만 오광선은 그 때마다 일본군과 싸우느라 집을 비워야 했다. 그러기에 '오희영'과 '오희옥'이라는 이름 모두 아버지의 친구가 지어주어야 했다. 그래도 호적에 올리는 일은 아버지 오광선이 맡았다. 그런데 그때도 오광선은 착각을 했는지, 딸들의 출생연도를 한 살 많게 적었다. 그래서 1925년 생인 오희영은 1924년, 그리고 1927년에 태어난 오희옥은 1926년 생이 되었다.

지복영은 아버지의 정을 느끼지 못한 채 성장하였다. 지복영은 1919년 4월 11일 서울에서 태어났다. 지복영이 태어나고 얼마 지나지 않아서 지청천은 만주로 망명하였다. 지복영의 어머니는 남편 지청천을 만나고 싶은 마음에서 딸 이름을 '복영'으로 짓기도 했지만, 그 바람은 쉽게 이루어지지 않았다.

지청천이 망명하자, 서울에 남아 있던 가족들의 삶은 어려워졌다. 지청천의 지인들이 도와주기도 했지만 일제 관헌의 감시거 날로 심해지자 이마저도 어려워졌다. 가족들은 셋방을 전전하면서 지내야 했으며, 그 과정에서 지청천과 서울의 가족 간의 연락이 두절되었다. 그러면서 지청천은 서울에 있는 부인이 '죽은 사람'이 되었다는 소문을 접하게 되었다.

그 무렵 지청천은 이르쿠츠크에서 고려혁명군관학교를 세워서 교장으로 일하고 있었다. 그런데 소련 정부는 공산화 정책에 협력하지 않은 지청천을 감옥에 가두고 사형 선고를 내렸다. 다행히 임시정부의 항의로 지청천은 레닌의 특사령으로 풀려나긴 했지만 조사 및 투옥 과정에서 건강을 잃었다. 동지들은 지청천을 간호할 사람을 수소문하였는데, 신숙申肅을 통해서 신주성(이명 황애숙)을 소개받았다. 신주성의 간호를 받은 지청천은 건강을 회복하였다.

그 무렵 신숙은 "아무리 우리가 떠돌며 사는 처지라지만 그래도 가정이라고 있으면 어쩌다가도 쉴 수 있는 곳이 되고 …… 부인이 돌아가셨다니 아이들을 누가 돌보든지 장차 데려다가 길러야 하지 않겠소"라고 말하면서 신주성과 결혼을 권유하였다. 신숙은 "구천의 부인도 반대는 아니 할 것이오"라면서 지청천에게 신주성과 부부의 연을 맺기를 제안하였다. 결국 지청천은 신주성과 새로운 가정을 꾸렸다.

하지만 지복영의 표현대로 아버지의 재혼은 한 가정의 슬픈 사연의 시작이 되었다. 구천에 있다고 알려진 지청천의 부인이 자식들과 함께 만주에 도착하였다. 신주성은 지청천에게 본부인, 즉 지복영의 어머니와 이혼할 것을 요구하였다. 지복영의 어머니는 세상일이 너무 야속하고 허무함을 느끼면서도 그대의 원대로 자식들 데리고 도로 서울로 갈 것이지만 자식들을 아비 없는 자식으로 만들고 싶지 않고, 의붓어머니 밑에서 눈치 보며 비뚤어지게 자라는 자식도 원치 않으니 정식이혼은 하지 못하겠다는 뜻을 밝혔다. 지청천은 난감했다. 어느 하나 해결책이 되지 못했기 때문이다. 결국 지청천은 신주성과 가정을 꾸리는 대신에 본부인과 그 자식들은 서울로 가지 않고 인근 지역에서 살도록 했다. 그러면서 지복영은 아버지의 정을 느끼지 못한 채 어린 시절을 보내야만 했다.

1930년대 초반 지청천이 사망했다는 소문이 돌았다. 그 소식을 전한 이는 남자현이었다. 남자현은 지청천이 마적의 손에 사망하였다는 신문 기사를 들고 지복영의 집에 찾아온 것이다. 집안은 모두 울음바다가 되었다. 이웃집 오희영, 오희옥 가족들도 와서 함께 눈물을 흘렸다. 그때 지복영은 "울지들 마서요. 이건 거짓말이

예요. 울 아버지 절대로 그렇게 돌아가실 분 아니어요"라고 소리쳤다. 그러자 어머니는 너무나도 놀랐다. 지복영 입에서 나온 말이었기 때문이었다. "아버지 정도 모르고 자란 애여요." 지청천은 만주에서 결혼한 부인과 함께 살고 있었다. 그렇기에 어머니 생각으로는 지복영이 아버지에 대한 정이 없는 아이로 보았던 것이다. "그런데 저 애 입에서 저런 말이 나오다니 놀랍지 않으세요? 저 애 말마따나 뭘 잘못했다고 비명에 돌아가시겠어요. 거짓말일 거여요. 믿을 수가 없어요. 또 그걸 믿어서도 안되겠어요"라고 대답했다. 지청천의 사망설은 친일파로 끌어들이려고 공작을 펴던 이들이 꾸민 일이었다. 지청천은 아무 일이 없었다는 듯이 가족의 품에 돌아왔다.

지복영은 아버지의 독립운동으로 베이징에서 학교를 다녔다. 학업에 열중이었지만, 중일전쟁의 발발로 베이징이 일본의 영향력 아래 놓이게 되었다. 결국 지복영과 가족들은 난징으로 이주하게 되었다.

지복영은 학업을 이유로 난징으로 떠나기를 거부하였다. 난징에서 공부를 할 수 있을 것으로 생각하지 않았기 때문이었다. 오광선은 지청천이 지복영의 학업을 책임지겠다고 약속한 사실을 알려주기도 했다. 하지만 지복영은 그 말을 믿지 못했다. 실제 지복영은 베이징에서 학교를 다니고자 어머니 몰래 지청천에게 편지를 보낸 적이 있었다. 그 때 지청천은 학비를 지원해 줄 만큼 여유가 있지 않다고 전하면서 "어머니 밑에서 바느질이나 착실히 배우고 여자가 마땅히 지켜야 할 도리를 익혔다가 좋은 배필을 만나서 시집을 가라"는 답장을 보낸 적이 있었다. 베이징에서 중학교 입학을 준비하던 지복영에게는 아버지가 원망스러울 뿐이었다. 이에 지복영은 지청천에게 다음과 같이 편지를 썼다.

> 나는 세상에 나서 아버지 앞에서 단 한 번이라도 아버지 하고 불러 보지 못한 채 지금 이 나이만큼 자라는 동안, 그래도 나는 나를 걱정해주는 아버지가 계시다는 것만을 믿고 어머니의 가르침을 따라 남부끄럽게 살지 않으려고 공부를 열심히 했고 또 배우고 알고 싶어 무진 애를 써왔습니다. …… 아버지의 형편이 만주에서보다는 많이 나아져서 마음만 가지시면 나 하나쯤 공부시키는 것은 어렵지 않으리라 생각되어 처음으로 아버지께 도움을 청하였는데, 아버지는 일언지하에 이를 아니 된다고 하니 이는 나를 딸로 생각지 않으시는 것이 분명합니다.
>
> 그러니 나도 이제부터는 아버지가 아니 계신 것으로 생각하고 살아갈 것이니 이제 우리는 부녀 된 인연이 끝난 셈입니다. 따지고 보면 지금 내가 내 가슴속 말을 종이에 적어서 보낼 수 있도록 글자나마 깨우친 것은 순전히 어머니늬 공이요 덕일 뿐. 연필 하나, 공책 하나, 아버지께 신세진 것 없습니다. 두고 보십시오. 아버지의 도움이 없다 해도 나는 기어이 공부를 해서 모든 것을 꿰뚫어 아는 사람이 되어 아버지 앞에 당당히 나설 것입니다. 부디 안녕히!
>
> 『민들레의 비상』, 163쪽

지청천은 목이 메어 울었다고 한다. "그저 계집애로만 생각했었는데 가르치면 사람 구실 할 것 같소. 어떻게 해서든지 학비는 꼭 마련해 보내줘야겠소"라고 다짐했다고 한다. 그럼에도 지복영은 아버지에 대한 감정이 좋지 않았을뿐더러 난징에서 학업을 지원해 주겠다는 지청천의 말을 믿지 않았던 것이다. 결국 오광선이 본인이 학비를 지원해 주겠다면서 난징행을 거듭 부탁하는 바람에 지복영 가족은 난징으로 갈 수 있었다.

지청천은 지복영이 학업을 이어갈 수 있도록 노력했다. 중국군 헌병사령부 대위로 있었던 장홍에게 부탁해서 딸의 학업을 자문받기도 했다. 장홍의 권유로 지복영은 육군중학교 시험에 합격할 수 있었다. 지청천은 부인 신주성의 반발에도 지복영의 등록금과 교복비, 신발비, 학용품을 사도록 20원을 마련해 주기도 했다.

그래도 아버지와의 간극은 남아 있었다. 아버지의 또 다른 처 신주성과의 갈등이 있었기 때문이다. 난징에서 신주성과 한 집에서 살게 되었다. 신주성은 집안의 경제력을 쥐고있었기에, 이를 빌미로 지복영 가족에게 못살게 굴기 위함이었다. 신주성이 그렇게 하는 데에는 나름 사정이 있었다. 지복영의 어머니가 만주로 건너온 이후로 '첩'이라는 소리를 들으면서 사는 것이 괴로웠다. 그 와중에 전남편의 소생이 일본인에 의해서 죽음을 당했다. 이 모든 것을 지복영 집안이 저주를 했기 때문으로 굳게 믿고 있었던 것이다. 이에 신주성은 지복영 어머니에게 아들을 살려내라고 하면서 원통함을 주장했던 것이다.

신주성의 한탄에 지복영은 "우리 식구가 저주해서 죽었다니 그럼 내가 목숨을 내놓겠소. 지금 당장 죽이고 싶으면 죽이시오. 왜 불쌍하고 억울한 내 어머니를 종처럼 부려먹는 것도 모자라서 이렇게 생떼를 쓰며 못살게 구는 것이요?" 하고 대들었다. 어머니는 지복영의 뺨을 때리면서 꾸짖었다. 하지만 지복영은 그날부터 식음을 전폐하면서 죽고자 했다. 그러자 술에 취한 지청천이 지복영이 누워있는 방으로 들어섰다. 지청천은 지복영을 끌어안고 얼굴을 부비면서 목이 매어 울었다. 지청천은 미음을 가져와서 지복영에게 먹이고자 했지만, 지복영은 먹지 않으려고 했다. 그러자 지청천은 눈물을 흘리면서 신주성과 결혼을 하게 된 사정을 자세히 설명하였다. 그리고 다음과 같이 이야기했다.

복영아, 너는 아직 나이가 어려서 잘 모르겠지만 세상에 아무리 이름난 못된 아내라도 자식에게는 자애로운 어머니란다. 너의 어머니가 너희 삼남매를 목숨같이 생각하고 사랑하듯, 너의 작은어머니도 나름대로 자기 자식을 사랑한다. 그러니 내가 네 작은어머니를 버리면 네 동생 정계가 어디로 가야 하겠니? 물론 네 어머니는 심성이 착해서 잘 거두어 주겠지만 생모만은 못한 법이다. 그리고 만약 내게서 떠나서 제 어미만을 따라간다면 아비 없는 자식이 되고 말 터인즉 그 또한 인륜에 어긋나는 일이고 사람으로는 차마 할 수 없는 일이다. 그래서 이 아비는 모두 내 잘못으로 생각하고 그대로 견디며 사는 것이다. 그러니 너나 정계에게는 아무 잘못도 없다. 그러니 부디 아비를 용서하고 미음 받아먹고 몸 추슬러서 학교에 가거라.

『민들레의 비상』, 169~170쪽

지복영은 생각이 복잡했다. "이 마당에 아버지인들 어떤 뾰족한 해결책이 있을까보냐?"라고 생각하였다. 문득 시집을 가면 어떨까 하는 생각도 했다. 마침 혼사가 들어왔기에, 어머니를 모시는 조건으로 결혼을 생각해보기도 했다. 그러다가 눈물을 흘리면서 미음을 받아먹기 시작하였다. 미음을 먹은 후 참외를 조금 받아먹었다. 지청천이 딸 지복영을 위해서 사온 참외였다. '참외는 이렇게 향기로운데' 인간 세상은 그렇지 못할까라고 생각하다가 지복영은 목을 놓고 엉엉 울어버렸다.

며칠 쉬면서 몸을 추스른 지복영은 학교 주변에 집을 구해서 나갔다. 그곳에서 누구에게도 기대지 않는 떳떳한 사람으로 살기로 결심하였다. 어느 누구에게도 기대지 않는 삶. 어린아이라고, 여자아이라고 업신여김을 당하지 않는 삶을 살기로 결심한 것이다.

오희영, 오희옥 자매 역시 아버지 오광선을 자주 볼 수 없었다. 그래도 아버지와 함께 했던 시절도 있었다. 오광선이 중국 관내에서 독립군을 양성하는 임무를 맡게 되자, 가족 모두 베이징에서 함께 지낼 수 있게 된 것이다. 일본이 1937년 중일전쟁을 계기로 중국 관내로 침략해 오자, 임시정부는 난징으로 옮겨야 했다. 그 과정에 가족들도 톈진, 난징으로 이동하였다. 임시정부의 피난 행렬은 고되었지만, 그래도 가족 모두 일본의 눈치를 보지 않고 아버지와 같이 살 수 있었다.

그래도 아버지는 아버지였다. 오광선은 딸들의 수학선생이 되기도 했다. 수학선생 오광선은 엄격하기 그지없었다.

밤만 되면 고양이가 어찌나 많은지 야옹야옹 애들 우는 소리 같다. 밤만 되면 무서웠어. 그 때 우리 아버지가 수학을 가르쳐 줬어. 성냥개비를 갖다 놓고선 몇 더하기 몇은 얼마냐 그랬더니 몰라 내가. 1부터 100까지 셀 줄 몰랐나봐. 숫자를 셀 줄 알아야 더하든 말든 하지. 못하면 몽둥이로 때리려 해. 그래서 밤만 되면 아버지와 고양이 때문에 무서웠어. 아버지가 군대 성질이라 무서워. 『마지막 증언』, 107쪽

오희옥은 불같은 아버지와 마주해야 했다. 오죽하면 오희옥은 "역시 자기 자식은 자기가 못가르쳐"라고 회상하기도 했다. 그래도 자상한 면도 있었다. 오광선은 텐진에서 학교를 다니지 못했던 오희영, 오희옥 자매에게 미술책을 사다주기도 했다. 학교를 다닐 때면 시간이 날 때 마다 하교 시간에 맞춰서 딸들 손을 잡고 집에 함께 오는 아버지이기도 했다. 밤에는 하모니카도 불어주고, 여유가 있으면 "인절미 같은 맛있는 것"도 사오는 보통의 아버지였다.

1937년 초 오희영, 오희옥 자매의 동생 오영걸이 태어났다. 새 생명의 탄생은 축복이 되어야 했지만, 오희영, 오희옥 자매에게는 그러지 못했다. 그때 김구의 밀명을 받은 오광선은 일본 관동군 참모장 도이하라 중장을 암살하려다가 베이징에서 체포되었던 것

이다. 또 다시 아버지 없는 삶을 살아야 했다.

오광선 가족은 임시정부가 충칭에 정착할 때까지 함께 했다. 임시정부 요인들은 오광선 가족을 보살펴 주는데 주저하지 않았다. 안중근의 동생으로 임시정부의 재정을 담당했던 안공근은 정기적으로 후원하기도 했다. 이시영은 황달이 걸린 오희옥을 치료해 준 적이 있었다. 이시영로부터 한글을 배우기도 했다. 학병 출신 윤석중으로부터는 수학을 배웠다. 김구로부터는 서예를 배운 적도 있다.

열 여섯 살 쯤부터 막종이에다 서예를 쓰는데 김구 선생님이 들어오셔. 그 때 내 이름이 중국이름으로 오지위야. 그래서 빨리 말하면 쥐가 돼. 김구 선생님이 그래. 쥐야 하면 내가 에? 그러면 큰 글씨를 쓸 때는 팔을 들고 써라. 그런 훈시를 받았어. 그래도 아버지가 그리웠던 것은 사실이었다. 『마지막 증언』, 124쪽

그럼에도 아버지의 부재는 컸다. 오희옥은 아버지 없이 가족을 이끌기가 얼마나 어려운가를 다음과 같이 회상하기도 했다.

나는 또 물 세 지개씩 졌어. 물도 아버지 있는 사람들은 월급이 나오니까 사먹는데 우리는 돈이 없으니까 내가 하루에 세 지개씩 지고 날랐어. 그게 또 보통 길이 아니야. 좁은 계단을 내려가고 내려가서 저 아래 강물을 퍼서 지고 올라오는 거야. 그렇게 고생했어. 남들은

사먹는데. 그래서 철천지한이 뭐냐면, 가족을 이루지 말고 독립운동을 해야 한다는 거야. ……그러니 절대 홀몸으로 독립운동을 해야 해. 자식들만 고생하니 …… 『마지막 증언』, 123쪽

그때 삶이 얼마나 어려웠으면, 홀몸으로 독립운동을 해야 한다고 이야기를 했을까? 그럼에도 아버지에 대한 그리움은 점점 커졌다. 1940년 충칭에서 공립학교 3학년에 다니던 오희영은 광복군에 지원했다. 지원동기는 "일본글을 배워 만주에 가서 아버지도 찾아오겠다"는 것이었다. 당시 오광선은 신의주형무소에서 출옥한 후, 만주에 머물고 있었다. 아버지의 출옥 소식을 전해 들은 오희영은 아버지를 찾겠다는 신념으로 광복군에 지원했던 것이다. 16살에 불과한 소녀는 그렇게 광복군의 일원이 되었던 것이다.

독립운동가 아버지도 없었던 딸들

지복영, 안희영, 안희옥, 그들의 회고를 보노라면 독립운동가의 일원으로 삶이 얼마나 어려웠음을 알 수 있다. 독립운동을 했던 아버지는 자랑스러우면서도 원망의 존재이기도 했다. 독립운동의 어려움 속에서 교육을 받기란 쉽지 않았다. 사방에는 적으로 가득했다. 이는 비슷한 환경의 다른 여성 광복군도 비슷했다. 김효숙은 5살의 어린 나이에 1919년 어머니와 함께 아버지 김봉준(임시정부 의정원 의장 역임)을 찾아서 중국으로 망명했다. 신순호 역시 5살의 나이로 1926년 한국을 떠나서 아버지 신건식이 있는 상하이로 이

주하였다. 민영주, 김정숙, 엄기선, 조순옥 등은 중국에서 독립운동을 하는 아버지를 둔 가정에서 태어났다. 그들은 어릴 적부터 독립운동 자체를 삶의 일부로 받아들이면서 살아왔던 것이다.

그래도 그들은 가족이 있었다. 가족조차 없이 혈혈단신으로 광복군에 들어온 여성들도 있었다. 박금녀는 만보산사건으로 부모를 잃고 고아가 되었다. 그는 영안현에서 본인을 거두어 키웠던 신선재를 통해서 항일의식을 키웠고, 하남성에서 식당 일을 하면서 일본군 기밀을 탐지하면서 부양에서 광복군으로 활동하였다. 황해도 출신인 이월봉은 아버지 사업이 망하면서 가족이 뿔뿔이 흩어지는 와중에 숙부를 따라서 만주로 이동했다. 만주에서 1930년 보통학교를 졸업하고 톈진의 한 백화점에서 점원으로 7년 가량을 보내다가 한국청년전지공작대에 참여한 후, 광복군에 투신하였다.

1920년 진남포에서 출생한 김정옥은 이전식과 결혼한 후 베이징으로 이주하였다. 그곳에서 세탁소를 운영하다가 1944년 남편과 함께 일본인 형사에게 체포되었다. 이전식이 1년 6월의 징역형을 받아서 신의주형무소에 투옥되자, 김정옥은 남편의 원수를 갚기 위해서 광복군의 비밀 공작원으로 활동하였다.

김구의 비서로도 유명했던 신정숙. 그녀가 광복군이 된 여정은 평탄치 않았다. 남편 장현근은 윤봉길 의사의 홍커우공원 의거에 관여한 혐의로 체포되었다. 신정숙은 장현근의 옥바라지를 하면서 민족의식을 갖게 되었다. 출옥한 남편이 행방불명되자 신정숙은 남편을 찾기 위해서 망명을 하였다가 임시정부에 합류하게 되었다.

요릿집에서 남자 손님들의 시중을 들다가 광복군의 대원이 된 이들도 있다. 김영실은 서주의 요식점인 희락관에서 여자 종업원으로 살아가고 있었다. 그곳은 중국을 침략한 일본군이 주둔하던 지역이었다. 김영실은 희락관을 광복군의 지하 거점으로 삼아서 학병들이 일본군에서 탈출하는 데 가교 역할을 했다. 손님으로 온 일본군의 시중을 들면서 군 내부 정보를 입수해서 광복군에 전달하기도 했다. 그러다가 본인의 정체가 탄로나기 직전에 서주를 탈출해서 임천의 한국광복군훈련반에 도착하였다. 그곳에서 탈출한 학병들과 충칭으로 갔다가 시안西安의 광복군으로 합류하였다. 그때 김영실은 동료들에게 다음과 같이 다짐을 하기도 했다.

> 내가 설 땅은 고국이며 내가 한 일은 동포들에게 독립정신을 불어넣어 일단 유사시에 총궐기할 기틀을 마련하는 것이다. 몸은 비록 여자지만 나 어찌 이 후방의 땅 중경에서 안일만을 누릴 수가 있으랴. 내게는 젊음이 있다. 적진으로 뛰어들자. 나가세, 전쟁장으로 나가세……
>
> 『광복군 김문택 수기』 2

김영실의 이 같은 의지는 광복군에서 함께 있었던 김문택에 의해서 알려졌다. 김문택은 일본 본토에서 탈출해서 광복군에 합류한 유일한 학병이었다. 김문택은 『광복군 김문택 수기』에서 김영실을 '여걸'로 칭송하였다. 그만큼 용감하게 일본과 맞서 싸웠던 것이다.

그나마 김영실은 나았다. 김영실은 광복군으로 활동한 공로가 인정되어서 대한민국 건국훈장 애족장을 받았다. 김영실과 함께 희락관에서 광복군의 비밀 공작원으로 임무를 수행하다가 일본군에 잡혔던 임일옥과 이복순은 그 존재도 희박하다. 부모의 원수를 갚겠다면서 남성 대원 못지않게 이를 악물고 군사 훈련에 임했던 정인덕도 있다. 이들은 김문택이 아니었으면 역사의 뒤안길에서 쓸쓸하게 잊혀졌을 가능성이 크다.

이상과 같이 여성 광복군에는 다양한 삶을 살아온 이들이 있었다. 가족을 잃거나 가족의 존재조차 모르는 가운데 광복군에 투신한 여성들이 있었다. 지복영, 오희영, 오희옥은 독립운동을 하느라 집을 비운 아비가 원망스러웠지만, 또 다른 여성 광복군 대원들은 지청천, 오광선을 아버지로 둔 지복영, 오희영, 오희옥 등이 너무나 부러웠을 것이다.

여성 광복군으로
항일 투쟁을 수행하다

광복군에 들어가다

　1940년 9월 17일 광복군 창군 전례식이 거행되었다. 광복군의 창설을 대외적으로 알린 것이다. 광복군 창설 당시 여자로는 오광심, 조순옥, 김정숙, 그리고 지복영이 참여했다. 중국 국민당 정부의 장개석 총통도 축하의 글(치경문)을 보내왔다. 그날 행사에서는 김정숙이 장개석 총통의 치경문을 대신 낭독했다. 훗날 광복군 대원이 되는 민영주는 지청천 광복군 사령관에게 태극기를 봉정하였다. 그렇게 광복군 창설 행사가 마무리되었다.

　광복군은 총사령부를 시안에 두기로 했다. 대일 항전을 효과적으로 수행하기 위해서는 후방 충칭보다는 시안이 지리적으로 적절했기 때문이었다. 시안으로의 이동에는 여군들도 예외는 아니었다. 여군들도 시안으로 이동해야 했다.

　오광심과 지복영은 시안에서 같은 방을 썼다. 오광심은 실전 경험이 있었기에, 지복영은 학교에서 교련교육을 받았기에 시안에서의 군사훈련은 그리 어색하지 않았다. 처음에는 오광심, 조순옥,

1940년 9월 17일 광복군 창군 전례식에서 치경문을 낭독하는 김정숙

1940년 9월 17일 광복군 창군 전례식에서 태극기를 지청천에게 전달하는 민영주

1940년 9월 17일 광복군 창군 전례식 기념사진.
오른쪽 빨간색 네모 안에 여성 광복군 4인의 모습이 있다.

1940년 시안으로 이동하던
여성 광복군 대원들의 모습

1939년 한국청년전지공작대가 시안으로 떠나기 직전에 찍은 사진. 왼쪽에서 세 번째가 송영집이다.

지복영만이 훈련을 받았다. 그러다가 그들은 한국청년전지공작대가 머물던 곳으로 이동했다.

한국청년전지공작대(이하 전지공작대)는 1939년 10월 충칭에서 김구의 승인 아래 아나키스트들이 중심으로 만든 단체였다. 전지공작대에는 중국의 군관학교 출신, 중국 군사기관 종사자, 그리고 만주와 중국 관내에서 독립운동을 전개하던 인물들이 중심이 되었다. 중국 황포군관학교 졸업생으로 중국군 헌병대위를 역임한 나월환이 전지공작대의 대장을 맡았다.

전지공작대는 중국 국민당 정부와 교섭을 통해서 시안에 있는 중국 전시간부훈련단 내에 한국청년간부훈련반을 만들었다. 전지공작대는 한국청년간부훈련반에서 한국청년들을 훈련시킬 수 있었다. 한국청년간부훈련반에서 3개월의 교육 기간을 이수한 한국 청년들은 소위로 임관하였다. 소위로 임관한 한국 청년들은 중국군 유격대에 편입되어서 일본군 점령지 인근으로 이동하였다.

전지공작대는 지원병을 모집하는 초모활동을 주요 임무로 삼았다. 일본군이 주둔한 중국 전 지역이 작전 대상이었다. 공작대원들은 일본군 부대 인근으로 비밀리에 이동해서 그 지역의 한국인을 포섭하였다. 포섭된 한국인을 일본군 경내에서 탈출시켜서 독립운동의 거점으로 이동시키는 임무를 맡은 것이다.

전지공작대는 중국 부대와 함께 연극공연을 하기도 했다. 항일을 위한 한중연대를 강화하고 중국인들에게 항일 투쟁의 의지를 강화하기 위함이었다. 그 이면에는 겨울용 군복을 마련하기 위한 현실적인 이유도 있었다. 전지공작대는 의료부대를 결성해서 의료자원 봉사를 나가기도 했다. 그러다가 1940년 총사령부를 시안에 둔 한국광복군에 편입하기로 결정하였다.

1941년 1월 한국청년전지공작대가 광복군 제5지대에 정식으로 편입되었다. 이를 기념한 제5지대 성립전례식이 있었다. 그 성립전례식에서 태극기 게양을 맡은 이는 두 명의 여인이었다. 한 명은 지복영, 다른 한 명은 전지공작대원 안영희였다. 지복영은 태극기를 게양할 때의 감동을 다음과 같이 회고하였다.

내가 만주를 떠나 관내에 들어와서 처음으로 태극기 게양을 하게

1941년 한국광복군 제5지대 성립 기념

되었는데 그 감회가 여간 큰 것이 아니었다. 나도 모르게 눈물이 솟았다. 푸른 하늘을 배경으로 높이 솟아오르며 펄럭이는 태극기를 우러러보며 나는 마음속으로 빌었다. 하루속히 태극기가 우리나라 하늘 아래에서도 자유롭게 펄펄 휘날리는 날이 오기를. 아니 속히 오도록 노력에 노력을 더해야겠다고 마음속으로 다짐했다.

『민들레의 비상』, 231쪽

그 날 제5지대로 편입된 전지공작대원들 중에는 안영희 이외에도 김봉식도 여성 대원으로 광복군에 합류하였다. 이들은 "한국광복군을 옹호 확대하자!", "광복군 기치 하에 민족적 총역량을 집중

한국광복군 제2지대(1942. 4.)

하자!", "일본 제국주의를 타도하자!", "한국광복군 만세!"를 외치면서 대일 항전을 다짐하였다.

1942년 4월 김원봉이 이끄는 조선의용대가 광복군에 합류하였다. 조선의용대 화북지대가 중국 팔로군의 산하로 활동하게 됨으로써, 김원봉의 본대는 100여 명 정도 남은 상태였다. 이러한 상황 속에서 김원봉의 조선의용대는 광복군 제1대로 편제되었다. 그때 1939년 9월 중국 귀주성 계림에서 조선의용대에 입대해서 일본군 정보 수집 및 초모활동을 전개했던 전월순도 광복군에 합류하였다.

남성보다 고된 군생활을 하다

지복영은 광복군에 입대하게 된 동기로 임시정부 헌법에서 규정한 남녀평등 사상을 꼽았다. "월급도 중국 돈 5원으로 남자들과 큰 차이가 없었습니다"고 회고하면서 실제 여군에 대한 대접도 좋았음을 밝히기도 했다. 나아가 지복영은 여성으로 광복군에 참여하는 일이 여성의 권리를 신장하는 길임을 주장하기도 했다. 바쁜 훈련과 임무가 오가는 일상 속에서 1941년 2월에 펴낸 『광복』 창간호에서 지복영은 「대시대大時代는 왔다. 한국 여동지들아 활약活躍하자!」는 글을 발표하였다. 그 글에서는 여성으로 광복군에 참여하는 행동의 의의를 다음과 같이 밝히고 있다.

> 한국 2,300만 민족의 반수를 차지한 여성동포들은 조국을 광복하고 신국가를 건설하는 데 한 비생역군牝生力軍(대량의 신예부대)인 것을 무릇 한국사람은 다 깊이 깨달아야 할 것이다.
>
> 이중 삼중의 압박에 눌리어 신음하던 자매들! 어서 빨리 일어나서 이 민족해방운동의 뜨거운 용로鎔爐 속으로 뛰어오라. 과거의 비인간적 생활은 여기서 불살라 버리고 앞날의 참된 삶을 맞이하자. 흑암黑暗 중에 서광 – 한국광복군의 자유를 쟁취하려는 봉화는 붉고 맑게 빛난다. 이미 모인 혁명동지들은 뜨거운 손길을 내밀고 열정에 넘쳐 속히 속히 달려옴을 기다리고 있다. 오라! 와서 힘을 뭉치여 적을 부수고 새 집을 세우고 새로운 삶을 찾자!　　『광복』 창간호, 1941

광복군에서 발간한 기관지 『광복』

『광복』 창간호에는 지복영의 글만 있지 않았다. 오광심은 지금도 회자되는 「한국여성동지들에게 일언을 들림」이라는 제목의 글을 발표했다.

광복군은 남자의 전유물이 아니요, 우리 여성의 광복군도 되오며 우리 여성들이 참가하지 아니하면 마치 사람으로 말하면 절름발이가 되고 수레로 말하면 외바퀴 수레가 되어 필경은 전진하지 못하고 쓰러지게 됩니다. 우리는 우리 혁명을 위하여 또는 광복군의 전도를 위하여 우리 여성 자신의 권리와 임무를 위하여 이 위대한 광복군사업에 용감히 참가합시다. 그리고 총과 폭탄을 들고 전선에 뛰어 나아가서 우리 여성의 피가 압록·두만강 연안에 흘리며 이 선혈 위에 민족의 자유화가 피고 여성의 평등 열매를 맺게 합시다.

『광복』 창간호, 1941

한국 광복군 총사령부 총무처 직원 일동(시안, 1940. 12. 26). 두 번째 줄 오른쪽에서 첫 번째부터 지복영, 조순옥, 오광심이다.

오광심과 지복영은 광복군에 여성이 참여함으로써 독립을 달성하는데 일조할 것을 주장했다. 이를 통해 그들은 새로운 시대, 즉 독립의 시대에서 여성의 권리를 쟁취하자고 역설하였던 것이다. 오광심과 지복영의 호소력있는 글은 여성들이 광복군에 합류하는데 적지 않은 역할을 했을 것으로 보인다.

하지만 실제 광복군 내에서 여성 대원으로 살아가기란 쉽지 않았다. 무엇보다 고된 업무에 시달려야 했다. 광복군은 군사훈련을 기본으로 하되, 초모공작을 위한 각종 정훈 교육을 받아야 했다.

정훈 교육에는 중국어, 영어, 역사 등의 과목도 포함되어 있었다. 김문택은 당시 훈련에서 동일한 대우를 받는 여성 광복군들이 실제는 남성들보다 힘든 하루하루를 보냈음을 다음과 같이 회고하였다.

> 우리들의 일과는 참모에 의하여 계획되고 짜여진 일과표에 의하야 진행되었으니 아침의 기상과 아침 점호의 조회로 시작하여 아침 식사 후 잠시 후에는 군사훈련이 시작된다. 물론 군사훈련에는 특별한 경우를 제외하고는 노소, 남녀, 신구의 구별없이 동등하고 일률적으로 다같이 받기 마련이었으니 왜적을 때려 잡는 연습에 어찌 어떤 구분과 구별이 있을 수가 있으랴 ……
> 그런데 여기에 특기할 것은 남동지에게 뒤질새라 열심히 남동지를 앞지르던 이 동지 〈정인덕鄭仁德〉! 땀을 뻘뻘 흘리며 이를 악물고 남동지를 뒤따르는 〈정〉동지는 지금 어느 곳에 있는지 알 길이 없다. 여튼 홀홀단신 처녀의 몸으로 부모의 원수이자 겨레의 원수 왜적을 자기 자신의 손으로 토벌하기 위하여 수천리 머나먼 저 〈북경〉에서 이 〈부양〉에까지 뛰어들었으니 그 적개심에 타오르는 정열, 어찌 딴 동지에 뒤질 수가 있으랴. 이 어찌 〈정인덕〉에 한하랴. 신혼의 단꿈도 마다하고 남편의 뒤를 따라 이 독립전선에 뛰어든 여자동지들! 여튼 여동지들은 굳세고 강하였다. 특히 여동지들은 구호대원을 겸하였고 또 틈만 있으면 남동지들의 헤어진 군복을 꿰매며 세탁까지를 하였으니 이 얼마나 고되었으랴. 『광복군 김문택 수기』 2

김문택은 여동지들은 굳세고 강하였다면서 여성 광복군에 대해서 존경의 뜻을 보였다. 특히 그는 여성 광복군들이 구호대원을 함께 수행했으며, 쉴 틈도 없이 남성 광복군의 군복을 수선하고 세탁하는 일까지 수행했음을 밝히면서 "이 얼마나 고되었으랴"고 회고하기도 했다.

오광심은 남자군인과 여군, 장교와 사병의 구별없이 똑같이 일했다고 회고하면서도 여성 광복군의 고된 일상을 다음과 같이 이야기하기도 했다.

> 취사, 통신, 정보수집, 모금 등 남자대원에 비해 더욱 많았습니다. 원시적인 생활이다시피 거친 생활이었기 때문에 모두 고생이 많았지만 여군의 부담은 더 컸었죠. 『매일신보』 1967. 8. 12

이와 같이 광복군에서 여성으로 살아가기란 쉽지 않았다. 그럼에도 여성 광복군은 주어진 임무를 수행하기 위해서 최선의 노력을 기울였다. 오광심, 조순옥, 지복영은 광복군의 기관지 『광복』의 발행에 참여하였다. 막 창설한 광복군으로서는 『광복』의 발행이 중요하였다. 광복군의 존재 이유를 한인 동포들과 중국인들에게 알려야 했기 때문이다. 『광복』의 창간사에도 잡지의 중요 역할을 다음과 같이 소개하기도 했다.

(1) 친애하는 중국 민중에게 한국 혁명의 내용과 이론을 충실하게

소개한다, (2) 한국 민중에게 중국의 영용한 항전의 소식과 중국 필승의 조건을 충실하게 소개한다, (3) 세계를 향해 일본 제국주의의 폭행과 음모 및 필패의 까닭을 폭로한다, (4) 중한 두 민족의 연합항일을 조장하여 해방의 쟁취를 주장한다, (5) 중한 민중의 항일정서를 환기시킨다. 『광복』 창간호, 1941

광복군은 『광복』을 통해서 한인 동포들과 중국인들에게 항일 무장 투쟁을 위해서 한중 연합의 중요성을 강조하고, 나아가 일본을 무찌름으로써 민족해방을 달성한다는 목적을 알리고자 했던 것이다. 이에 광복군은 한국어판과 중국어판 『광복』을 별도로 제작하였다. 지복영은 『광복』에 게재되는 한글 원고를 정리하였으며, 오광심과 조순옥은 『광복』의 발송을 맡았다. 광복군 창립부터 여성 광복군으로 활동했던 지복영, 오광심, 조순옥 3인이 『광복』의 발행에 관여한 것이었다.

한편 김정숙은 오늘날 소령의 직책에 해당하는 소교의 직위로 대일 심리전을 연구하는 임무를 맡았다. 김정숙이 담당한 심리전의 핵심은 '염전사상厭戰思想', 즉 전쟁을 혐오하는 마음을 퍼뜨리는 것이었다. 일본군과 징병 등으로 일본군에 편입된 한국인들을 대상으로 심리전을 계획하고 추진했던 것이다. 김정숙은 2년 동안 밤을 세워가며 하루에 천여 통씩 전단을 쓰기도 했다. 화투를 이용해서 심리전을 수행한 일화를 다음과 같이 소개하기도 했다.

지금 말하자면 화투장 있잖아요? 그러니까 그 사람들이 군에 있을 적에, 저, 한가할 적에 화투할 수도 있잖아요. 많이들 했죠. 일본사람들… 그러니깐 우리 한국사람들도 거기가면 그거 할거구. 그러니까 화투장 그 띠가 있잖아요? 띠. 이렇게 시뻘건 것 이렇게 거기다가 글자 몇자를 적는다는 거예요 …… 그 안에 아버지 보고 싶어요. 뭐… 이케 쓰든지 하면 화투하면서 자꾸 보잖아요 그 사람들하고 염전사상을 일으키게 하는 그런 방법으로 연구하고 제안하는 방법으로 했어요.
『독립유공자증언자료집』 2권, 70~71쪽

김정숙이 개발한 문구는 또 있었다. 자식을 보고픈 어머니의 애달픈 심정을 표현한 "보고 싶다. 빨리 돌아와 다오"라든지, 살아서 돌아오길 학수고대하는 애인의 마음을 담은 "죽으면 안 돼요. 우리는 살아서 만나야 해요" 등의 문구가 이에 해당했다.

중국 측과 함께 대적對敵 라디오 방송을 진행하기도 했다. 주로 일본군 점령지역을 포함해서 중국 전역을 대상으로 했다. 여성 광복군 엄기선은 임시정부 선전부장이었던 아버지 엄항섭을 도와서 방송일을 하기도 했다. 엄기선 이외에도 여성 광복군으로 연미당, 민영주, 지복영 등이 방송에 참여하였다. 그들은 주로 임시정부의 활약상과 중국에서 일본의 만행을 고발하고, 나아가 일본군에 편성된 한국인들에게 염전사상을 고취시키는 내용의 방송을 보냈다. 한때 한국어 방송을 담당하였던 지복영은 방송일을 가장 힘들면서도 가장 보람을 느낀 일로 회상하였다.

오후 3시나 4시 경 원고가 오면 즉시 우리말로 번역해 가지고 방송국으로 갔다. 그리고 밤 늦은 (10시가 넘은) 시각에 방음장치가 되어 외부와 인진히 차단된 방송실에서 나 홀로 내 말소리를 들어가면서 방송하는 것이었다 …… 나는 그때 일본말을 할 줄 몰랐기 때문에 …… 그냥 우리식 한자 발음대로 '동경'이나 '장기'라고 하고 '도쿄'나 '나가사키'라고 읽지 않았다. …… 나는 한사코 왜말(일본어)은 배워서 뭣하느냐고 발발하며 배우지 않았었다. 그런데 대적방송을 하면서 그때 배우지 않은 것을 조금 후회했다.

『민들레의 비상』, 262~263쪽

그런데 정작 문제는 방송 후에 있었다. 매번 밤 10시를 넘긴 시각에 방송을 시작하다보니, 지복영의 귀가시간은 항상 자정 무렵이었다. 교통편이 있었던 것도 아니오, 가로등이 밤길을 밝혀주었던 시절도 아니었다.

불을 밝히면서 자정이 넘는 시간에 딸을 기다려야 했던 어머니의 심정은 오죽했을까? 어머니는 귀가하는 지복영에게 불만 어린 목소리로 말씀하기도 했다.

임시정부나 광복군에 방송할 만한 사람이 너밖에 없다더냐? 낮 시간도 아니고 밤늦은 시간에 탈 것도 없는 어두운 밤길을 젊은 애 혼자 다니게 하다니. 그것도 가까운 거리도 아니고……

『민들레의 비상』, 264쪽

물론 어머니의 불만은 지복영에게 있지 않았다. 어머니 눈에는 여성 광복군 대원에게 임무만을 부여하고 대원의 안전을 책임지지 않는 임시정부 혹은 광복군이 미워보였나 보다. 그럴만했다. 어두운 거리에서 수상쩍은 말을 걸어오는 사람들과 마주하는 일도 있었기 때문이다. 그럴 때마다 지복영은 가까운 집으로 가서 문을 두드리면서 도움을 청한 덕분에 위기에서 벗어날 수 있었지만, 어머니로서는 그런 환경을 조성하는 심야 방송 자체가 못마땅했던 것이다.

광복군 임무 중에서 어느 하나 중요하지 않은 일은 없었지만, 그럼에도 가장 중요한 임무는 초모공작이었다. 적 점령지구와 가장 가까운 곳에 징모분처를 두고 적 점령지역에 있는 한국인들을 포섭하고, 광복군의 지하 공작거점을 구축함으로써 일본군의 군사기밀을 탐지하고 일본군을 대상으로 게릴라전을 수행하는 것이었다.

1942년 광복군 총사령부에 16살 소녀가 찾아왔다. 오희영이었다. 오희영은 신의주형무소에서 출옥하고 만주에 머물고 있는 아버지 오광선을 찾기 위해 초모공작을 지원하였다. 그래서 제3지대장 김학규가 충칭에서 오희영과 함께 시안으로 온 것이다. 지복영은 그때를 다음과 같이 회상하였다.

오희영은 나보다 여섯 살 아래로 이제 겨우 16세였다. 아직도 어린 소녀티가 가시지 않은 천진난만한 모습이었다. 오희영은 만주로 아버지 오광선을 찾아가기 위해 최전방을 자원했다. 그것은 바로 적후 敵後(적 점령지구) 공작을 뜻했다. 어린 나이에 성패를 예측할 수 없는 그 험한 길을 어떻게 감당할 것인가. 참으로 한국의 딸로, 망국인으로 태어난 것이 너나없이 서럽고 또 서러웠다. 『민들레의 비상』, 239쪽

지복영도 오희영과 함께 나서기로 했다. 1942년 4월 지복영, 오희영, 그리고 오광심과 함께 8명의 일행은 초모공작을 위해 시안을 떠나서 부양으로 향했다. 부양으로 향하는 길도 쉽지 않았다. 낙양에서 부양까지 도보로 이어진 행군은 여성 대원들을 더욱 지치게 했다. 그들은 예전부터 독립군이 하는 방식이라면서 실과 바늘을 이용해서 발에 생긴 물집을 치료하기도 했다. 부양으로 가는 도중에 중국인들을 대상으로 항일의식을 고취하는 선전전도 수행하였다. 그런 와중에 젊은 중국인 여성으로부터 광복군에 입대해서 일본과 싸우고 싶다는 바람을 듣기도 했다.

부양에서는 목숨을 건 사투를 전개하였다. 최전선이었기에 일본군 비행기의 공습은 순식간에 이루어졌다. 방공시설이 전무한 부양이었기에 일본군 비행기는 저공비행을 일삼으면서 폭탄과 총알을 쏟아 부었다. 그런 와중에도 다양한 작전을 수행하였다. 일본군의 사기를 저하하기 위한 목적으로 전단지를 일본군 진영에 투하하였다. 방송을 통해서 일본군에 편성된 한국인 청년들의 탈출을 도모하였다. 일본군 포로의 심문 과정에 참여함으로써 정보를 수집하고 미군들에게 폭격지점을 알려주기도 했다. 일본군 점령지역으로 들어가서 한국인들을 포섭함으로써 광복군의 자원으로 편입시키고, 이를 중심으로 광복군의 지하 거점을 구축하기도 했다.

광복군 제3지대 구호대원. 첫줄 왼쪽부터 김정옥, 서삼례, 정수정, 박지영, 오른쪽 두 번째부터 김옥선, 박기, 최윤옥, 박금녀, 박문자, 신응녀, 그리고 오른쪽에서 두 번째는 정인덕이다.

심지어는 국내로 잠입해서 광복군의 향후 활동을 위한 국내 거점을 마련하기도 했다.

실제 광복군의 초모활동 과정에서 광복군의 지하 거점에서 적지구공작대敵地區工作隊 연락원으로 활동한 여성 광복군도 존재했다. 1945년 1월 김옥순은 중국 하남성 녹읍鹿邑에서 광복군 제3지대 전방 지하공작원 김철 및 김기극을 통해서 적지구공작대 연락원으로 활동하였다. 1945년 3월 김정옥은 목연옥을 통해서 적지구공작대의 연락원이 되었다. 1944년 유순희는 하남성 녹읍에서 광복군 전방지하공작원 조성산과 접선하여 적지구공작대의 연락원이 되었다. 이옥진은 상하이, 난징에서 광복군 초모공작을 수행하였다.

정영순은 1943년 10월 한국광복군 제2지대 소속 현지 공작원 김천성과 접선해서 노안潞安 시역에서 지하 공작을 수행하면서 광복군이 되었다. 정영순은 지하 공작 활동 중에 일본 헌병대에 두 번이나 체포되기도 했다. 한영애는 제2지대 제3구대 강남江南분대에 입대해서 일본군 정보 수집 및 초모활동을 수행하기도 했다. 1942년 정영은 광복군 총사령부 특파원이었던 남편 이일범과 함께 지하공작에 가담하였다. 부양에서 초모공작을 함께 수행했던 김학규, 오광심 부부와 비슷한 경우였다. 그러다가 1943년 일본경찰에 의해서 정영순 등의 활동이 발각되었다. 결국 중국군 유소교劉少校의 안내를 받아서 17명의 동지와 함께 탈출해서 광복군에 편입되었다.

백옥순은 광복군 제2지대 소속으로 특수훈련을 받고 국내에 잠입하였다. 국내 잠입 이후 그는 광복군을 위한 군자금을 모으는 한편 국내 독립운동가들과 비밀리에 접촉해서 광복군 소식을 전달하기도 했다.

이상과 같이 여성 광복군은 적진에서 비밀리에 일본군 정보수집부터 초모공작을 수행하였다. 목숨을 건 행동이었다. 전선만 없었을 뿐 전쟁터와 다름없었다. 그나마 위에서 언급한 여성 광복군은 해방 이후 공적이 인정되어서 대한민국 정부에서 훈장을 수여한 경우였다. 공적을 인정받을 만한 증거가 없거나 다양한 사연으로 공훈을 신청하지 못한 경우도 많다.

김문택의 회고록에 등장하는 임일옥과 이복순의 경우가 그렇다. 김문택은 김영실과 함께 서주 지역의 요릿집인 희락관에서 서주 학병들의 탈출을 돕다가 일본군에 체포되었던 임일옥과 이복순의 일화를 소개하였다. 일본군은 그들을 모질게 고문했다. 학병들의 탈출 경로와 탈출을 도운 광복군의 거점을 확인하기 위함이었다. 그러나 그들은 잔인한 고문 속에서도 발설하지 않았다. "우리는 목숨을 걸고 조국독립에 조금이라도 보탬이 되고야 말리라"라는 생각으로 악착같이 버텼다. 그녀들은 서주 일대에서 초모활동을 하던 광복군의 존재를 일절 이야기하지 않았던 것이다.

1945년 8월 15일 광복 직후, 임일옥과 이복순은 일본군으로부터 풀려났다. 변영근은 서주지구 특파단장의 자격으로 서주에 갔다. 변영근 앞에는 일본군의 고문으로 손톱, 발톱이 빠지고 마치 염병이라도 걸렸듯이 머리털이 빠지고 피골이 상접한 임일옥과 이복순이 있었다고 했다. 그 모습을 본 변영근은 말문이 막히고 하염없이 눈물을 흘렸다고 회고하기도 했다.

청춘 남녀가 만나다

예민했던 시기였다. 목숨을 걸고 독립운동을 했기에 그러했다. 하지만 예민함은 동일할 수 없었다. 태어나면서부터 독립운동을 직간접적으로 경험하면서 생활화되었던 사람도 있다. 누구보다 독립운동의 경험이 풍부했지만, 예민함이 익숙해짐에 따라 간혹 무더진 것으로 보일 수도 있다. 다음으로 태어날 때부터 독립운동 집안의 자녀가 된 경우는 아니지만 젊은 시절부터 독립운동에 헌신했기에 그 과정에서 긴장감이 이완된 경우도. 마지막으로는 일본군 진영이나 조선에서 탈출해서 독립운동에 막 투신한 이들이다. 그들은 독립운동의 모든 행위를 숭고하도 도덕적으로 규정하는 경우에 해당한다.

문제는 광복군에 모인 한국인들이 청춘남녀라는 사실이다. 1944년 말에 학병으로 탈출해서 광복군에 합류한 김준엽은 당시를 다음과 같이 회상하기도 했다.

> 제2지대 내에는 벌써부터 참가한 안영희 씨·송영집 씨 등의 여성 동지가 10여 명 있었고, 그분들에 대해서도 여러 가지 뜬소문이 분분했지만 어떻게 생각하면 이것은 당연한 일일는지 모른다. 200명에 가까운 사내들이 모여 있으니 몇 안 되는 여성들에게 관심과 시선이 쏠릴 만 했다. 이러한 관심들이 있다 보니까 근거 없이 침소봉대하는 말들이 퍼지게 마련이었다. 『장정』 2권, 519쪽

침소봉대의 과정에서 불편함을 호소한 여성 광복군도 있었다. 지복영은 5지대에 있는 중국인 노맹으로부터 부탁을 받았다. 면화와 양털로 만든 털실로 내복을 짜 줄 수 있냐는 것이었다. 지복영은 한국인들을 도와서 광복군에서 일하는 어린 노맹의 부탁을 선뜻 들어주었다. 그런데 내복이 완성된 후, 노맹이 책 한 권과 편지를

들고 지복영을 찾아왔다. 사실은 그 내복은 노맹이 입을 것이 아니라 2지대에 있는 중국인 김 모 씨가 부탁한 것이라는 고백을 한 것이다. 지복영은 흔쾌히 괜찮다고 했다. 오히려 책 읽기를 좋아하는 그였기에 책 선물이 반갑기도 했다. 그것이 인연이 되어서 지복영은 김 모 씨를 통해서 루쉰의 『조화석습』, 『광인일기』, 『아큐정전』을 비롯해서 톨스토이, 투르게네프, 도스토예프스키의 저작을 읽을 수 있었다.

그런데 어느날 2대지원 소속 4~5명의 군인들이 지복영을 찾아왔다. 그들은 건방진 표정을 하면서 결혼하고 싶으면 우리같은 사람도 이렇게 많은데 왜 하필 중국 사람이냐면서 지복영을 몰아붙였다. 그러면서 가슴을 치면서 분통함을 감추지 않았다. 아마도 그들 동료 중 한 명이 지복영을 마음속 깊이 사모했던 것으로 보인다. 그래서 다급함에 지복영을 보자마자 다그쳤던 것이다. 하지만 방법이 틀렸다. 인연을 만들고 좋은 감정을 싹틔워도 모자른 판에, 그들은 지복영의 마음에 상처를 주는 무례함을 보였던 것이다. 이에 지복영은 그들을 향해서 소리치며 말했다.

당신들이 내 오라비요 친척이요? 나와 무슨 연고가 있길래 내 일에 감놔라 배놔라요? 내가 중국 사람과 결혼하든 미국 사람과 결혼하든 당신네들이 무슨 상관이요? 썩들 나가시오. 사람을 불러 끌어내기 전에, 어디 와서 몰상식한 행패를 부리는 거요? 뭣 땜에?

『민들레의 비상』, 233쪽

광복군 내에서 사랑을 한 경우도 있었다. 2지대 본부 의무실에 있었던 안영희는 한 남자와 운명같은 만남을 가졌다. 임근이라는 이명으로도 불리워던 김성근이었다. 김성근은 1944년 1월 학도병으로 징집되어서 중국 전선에 투입되었다가 탈출한 학병 출신의 광복군이었다. 어떤 계기가 있었는지는 알려진 바가 없다. 다만 평안북도가 고향이었던 김성근과 신의주가 고향이었던 안영희였기에 가까워졌을 수도 있다.

작전을 수행하다가 정이 든 경우도 있었다. 1944년 11월 22일부터 1945년 1월 31일까지 오희영은 임천의 중앙육군군관학교 내 한국광복군훈련반에서 충칭까지 일련의 대원들을 인솔하였다. 인솔의 책임자는 중국군 포병장교를 지냈던 신송식이었다.

광복군 대원들이 인솔한 이들은 서주 지역에서 탈출한 한국인 학병들이었다. 서주 지역의 학병 초모공작 과정에서 성공한 케이스였다. 그들은 충칭으로 갈 것을 요구하였다. 그 중에는 장준하와 김준엽도 있었다. 지대장 김학규는 그들의 충칭행을 만류했다. 위험하기도 했거니와 충칭에서 독립운동 각 진영 간의 갈등을 보여주고 싶지 않았기 때문이다. 그럼에도 그들은 충칭행을 결심했다. 그렇기에 이루어진 경우였다. 오희영은 그때 상황을 다음과 같이 회고하였다.

저는 중국말을 잘하지만 모두 중국말 실력이 니디, 위디(너, 니) 밖에 모르는 정도였어요. 섣불리 동행중이던 애들을 울려 함께 행군하는 중국군에 들키기라도 하면 말도 못하고 어떻하나 하고 떨었어요.

『마지막 증언』, 137쪽

그만큼 위험한 작전이었다. 그럼에도 학병들을 인솔했다. 그런데 충칭으로 가는 길은 쉽지 않았다. 행군을 할 때는 더욱 그러했다. 여성의 걸음걸이로 대부분이 남자인 무리의 행군을 따라하기 쉽지 않았다. 그래서 오희영은 악착같이 걸었다. 그런 모습을 보던 신송식은 "악착스럽다. 악바리다"라면서 놀렸다. 그런 와중에 정이 들었고 부부의 연으로 연결되었다.

물론 이들이 정을 쌓아가는 과정을 탐탁지 않게 생각하던 이들도 있었다. 장준하였다. 당시 임시정부가 있는 충칭으로 가는 대열에는 부부들도 포함되어 있었고, 여성 광복군과 광복군의 지하공작원 역할을 수행한 여성도 3명이 있었다. 그렇기에 부부들의 애정 표현도 있었고, 학병들과 여성들 사이에는 눈이 맞는 경우도 있었다. 장준하는 젊은 남녀들의 연애를 탐탁치 않게 생각했다. 장준하는 남녀의 연애를 단체 행동을 저해하는 행위로 규정했기 때문이다. 결국 장준하는 신송식에게 사과를 받아냈으며, 여성들과 연애를 한 학병 출신들에게는 뺨 서른 대를 맞는 체벌을 가했다.

장준하는 스스로 엄격하게 대했던 이유를 다음과 같이 이야기했다.

그 독신 여성과의 애정 문제가 우리들의 하나같던 의지에 균열을 내게 했다. 더군다나 그 당사자가 우리를 책임진 인솔자라는 데는 놀라지 않을 수 없었다. 나는 눈앞이 아찔하였다. 그 독신여성을 좋아하는 청년들이 여러 명 되었던 것 같은데 이런 어려운 중이니 모두 자숙하는 자제력으로 참아왔던 모양이었다 …… 애초의 동기가 어떻게 된 사연인지는 알지 못하지만, ……교관이 너무 열을 내느라고 그 통솔자의 위치를 잊어버린 모양이었으며, 전연 통솔을 등한시하였다. 일행은 더 이상 그를 지휘 책임자로 보지 아니하게 되었고, ……

『돌베개』, 217쪽

학병에서 탈출한지 얼마 되지 않았던 장준하로서는 독립운동을 엄숙하고 숭고한 대상이자 행위로만 보았던 것 같다. 2년 전부터 광복군 제3지대 소속으로 대표적인 옹치(서로 미워하는 사람)로서 사사건건 싸웠던 신송식과 오희영의 인연을 몰랐을 수 있다. 태어날 때부터 독립운동을 하는 집안에서 태어났기에 독립운동이 생활의 일부였던, 그리고 어느새 생활의 일부가 되었던 오희영과 신송식의 삶을 이해하지 못했을 수도 있다.

그런 장준하도 광복군으로 OSS대원이 되기 위한 훈련을 받으면서 점차 독립운동이 삶의 일부가 되어 갔던 것 같다. 1945년 4월 29일 장준하와 김준엽은 미군의 OSS대원이 되기 위한 훈련을 받기 위해서 시안으로 출발했다. 당시 한국인 OSS대원은 국내로 침투해서 일본군 후방을 교란하는 게릴라전을 수행하도록 했다. 죽음을 각오한 훈련이자 작전이었다. 김구는 시안으로 떠나는 미래의 OSS대원에게 1931년 4월 29일 윤봉길과 바꿨던 시계를 보여주면서 "윤 의사와 꼭 같은 임무를 담당할 여러분을 또 떠나보내는 내 심중이 괴롭기 한이 없구려"라면서 눈물의 배웅을 하기도 했다.

그런데 OSS훈련을 받던 중 부대 내에서는 민영주와 김준엽에 대한 소문이 돌기 시작했다. 그 소문은 급기야 시기와 비난으로 발전하였다. 국내 침투를 앞두고 있었기에 더욱 더 예민했다. 김준엽은 장준하에게 "호감을 가지고 있다고는 생각한다"면서 부관직을 그만둘 생각을 전했다. 그러자 장준하는 "호감이 바로 사랑이라는 것이오" 라면서 김준엽에게 사랑을 각인시켜 주었다. 나아가 장준하는 둘의 결혼을 적극적으로 지원해 주었으며, 분위기가 험악했던 부대원들을 설득시켰으며, 약혼식 주례를 맡기도 했다. 6월 29일 아침조회 때 이범석은 대원 전체가 모인 조회 시간에 김준엽 동지와 민영주 동지는 부부가 된다고 선포함으로써 김준엽과 민영주의 일화는 결혼으로 마무리되었다. 학병으로 탈출할 당시 청춘남녀의 연애를 엄격하게 금지했던 장준하였지만, 어느덧 삶의 일부로 독립운동이 자리하였기에 OSS훈련의 긴장감 속에서 동료인 김준엽의 연애를 결혼으로 성사시켜주었던 것이다.

광복군에는 청춘남녀가 있었다. 그들은 생사를 건 임무를 수행하는 과정 속에서 정이 들기도 했다. 백년가약을 맺은 이들도 있었다. 박기은과 이원하는 하남성 귀덕歸德 지역에서 광복군 지하공작원으로 참여하면서 인연을 맺었다. 결혼을 해서 부대에서 아이를 낳고 키운 부부도 있었다. 유순희, 최시화 부부도 그러했고,

1945년 7월 경 광복군 제3지대. 첫 번째 줄 중간에 보면 갓난아이를 안고 찍은 사진이 있다. 아이를 안은 이는 유순희이다.

전월순과 김근수 부부도 그러했다. 언제부터 사랑의 감정이 싹텄는지는 알 수 없지만, 광복군 출신으로 부부의 연을 맺은 이들도 있다. 김정숙은 고시복과 결혼을 했으며, 신정완은 김재호와 부부의 연을 맺었다. 백옥순은 OSS훈련을 받은 김해성과 결혼을 했다. 최이옥은 박성관과 부부의 인연을 맺었다. 김숙영은 제2지대에서 함께 훈련을 받은 박영섭과 결혼을 하였다. 그렇게 광복군에 모인 청춘 남녀들은 사랑을 했고, 결혼을 했다. 물론 청춘이 모였기에 만남과 헤어짐도 있었으리라.

광복, 후일담

1945년 8월 15일, 해방이 되었다. 여성 광복군도 한국으로 돌아갈 채비를 했다. 한국에서 태어난 이들은 고국이 그리웠을 것이다. 중국에서 태어났거나 아주 어린 나이에 한국을 떠나온 이들은 상상 속에 존재했던 고국에 대한 기대가 컸을 것이다. 하지만 해방된 조국은 청춘의 여성 광복군들에게 행복한 공간이 아니었다.

광복군으로 활약한 그들의 노고를 치하해 줄 만큼 조국은 여유가 있지 않았다. 해방 후 얼마 지나지 않아서 분단과 전쟁을 겪게 되었다. 그 과정에서 생사를 알 수 없는 여성 광복군도 있었다. 남한에 정착하면서 북쪽의 가족과 생이별을 겪은 안영희도 있었다.

1937년 일본 형사에게 잡힌 후 가족과 생이별을 했던 오광선 가족도 난처한 상황에 직면하였다. 신의주형무소에서 출옥한 오광선이 만주에서 머물면서 혼인을 하고 딸을 낳았던 것이다. 그 딸은 오희영의 딸인 신영신과 동갑이기도 했다. 오광선과 정정산은 금실이 그렇게 좋았다고 알려졌지만, 항일무장투쟁 과정에서 또 다른 가족의 탄생이라는 아픔을 겪었던 것이다.

만남과 헤어짐을 동시에 경험하기도 했다. 신정숙이 귀국했다.

어린 아들 장영원을 본인의 고향 평안북도 의주에 남겨두고 왔기에 의주로 가고픈 마음도 있었을 것이다. 하지만 임시정부 요원으로 입국한 것이기에 가정을 돌볼 겨를이 없었다. 다만 매년 편지를 보내서 아들의 안부를 묻는 것으로 어머니로서 의무를 대신했다고 한다. 임시정부 요인들이 서울에 도착한다는 소식을 듣자, 장영원은 서울로 갔다. 그리고 어머니 신정숙이 머무는 곳으로 갔다. 장영원은 그 때 기억을 다음과 같이 이야기했다.

> 어머니가 묵고 계신다는 방문을 두드렸더니 직접 대답을 하시더라구. '누구세요?' 하면서. 근데 내가 그냥 '예, 여기 신봉빈(신정숙의 본명) 여사님 계십니까?' 하고 물었던 거야. '전데요.' 하시더군. 그 말씀을 듣는 순간 다리에 힘이 풀리면서 앞으로 엎드러져 가지곤 통곡을 한 거지. '어머니, 저예요, 영원이에요.' 13년 반 만에 만난 거니까. 글쎄, 품에 안겨서 한 시간도 넘게 울기만 했어. 어찌나 서러웠는지…… 「부모 독립운동, 자식이 괴로웠어」,『오마이뉴스』, 2003. 3. 1

얼마 후에 신정숙이 찾아나섰던 장현근도 서울에 왔다. 가족이 한 자리에 모였다. 하지만 장영원은 선택을 해야 했다. 아버지가 독립운동을 하면서 새로운 가족을 꾸렸기에 어머니와 아버지는 더 이상 가족으로 지낼 수 없었던 것이다. 광복은 재회의 기쁨과 이별의 아픔을 함께 주었던 것이다.

여성 광복군은 각자의 꿈을 실현하기 위해서, 사회의 일원으로 헌신하기 위해서 노력했다. 해방 후 안영희는 우연히 숙명학생들의 교복을 보았다. 그때부터 학업의 꿈을 키우게 된 안영희는 한국전쟁의 어려움 속에서도 숙명여자대학교를 졸업하고, 모교 국어국문학과 교수로서 후학을 양성하였다. 오희옥은 초등학교 교사로서 일생을 보냈다. 지복영은 서울대학교 중앙도서관 사서로 지내다가 한국전쟁 이후에는 부산 화교학교에서 교사로서 삶을 보냈다. 안타까운 삶도 있었다. 한국전쟁 중에 오희영은 다리에 총을 맞는 부상을 당하기도 했으며, 자궁암으로 45세의 젊은 나이에 사망하였다. 그나마 국내에 돌아온 경우는 다행이었다. 김영실은 해방 직후 광복군 총사령부 주호판사처 직원으로 상하이에서 근무하다가 1945년 10월에 순직하였다.

분단과 전쟁의 고통을 점차 극복하기 시작했다. 그러면서 한국 사회에서는 독립운동을 조명하기 위한 노력들이 진행되었다. 정부 차원에서도 독립운동을 한 이들에게 훈장을 수여하고 지원을 하는 사업을 전개하였다.

그럼에도 여성으로 독립운동에 헌신한 이들에 대한 대우는 빈약했다. 독립유공자 표창에서도 후순위로 밀렸다. 오광심은 남편 김학규의 부인이라는 자격으로 국립묘지에 안장되었다. 독립유공자 표창은 오광심이 죽은 이후에나 이루어졌다. 정정산은 "난 훈장 못받느냐?"고 오희옥에게 묻기도 했다. 정정산은 세상을 떠난 후인 1995년에야 대한민국 건국훈장 애족장을 수여받았다. 한때는 남편 오광선과 사위 신송식이 독립운동가를 선정하는 위원회의 심사위원장과 심사위원으로 참여했음에도 그러했다. 가족이었기에 혹은 여성의 독립운동을 가사활동으로 생각했기에 훈장을 수여하는 것이 어색해서 그리했을 것이나. 항일투쟁 당시에는 여성의 헌신을 그 무엇보다 요구했지만, 세상이 바뀐 후로는 여성의 헌신을 독립운동으로 인정받지 못했던 사회 풍토도 있었던 것이다.

1963년 독립유공자를 위한 연금제도가 처음 생겼다. 그런데 신정숙은 연금 수령을 당차게 거부했다. 거부한 이유는 독립운동과 무관한 인사들이 유공자로 둔갑시키는 역사왜곡의 상황을 용납할 수 없었기 때문이다. 신정숙은 가난을 선택하되, 현실과 타협하지 않는 기개를 보여주었던 것이다.

2000년 이후로 한국 사회에서는 여성독립운동가에 대한 관심이 증가했다. 그러면서 여성 광복군을 조명하기 시작했다. 사회 및 학계의 관심이 고조되면서 여성 광복군을 소재로 한 저서 및 논문들이 나왔다. 방송에서도 여성 광복군을 조명한 작품들이 나왔다. 오희옥의 바람대로 고등학교 한국사 교과서에서도 여성 광복군이 나왔다.

그래도 부족함이 많다. 100여 명의 여성 광복군 중에서 30여 명의 이름만 확인했을 뿐이다. 사실 100여 명도 정확하지 않다. 적진에서 활동한 이름 모를 광복군의 지하공작원들이 있다. 그들의 이름과 활동을 조명하는 작업은 쉽지 않다. 불가능에 가까울 수도 있다. 그들은 존재 자체를 남기는 것조차 허락되지 않은 비밀 지하 여자공작원이었기 때문이다. 그럼에도 그들이 존재했었다고 이야기하고 기억한다면, 그것으로 비밀 지하 여자공작원에는 보람이 되지 않을까?

참고문헌

광복군 안영희 선양사업위원회, 『광복군 갔다고 말 전해 주소 : 여성 광복군 안영희의 삶』, 니숲, 2019.
국가보훈처 편, 『독립유공자증언자료집』 2권, 국가보훈처, 2002.
김준엽, 『장정』 2 : 나의 광복군 시절 (하), 나남, 1989.
박숙현, 『여성독립운동가 오희옥 지사의 마지막 증언』, 북엔스토리, 2019.
장준하, 『돌베개』, 세계사, 2007.
지복영 지음, 이준식 정리, 『민들레의 비상』, 민족문제연구소, 2015.
오은아, 「한국광복진선청년공작대의 결성과 항일공연예술 활동」, 『한국근현대사연구』 87, 2018.
윤정란, 「1940년대 한국광복군 여성대원들의 입대동기와 역할」, 『유관순 연구』 3, 2004.

찾아보기

ㄱ

강세우 135
강태영 54
개진교육회 49
고려공산당 196
고려혁명군관학교 287
〈고병정가사〉 16
고시복 326
곽권응 182, 186
곽상훈 107
곽재기 135
관동연명유소 15
광무황제 강제퇴위 반대운동 49, 51, 54, 57
『광복』 308
광복진선청년공작대 278
광주학생운동 128, 162, 207
국민결사회 50
근우회 98, 116~118, 120, 122, 126, 143, 157, 162
길선주 183
김교각 56
김구 149, 153, 158, 163, 197, 198, 203, 205, 244, 260, 297, 303, 324
김규광 159
김규식 147~149, 174, 182, 212
김근수 326
김기극 317

김덕제 64, 68
김두봉 101, 134, 142, 147~149, 196, 205, 211, 223, 224
김맹련 99, 101
김문국 193, 195, 196
김문택 298, 310, 311, 318
김봉식 305
김봉준 252, 296
김빈 148
김산 192
김상옥 137
김상윤 135
김선두 184
김성근 322
김성숙 163, 164
김시현 138
김연실 184, 186
김영실 298, 319, 329
김영진 56
김우락 96
김우성 208
김원봉 94, 96, 101, 134, 139, 142, 150, 154, 158, 163, 165, 171, 174, 210~214, 217, 306
김위 169
김익상 137
김익진 17
김인봉 180

김재호 326
김정숙 252, 270, 272, 283, 297, 300, 312, 326
김정옥 297, 317
김좌진 134
김준엽 252, 320, 324, 325
김지섭 138
김찬홍 186
김창국 207, 208
김창만 169
김천성 318
김철 317
김평묵 14
김학규 258, 261, 262, 315, 318, 329
김학철 176, 230, 231, 232
김항규 130
김해성 326
김효숙 252, 253, 296

ㄴ

나석주 138
남경조선부녀회 154~157
남경한족회 154
남산현교회 183~186
노먼배순 240
노학당 76, 79

ㄷ

대한독립의군부 134
대한자강회 49
도인권 182, 184
독립선언서 183

동래여자청년회 114, 116
동래적광회 116
동명중학 257
동아개진교육회 56
동우회 49
동창학교 76

ㄹ

류덕화 130
류자명 159, 163, 164

ㅁ

마페트 S. A. Moffet 181, 184
만보산사건 201
만주사변 140, 147, 202, 211
명성황후 시해사건 18, 19
모우리 E. M. Mowry 189
목연옥 317
무정 229, 238
문우회 49
미주 대한인독립단 262
민긍호 64, 68
민영주 252, 297, 300, 313, 325
민족혁명당 101, 150, 153, 154, 157, 174
민필호 252
밀양폭탄사건 136

ㅂ

박건웅 147, 148
박금녀 253, 297
박기은 325

박문호 102, 132, 133, 139
박문희 101~103, 126, 128, 130, 132, 142, 175
박석훈 186
박성관 326
박승환 60
박영섭 326
박영효 17, 18
박용한 99, 101
박인관 182
박일형 103, 116
박재혁 136
박찬익 134
박현숙 183
박호진 130
박효삼 164, 169, 214, 236
방명덕 74
방은희 280
배동선 135
백덕수 130
백승희 173
백옥순 318
베어드 W. M. Baird 181
병자연명유소 15
봉오동전투 256
부녀복무단 167, 215, 220

ㅅ

3·1운동 101, 107, 115, 126, 150, 162, 182, 192, 196, 210
상하이사변 202, 211
서상락 135

서상열 17
손재규 64
송병조 147
송양묵 183
숭의여학교 193
숭현여학교 181, 190
신간회 102, 117, 119, 126, 194, 210
신건식 252, 296
신건호 264
신선재 297
신송식 323, 324, 329
신숙 287
신순호 252, 263, 264, 296
신익희 147, 148
신정숙 253, 297, 327, 328, 330
신정완 326
신주성 287, 288
신창규 74
신철휴 135
신한독립당 261
신홍식 183
신흥무관학교 134, 210, 258, 266
심상훈 56
심용수 74
심흥택 66

ㅇ

안공근 295
안세환 182
안승우 54
안영희 254, 304, 322, 327, 329
안중근 295

안희영 296
안희옥 296
양민산 169
양세봉 258~260
엄기선 263, 264, 279, 297
엄항섭 264, 313
여성의병대 69, 70
여준 134
연미당 313
엽홍덕 173
오광선 252, 264, 291, 327, 329
오광심 253, 257, 260, 262, 300, 308, 311, 312, 318, 329
오성륜 137
오영걸 294
오인수 264
오정묵 66, 67
오희영 252~254, 263~267, 276, 284, 294, 315, 322, 324, 329
오희옥 250~254, 263, 264, 276, 279, 282, 283, 294, 329, 330
원세식 56
유돈상 76, 80, 82, 86
유병철 56
유설원 56
유순희 325
유인석 17, 74, 75
유제암 75
유제원 14, 16, 77
유제춘 75
유홍석 14, 16, 26, 31, 32, 69, 71, 75, 77
윤기섭 147

윤기성 14
윤봉길 140, 202~204, 260, 297, 325
윤봉길 의거 203
윤세주 135, 148~150, 210, 212, 217, 224
윤원삼 182, 186
윤이병 50, 56
윤익상 12, 14
윤희평 12
읍성전투 222
의열단 95, 102, 134~136, 139, 149, 210, 261, 262
이경환 194
이극로 77
이난영 231
이동하 77
이동휘 196
이범교 56
이범석 325
이복순 299, 318
이복실 194
이봉창 201
이봉화 74
이성실 154, 194
이성우 135
이소응 15, 20, 26, 27
이시영 295
이시우 56
이암 194
이영준 150
이영포 77
이옥진 317

이원하 325
이월봉 297
이유필 147
이은숙 96
이익성 164
이인영 68
이일범 318
이종암 135, 137
이종익 74
이지봉 180
이청천 154
이춘성 180
이춘식 181
이춘실 194
이춘암 164
「2·8독립선언서」 182
이항로 14
이화림 169
인성학교 270
일신여학교 105, 106
임근 322
임덕호 56
임일옥 299, 318

ㅈ

장대현교회 181
장수정 169
장영원 328
장위근 169
장준하 252, 323, 324
장학량 259
장현근 297, 328

장흥 291
전월순 169, 306, 326
정미7조약 48
정영순 318
정원택 134
정의부 256
정인덕 299
정일선 182, 184
정정산 264, 266, 327, 329
정정화 96
정종명 130
정준석 132
정칠성 130
조명숙 231
조선공산당 193
조선독립단 80, 81, 83, 86
조선독립동맹 101, 224
조선민족전선연맹 158~160, 163, 169, 213
조선민족혁명당 174, 209, 210, 212, 231
조선의열단 135, 210
조선의용군 101, 223~226, 229, 236
조선의용대 98, 163~167, 170, 171, 174, 213, 214, 218, 220, 224, 306
조선혁명간부학교 142, 143
조선혁명군 258~260
조선혁명군정학교 238
조선혁명당 149, 253, 257, 261, 262
「조선혁명선언」 136
조성산 317
조성환 274

조소앙 134
조순옥 252, 297, 300, 311, 312
주경애 107
주기원 183, 186
지복영 252~254, 263~268, 269, 276, 286, 296, 300, 304, 307, 311~313, 329
지청천 264
진광화 207, 223, 224

ㅊ

채애요라 184, 186
청산리전투 256
최동오 147, 148
최동호 262
최수봉 136
최시화 325
최이옥 326
최창익 163, 164

ㅋ

쿤룬관전투 173, 174

ㅍ

팔로군 174, 217, 221, 223, 236, 306
평양신학교 190
펀청전투 223, 224

ㅎ

한갑복 64
한국광복진선청년공작대 263
한국대일전선통일동맹 147, 148, 261
한국독립군 260
한국독립당 262
한국청년전지공작대 297, 303, 304
힌도신 96
한봉근 135
한봉인 135
한상렬 66, 67, 74
한성규 56
한신광 130
한인애국단 197, 198, 201~205, 244
한일래 148
한족회 257
허은 96
허정숙 120, 127~130, 160, 231, 237
헤이그특사사건 45
호가장전투 222
홍종우 138
홍태순 54
화북지대 217, 220~223, 306
화서학파 14, 17, 20, 42, 58, 70
화흥중학 256
황상규 134
황성기독교청년회 49
황옥사건 138
황찬영 182

항일무장투쟁과 여성독립운동가

제1판 1쇄 발행   2020년 11월 30일

글 쓴 이   심철기·이지원·김정인·한승훈
기   획   독립기념관 한국독립운동사연구소
           한국역사연구회·역사공장
펴 낸 이   이준식

펴 낸 곳   역사공간
           주소: 04000 서울특별시 마포구 동교로19길 52-7 PS빌딩 4층
           전화: 02-725-8806
           팩스: 02-725-8801
           E-mail: jhs8807@hanmail.net
           등록: 2003년 7월 22일 제6-510호

ISBN   979-11-5707-168-5   03910

- 책값은 뒤표지에 있습니다. 잘못된 책은 바꾸어 드립니다.
- 이 도서의 국립중앙도서관 출판예정도서목록(CIP)은 서지정보유통지원시스템 홈페이지 (http://seoji.nl.go.kr)와 국가자료공동목록시스템(http://www.nl.go.kr/kolisnet)에서 이용하실 수 있습니다.(CIP제어번호: CIP2020052597)